Franz Brandl

MIXEN

Bassermann

Der Autor

Franz Brandl ist der bekannteste deutsche Barmeister. Während seiner langjährigen Berufspraxis leitete er wegweisende Bars wie z. B. die »Harry's New York Bar« und die Bar in Eckart Witzigmanns weltberühmtem Dreisterne-Restaurant »Aubergine« in München. Mit zahlreichen Büchern hatte Franz Brandl großen Anteil am Wiedererstehen der Cocktailkultur, und sein erstmals 1982 erschienener »Mix Guide«, jetzt »Mixen«, zählt heute zu den Klassikern der Barliteratur.

Bildnachweis

Flaschenabbildungen: Reinhard Rohner (teilweise), die restlichen Abbildungen wurden freundlicherweise von den Herstellern/Importeuren zur Verfügung gestellt.
Seite 3: © iStockphoto (Raphael Daniaud)
Seite 12: Corbis, Düsseldorf (Frank Bauer/Zefa)

ISBN: 978-3-8094-3471-9

Impressum

1. Auflage

© 2015 by Bassermann Verlag, einem Unternehmen der Verlagsgruppe Random House GmbH, 81673 München

© 2006 der Originalausgabe by Südwest Verlag, einem Unternehmen der Verlagsgruppe Random House GmbH, 81673 München

Umschlaggestaltung: Atelier Versen, Bad Aibling

Illustration: Matthias Robold

Layout: Till Eiden

Projektleitung: Susanne Kirstein

Producing und Satz: v|Büro Jan-Dirk Hansen, München

Redaktion dieser Ausgabe: Birte Schrader

Herstellung: Reinhard Soll

Druck und Verarbeitung: Neografia, Martin

Printed in Slovakia

Verlagsgruppe Random House FSC® N001967
Gedruckt auf dem FSC®-zertifizierten Papier *Profimatt*.

579081620208

Inhalt

Vorwort

*E*s gibt viele Anlässe, eine Bar aufzusuchen, und wenn diese wohl bestückt und gut geführt ist, präsentiert sie sich als eine Stätte des Genusses und der kultivierten Lebensart. Doch ob im Hotel, im Restaurant oder zu Hause – der perfekte Barmixer braucht eine Grundausstattung an Bargeräten, er muss gewisse Regeln kennen und mit den vielen Rezepten vertraut sein, die sich zu jedem Anlass anbieten. Zur Basis gehört auch ein umfassendes Wissen über die verschiedenen Spirituosen und sonstigen Ingredienzen von Mixgetränken. Wer sich als Laie im Handel umsieht, steht meist ratlos vor einem schier unübersehbaren Angebot und der Frage nach Geschmack und Qualität.

»Mixen« bietet sich hier als übersichtlicher und verlässlicher Wegweiser an. Er informiert ausführlich darüber, was man im professionellen wie im privaten Bereich zum Betrieb einer gepflegten Bar braucht.

Das beginnt bei der Ausstattung mit Gläsern und Geräten, einer Übersicht über die verschiedenen Gruppen von Drinks, einer Einführung in die Mixpraxis mit vielen Tipps und Tricks und setzt sich fort in einer umfassenden Sammlung bewährter Rezepte mit genauen Anleitungen zur Zubereitung.

Die Rezepte sind in »Mixen« jeweils nach der wichtigsten alkoholischen Zutat geordnet. Sie lassen sich aber auch über das Register wieder finden.

Eine detaillierte Warenkunde und die Beschreibung der einzelnen Marken vermittelt ausführliche Kenntnisse über Qualitäten und Produkte.

Der ausgebildete und geprüfte Barmeister Franz Brandl, lange Jahre Barchef in den besten Hotels und Restaurants, hat mit »Mixen« ein Barbuch geschaffen, das den Einsteiger zum Mixen und Genießen verführt und für den Profi zum Nachschlagen unentbehrlich ist.

Geschichte
des Cocktails

*C*ocktail heißt auf Deutsch »Hahnenschwanz«,
und über die Entstehung des Namens gibt es
eine Anzahl amüsanter Geschichten. Wahrscheinlich ist, dass der Cocktail seinen Namen den Hah-
nenkämpfen zu verdanken hat. Nach beendetem
Kampf hatte der Besitzer des Siegerhahnes das
Recht, dem getöteten Rivalen die bunten Schwanz-
federn auszureißen. Beim anschließenden Umtrunk
wurde diese Trophäe mit einem Drink »on the
cock's tail« begossen. Später nannte man diese nach
den Kämpfen gereichten Getränke »Cocktail«.

Ob sie bunt waren wie die Federn der Hähne oder
wie die heute gemixten Drinks, darf bezweifelt werden. Fest steht, dass man gute Gründe hatte, seine

Drinks nicht pur zu genießen. Das damals in Nordamerika zur Verfügung stehende Spirituosenangebot
beschränkte sich fast ausschließlich auf die einhei-
mischen Whiskeys, die aber nicht die Qualität der
heutigen Erzeugnisse aufwiesen. Es waren **Noch heute gehören**
ursprünglich von deut-
harte, hochprozentige und meist ungela- **schen Einwanderern**
gerte Kornschnäpse, deren Genuss Mut **gegründete Whiskey-**
brennereien zu den
und Standvermögen erforderte. So lag es **größten in den USA.**
nahe, dass man versuchte, durch Süßen mit Zucker
oder Honig oder die Zugabe von aromatischen
Ingredienzen und Früchten den Genuss erträglicher
zu machen.

Mitte des 19. Jahrhunderts wurden dann auch in
Nordamerika andere Spirituosen und Liköre hergestellt – von europäischen Einwanderern, die ihr
Wissen um die Destillation in der neuen Heimat in
die Tat umsetzten. Auch der Platz der Kommunika-
tion hatte sich geändert: von der Namensgeberin
der Bar, der einfachen Barriere des Westernsaloons,
zur heutigen American Bar. Bereits um die Jahrhundertwende war diese ein fester Bestandteil im ame-

rikanischen Gesellschaftsleben. Die Importwege aus Old Europe funktionierten, vielerlei Spirituosen kamen ins Land, und damit stand der amerikanischen Genuss- und Experimentierfreude nichts mehr im Wege. Es wurden unzählige Cocktails erfunden, von denen viele als Eintagsfliegen starben, manche jedoch weltbekannt wurden.

Durch die unendlich vielen Möglichkeiten, die sich durch die immer größer werdende Anzahl der Spirituosen zum Mixen boten, lag es nahe, dass man diese in Gruppen einordnete. So wurden vom Volumen her kurze Getränke als Shortdrinks und diese wiederum in Before- und After-Dinner-Drinks unterteilt. Mit Säften und Limonaden verlängerte Alkoholika reihte man unter die Gruppe der Longdrinks ein. Diese Short- und Longdrinks wurden wiederum nach Zubereitungsart, Zutaten und Verwendung untergliedert. So entstanden bis heute über 30 Gruppen, die sich zu verschiedenen Gelegenheiten anbieten. Innerhalb der klassischen Einteilung

Der erste in den USA hergestellte Whiskey war der Rye Whiskey, für den ausschließlich Roggen verwendet wurde.

haben sich verschiedene Drinks als Nightcup, Winter- oder Sommerdrink, als Magenstärker oder Katerkiller einen Namen gemacht.

In Europa begann der Siegeszug des Cocktails in den Bars der großen Hotels, die um die vorletzte Jahrhundertwende errichtet wurden – in Deutschland wurde diese Entwicklung allerdings unterbrochen von den Kriegen und Wirrnissen der ersten Jahrhunderthälfte. So erhielt der Cocktail hier erst in den späten 1950er Jahren den Stellenwert, den er in den Großstädten der Vereinigten Staaten und in London und Paris längst hatte. In den 1970er Jahren war der Durchbruch auch in Deutschland geschafft. Neben den Hotelbars hielt die American Bar bei uns Einzug. Viel trug auch das in dieser Zeit rasant wachsende Angebot an internationalen Getränken bei, doch gleichermaßen brachte der Tourismus neue Impulse. Mittlerweile hat sich die Bar einen festen Platz in der Gastronomie erobert und ist zum beliebten Ziel vieler Genießer geworden.

Erst mit der Etablierung der Bar – als Hotelbar oder American Bar – konnte sich auch der Cocktail in Deutschland durchsetzen.

Die Welt der Spirituosen und Mixgetränke

Marken und Mixrezepte

Auf den folgenden Seiten werden die bekanntesten Häuser und Marken auf dem Spirituosenmarkt beschrieben. Die detaillierte Warenkunde vermittelt einen umfassenden Überblick über die Welt der Produkte und Drinks. Die umfangreiche Sammlung beliebter Cocktailrezepte, eine kurze Einführung in die wichtigsten Bargeräte, die Vorstellung der einzelnen Drinkgruppen sowie wertvolle Tipps und Tricks zum Mixen runden das Standardwerk ab.

Anisgetränke

Anisgetränke haben eine lange Tradition. Bereits die alten Ägypter verwendeten Anis als Heilmittel gegen Magen-, Darm- und Krampfbeschwerden. Allen Anisgetränken ist trotz unterschiedlicher Geschmacksnuancen der Anissamen als Basis

gemein. Anis wird im Mittelmeerraum, in Indien, Japan und Südamerika angebaut. Der verwandte Sternanis mit einem höheren Gehalt an ätherischem Öl kommt meist aus China oder aus anderen asiatischen Ländern. Die aus den Samen destillierte Essenz, das Anethol, ist der wichtigste Bestandteil aller Anisées. Dieser Essenz werden Alkohol, Zucker, Wasser und aromatische Kräuterauszüge zugegeben. Die Intensität der Essenz, die Kräuterauszüge und der Zuckergehalt bewirken die hauptsächlichen Unterschiede bei den einzelnen Marken.

In den europäischen Ländern am Mittelmeer und in der Türkei haben die Anisspirituosen und -liköre ihre Heimat und größte Verbreitung.

Bekannte Anisgetränke

Absinth Der einst berüchtigte Absinth, Vorläufer der französischen Anisspirituosen, enthielt einen hohen Anteil des Nervengifts Thujon – ein Extrakt des Wermutkrauts – und wurde besonders in Frankreich ein

gesellschaftliches Problem. Die Herstellung des Modeaperitifs der Jahre um 1900 wurde in Frankreich 1915 und in Deutschland 1923 verboten. Seit 1998 ist die Herstellung von Absinth – unter gesetzlicher Beschränkung seiner Wirkstoffe – wieder erlaubt, und mehrere Produzenten (u. a. Pernod) bieten heute das Kultgetränk dieser Zeit wieder an. Alle Marken sind heute gesundheitlich unbedenklich, haben aber einen hohen Alkoholgehalt.

Die meisten Anisgetränke weisen einen Alkoholgehalt von ungefähr 40% vol auf. Es gibt jedoch auch alkoholfreie Anisgetränke.

Anisados Die in Spanien äußerst beliebten Anisliköre sind wasserklar und werden entweder als »dulce« (süß) oder als »secco« (trocken) mit 35 bis 45% vol angeboten.

Anisette Dieser wasserklare Likör wird aus Anis, Anisöl und verschiedenen Gewürzen nach einem Rezept hergestellt, das die Französin Marie Brizard aus Bordeaux Ende des 18. Jahrhunderts entwickelte. Anisette wird von mehreren Likörherstellern angeboten, doch das Original ist bis heute die erfolgreichste Marke (25% vol).

Ouzo Die griechische Anisspirituóse Ouzo ist das Nationalgetränk des Landes. Er entsteht aus einem Destillat aus Trauben als alkoholische Basis und Anis. Weitere aromatische Kräuter und Gewürze wie Fenchel, Nelken, Zimt und Koriander werden mit verwendet. Ouzo darf ausschließlich in Griechenland hergestellt werden, er muss farblos sein und darf einen Zuckergehalt von bis zu 50 g/l haben.

Alle Anisspirituosen werden mit kaltem Wasser verdünnt getrunken. Das Mischungsverhältnis beträgt 1:4 oder 1:5.

Pastis Pastis zählt zu den großen Spirituosen Frankreichs und ist dort der beliebteste Aperitif. Er besteht hauptsächlich aus Anis, Süßholz (Lakritze), aromatischen Kräutern, Wasser und reinem Alkohol. Hergestellt wird Pastis durch Mazeration, also durch das Auslaugen der aromatischen Substanzen in Alkohol. Mit Wasser verdünnt verfärbt sich der bräunliche Pastis milchig weiß bis gelblich. Weltbekannt ist die Marke Ricard. Beim Pastis sollte man auf Eiswürfel verzichten, denn auf das Eis reagiert die Anisessenz mit einem Ölfilm auf der Oberfläche. Dem Absinthverbot verdankt der Pastis auch seinen

Namen. Er leitet sich von »pastiche« (frz.: Nachahmung) ab.

Raki Raki wurde bereits vor Jahrhunderten von in Kleinasien ansiedelnden griechischen Weinbauern, den Rakizides, hergestellt. Für diese türkische Anisspirituose ist meist das Destillat aus Weintrauben oder Rosinen die alkoholische Basis. Nach dem ersten Brand wird Anissamen zum Aromatisieren zugesetzt und anschlie-ßend nochmals destilliert. Die bekannteste Sorte ist der Yeni-Raki mit 45% vol, der getrocknete Weintrauben als alkoholische Basis hat.

Raki und Ouzo haben viele Gemeinsamkeiten. Raki hat aber mit 43 bis 50% vol meist einen höheren Alkoholgehalt.

Sambuca ist eine klassische italienische Likörspezialität mit einem ausgeprägten Anisgeschmack. Neutralalkohol, Zucker, Wasser, dazu Sternanis, Anis und Süßholz sind die wichtigsten Zutaten. Der Name leitet sich nicht von der lateinischen Bezeichnung »Sambucus« für Holunder ab (den er nicht enthält), sondern von den Sambuco genannten Schiffen der Sarazenen, die im Mittelalter Gewürze aus dem Orient in Italien einführten.

Bekannte Marken

Absente Die Absinthmarke Absente der französischen Distilleries et Domaines de Provence kam
nach Aufhebung des Absinthverbots im Jahre 1998
wieder zu neuen Ehren. Mit seinem zulässigen
Höchstwert von bis zu 10 mg/l Thujon und 55% vol
bietet Absente einen Klassiker der Absinthära in
unbedenklicher Form an. Ein weiteres
Absinthprodukt ist die hocharomatische
Essenz »Extrême d'Absente«, ein Bitter
mit einem gegenüber herkömmlichen
Absinths vielfach erhöhten Aromen- und Wirkstoff-
gehalt. Die gesetzlichen Bestimmungen für Bitter-
spirituosen erlauben, dass »Extrême d'Absente« mit
70% vol Alkohol und 35 mg/l Thujon angeboten werden kann. Der Inhalt der kleinen Pipettenflasche ist
nur als Würze für Cocktails gedacht.

Nur wenige Tropfen »Extrême d'Absente« sind ausreichend. Er sollte nie in größerer Dosis verwendet oder pur getrunken werden.

Enfes Raki Viele Jahrzehnte lag das Monopol der
Rakiproduktion in den Händen des türkischen Staa-
tes. Nach dem Wegfall des Monopols im Jahre 2002
errichtete die private Elda-Gruppe in Tekeli bei Izmir

die modernste Brennerei der Türkei. Dort, mitten im Weinanbaugebiet Izmir, wird Enfes hergestellt. Weintrauben und Anissamen der Region sind die Basis für den Enfes Raki. Er wird in Kupferkesseln zweifach destilliert, und ein hoher Anisanteil prägt seinen Geschmack. Alkoholgehalt 45% vol.

Ouzo 12 Die Entstehung von Ouzo 12 datiert zurück in das Jahr 1880. Die Familie Kaloyannis stellte ihn in Konstantinopel, dem heutigen Istanbul, zum ersten Mal her. Zur besseren Unterscheidung füllte man den Ouzo in nummerierte Fässer ab. Kenner bevorzugten schon bald die Qualität und den Geschmack des Ouzos aus dem Fass Nummer zwölf. Ouzo 12 ist die führende Ouzomarke. Er wird heute in Athen von den Nachkommen der Familie hergestellt (40% vol.)

Alle Anisgetränke sollten möglichst ungekühlt aufbewahrt werden, da zu niedrige Temperaturen eine Trübung verursachen.

Pastis 51 Die Gruppe Pernod Ricard ist Hersteller dieser großen Pastismarke. Ursprünglich stammt sie aus dem Hause Pernod. Durch die Fusion der beiden Firmen sind mit Pastis 51 und Ricard die größten Pastismarken unter einem Firmendach vereint.

Pernod Im Schweizer Jura liegt der Ursprung aller uns heute bekannten Anisgetränke. Der Pariser Arzt Dr. Ordinaire war vor den Unruhen der Französischen Revolution Ende des 18. Jahrhunderts in die Einsamkeit der Berge geflüchtet. Von seiner Arbeit in den Pariser Spitälern kannte er die stärkenden und belebenden Eigenschaften gewisser Kräuter wie z. B. Wermut, Fenchel und Anis. Alle diese Kräuter fand er in seiner neuen Heimat. Er sammelte sie, probierte verschiedene Kombinationen für neue Elixiere aus und entwickelte ein Rezept, das nach seinem Tod bei Henri Louis Pernod landete. Die Rezeptur erwies sich als äußerst erfolgreich, und bereits 1805 produzierte man den Kräutertrank mit großem Erfolg. 1915, mit dem allgemeinen Absinthverbot, musste die Produktion eingestellt werden, doch ab 1938 ging es wieder aufwärts – mit einem neuen Erzeugnis, dem heutigen Pernod. Diesem zur Seite gestellt wurde kurz nach der Aufhebung des Absinthverbots im Jahr 1998 der »neue« Pernod »Absinthe«.

Pernod, Pastis 51 und Ricard, die Marken mit Weltruf, werden heute alle drei vom Hause Pernod Ricard hergestellt.

Im Gegensatz zum Pastis besteht Pernod aus einem Extrakt, der wiederum aus einer Mischung einer Essenz und Anethol hervorgeht. Die Essenz ist ein Destillationsprodukt von Alkohol, in dem man würzige Kräuter ziehen ließ. Anethol wird durch die Destillation von Sternanis gewonnen. Der Alkoholgehalt von Pernod beträgt 40% vol. Pernod trinkt man verdünnt mit eisgekühltem Wasser. In den 1980er Jahren wurde es Mode, Pernod auch mit Cola, Orangensaft oder Bitter Lemon zu mischen.

Auch Pernod und Pastis brauchen Wasser. Dieses muss klar, kühl und frisch sein. Kohlensäurehaltiges Wasser wird nie verwendet.

Plomari Ouzo Auf der griechischen Insel Lesbos, in der Stadt Plomari, schuf im Jahr 1894 Issidoros Arvanitis diese große Ouzomarke. Bekannte Zutaten sind Anissamenöl, Mastixharz, Zimt, Ingwer, Koriander und Fenchel. Plomari Ouzo wird mit 40% vol angeboten.

Ricard Paul Ricard begann 1932, nach der Aufhebung des Absinthverbots, mit der Herstellung von Pastis. Er gründete die Société Ricard, die sich zu einem der größten Spirituosenunternehmen Frankreichs entwickelte und seit der Fusion mit Pernod zu den weltweit größten Spirituosenmultis zählt.

Die Hauptbestandteile des Ricard sind Sternanis, provenzalische Kräuter, Süßholzwurzel (Lakritze) und Alkohol. Den klaren, goldfarbenen Ricard (45% vol) mischt man mit der fünffachen Menge Wasser (aber ohne Eiswürfel). Mit dem Ricard »Créateurs« wird Ricard seit 2005 auch in einer exklusiv für Ricard entworfenen Designerflasche angeboten.

Mit über 70 Millionen jährlich verkauften Flaschen ist Ricard die weltweit führende und meistverkaufte Anismarke.

Tsantali Ouzo Tsantali ist der bedeutendste Exporteur von Ouzo und Wein aus Nordgriechenland, und die Ouzodestillerie ist eine der größten des Landes. Das 1890 gegründete Familienunternehmen ist der zweitgrößte Ouzoproduzent des Landes. Tsantali Ouzo, der für seine hervorragende Produktqualität mehrfach mit internationalen Preisen ausgezeichnet wurde, wird seit einigen Jahren in einer neu entwickelten Flasche in Form einer griechischen Säule angeboten. Alkoholgehalt 38% vol.

Tomate

**4 cl Pernod
oder Pastis
1 cl Grenadine
eiskaltes Wasser**

klassischer Anisaperitif

In ein kleines Becherglas mit Eiswürfeln

geben, mit eiskaltem Wasser auffüllen.

Yellow Star

**2 cl Pernod
oder Pastis
2 cl Crème de
Banane
2 cl Gin
1 cl Maracuja-
sirup
8 cl Orangensaft
Cocktailkirsche
Banane**

fruchtiger Anisdrink

Im *Shaker* mit Eiswürfeln schütteln und

in ein großes Becherglas auf Eiswürfel

abgießen. Einen Spieß mit Cocktailkir-

schen und Bananenscheiben über den

Glasrand legen.

Pernod Blanc

**5 cl Pernod
5 cl Sahne
2 cl Mandelsirup
4 cl Orangensaft
Schokoladen-
raspel**

sahniger Drink für den Nachmittag

Im *Shaker* mit Eiswürfeln schütteln und

in ein großes Becherglas auf Eiswürfel

abgießen. Mit Schokoladenraspeln be-

streuen.

Perroquet

klassischer Anisaperitif

In ein kleines Becherglas mit Eiswürfeln geben, mit eiskaltem Wasser auffüllen.

4 cl Pernod oder Pastis

1 cl Pfefferminzsirup

eiskaltes Wasser

Alligator

fruchtig-lieblicher Drink für die Party

Im *Shaker* mit Eiswürfeln schütteln und in ein großes Becherglas auf Eiswürfel abgießen. Am Glasrand einen Zuckerrand anbringen und eine Zitronenscheibe anstecken.

2 cl Pernod oder Pastis

2 cl Curaçao Blue

1 Spritzer Angostura

12 cl Maracujanektar

Zitrone

Pernod Flip

milder Shortdrink für den Vormittag

Alle Zutaten im *Shaker* mit Eiswürfeln schütteln und in ein Stielglas abgießen. Fein geriebene Muskatnuss darüber streuen.

3 cl Pernod

1 cl Cointreau

1 cl Zitronensaft

1 cl Zuckersirup

2 cl Sahne

1 Eigelb

Muskatnuss

Aquavit

D er Aquavit ist die Nationalspirituose Skandinavi-
ens. Seinen Ursprung hat dieser Kümmelschnaps
in Dänemark, wo er Akvavit geschrieben wird. Beim
Aquavit spielt der Rohstoff des Alkohols keine Rolle.
Entscheidend ist dagegen seine Reinheit. Verwendet

wird Äthylalkohol landwirtschaftlichen Ursprungs mit einem Mindestalkoholgehalt von 96% vol.

Seinen Geschmack erhält der Aquavit durch ein Würzdestillat. Hauptzutat ist Kümmel, dazu kommen Koriander, Fenchel, Zimt, Nelken und Dillsamen. Bei einigen Sorten ist der Dill geschmacksbestimmend.

Bekannte deutsche Marken sind Bommerlunder und Malteserkreuz. Die Aquavits haben meist einen Alkoholgehalt um 40% vol, gesetzlich vorgeschrieben sind mindestens 37,5% vol. Aquavit sollte möglichst immer eiskalt in kleinen, gut gekühlten Gläsern serviert werden.

Der Name »Aquavit« leitet sich vom lateinischen »Aqua Vitae«, »Wasser des Lebens«, ab und wurde zum Gattungsbegriff.

Bekannte Marken

Aalborg Akvavit / Dänemark

Akvaviitti / Finnland

Bommerlunder / Deutschland

Linie Aquavit / Norwegen

Malteserkreuz Aquavit / Deutschland

O. P. Anderson Aquavit / Schweden

Armagnac

Der Armagnac ist der älteste Weinbrand Frankreichs, er wurde bereits im Jahre 1461 urkundlich erwähnt. Armagnac ist ein Weinbrand mit Herkunftsgarantie aus der Gascogne, einer Landschaft mit Weinanbau im Südwesten Frankreichs.

Bei der Armagnacanbaufläche sind drei Gebiete zu unterscheiden: Im Westen liegt Bas-Armagnac, das 55 Prozent der Anbaufläche stellt. Von den vorwiegend sandigen Böden in Bas-Armagnac kommen besonders feine Brände. Im Osten liegt, mit nur drei Prozent der gesamten Anbaufläche, Haut-Armagnac, das wegen seiner weißen Kreideböden auch als Armagnac Blanc bezeichnet wird. Das dritte Gebiet ist Ténarèze; zu ihm gehört Condom, die geschichtsträchtige Hauptstadt der Region. Die Armagnacs der einzelnen Regionen unterscheiden sich voneinander. Die Armagnacs von Ténarèze beispielsweise sind leichter und altern schneller als die von Bas-Armagnac. Haut- und Bas-Armagnac und Ténarèze sind keine Qualitätsbezeichnungen, sondern rein regionale Unterscheidungen. Auf knapp 20 000 Hektar Weinland werden jährlich rund 1,5 Millionen Hektoliter Wein gewonnen. Etwa die Hälfte davon wird zu Armagnac destilliert, so entstehen ungefähr 20 Millionen Flaschen im Jahr. Die Sand-, Ton- und

Nur Destillate, die aus Weinen von Haut- und Bas-Armagnac sowie Ténarèze gebrannt werden, erhalten das Armagnacetikett.

Kreideböden bieten ideale Bedingungen. Auf ihnen gedeihen die weißen Rebsorten besonders gut, die laut Gesetz vom August 1936 als einzige für Armagnac verwendet werden dürfen: Die wichtigsten unter ihnen sind Folle Blanche, Folle Jaune, Picpoul, Meslier, Colombard, Clairette, Ugni blanc (Saint Emilion) und Bacco.

Armagnac darf sich der gebrannte Wein erst nennen, wenn er mindestens zwei Jahre lang in kleinen Eichenfässern gereift ist.

Die Weinlese findet in Armagnac von Mitte bis Ende Oktober statt. Sobald der junge Wein durchgegoren ist, beginnt die Destillation. Sie muss laut Gesetz bis zum 30. April des auf die Ernte folgenden Jahres abgeschlossen sein. Im Gegensatz zum Cognac, der in einer geschlossenen Brennblase zweimal destilliert wird, brennt man Armagnac im kontinuierlichen, einmaligen Verfahren. Diese Methode wurde 1936 gesetzlich zum einzig zugelassenen Armagnacverfahren erklärt. Während der Armagnac im Fass lagert, verdunstet ein Teil des Alkohols, dafür dringt durch das Holz Sauerstoff ein. Der Alkohol entzieht dem Holz verschiedene Bestandteile, vor allem Gerbstoffe.

Junge Destillate kommen immer in frische, ungebrauchte Fässer. Nach einiger Zeit werden sie dann in gebrauchte Fässer umgefüllt, die nicht mehr so viele Gerbstoffe abgeben. Ist der richtige Reifegrad erreicht und das Destillat in allen Komponenten ausgewogen, wird es in Großbehälter umgefüllt, in denen sich der Armagnac kaum noch verändert. Armagnac unterliegt sehr strengen gesetzlichen Vorschriften, die das B.N.I.A. (Bureau National Interprofessionnel de l'Armagnac) permanent überwacht. Während der Alterung werden die Brände in so genannte Konten, ähnlich wie beim Cognac, eingeteilt. Es gibt folgende Konten:

»Konto 00« bezeichnet alle Destillate vom Beginn der Brennkampagne bis zum 30. April des folgenden Jahres. Der Stichtag für den Wechsel des Alterskontos ist immer der 1. Mai jedes Jahres. »Konto 0« meint die Brände vom 1. Mai bis zum 30. April des folgenden Jahres, die Destillate sind bis zu zwölf (plus null bis sechs) Monate alt. »Konto 1«: Die Brände sind

Seit 1972 ist für die Armagnacherstellung auch das Charentaiser-, das Cognacverfahren, erlaubt, das jedoch selten angewendet wird.

12 bis 24 Monate alt, sie dürfen dann als Armagnac verkauft werden. »Konto 2«: Die Armagnacs sind 24 bis 36 Monate alt und haben die gleichen Bezeichnungen wie »Konto 2«-Cognacs, beispielsweise drei Sterne, »V.S.« oder »De Luxe«. Die »Konto 3«-Armagnacs sind 36 bis 48 Monate alt, jene mit dem Zusatz »Konto 4« bis 60 Monate, die »Konto 5«-Armagnacs bis 72 Monate. Ihre Bezeichnungen entsprechen in etwa denen der beim Cognac verwen-

Entscheidend für die Altersangabe auf dem Etikett ist immer das jüngste dem Armagnac zugegebene Destillat. deten. Armagnac reift in kleinen Eichenholzfässern (bis zu 420 Liter). Der Gesetzgeber überwacht die Destillate bis zu »Konto 5«. Altersangaben, die über fünf Jahre hinausgehen, sind Vertrauenssache. Armagnac besteht zumeist nicht aus Destillaten eines einzigen Jahrgangs. Es werden oft verschiedene Jahrgänge miteinander verschnitten, um eine möglichst hohe und gleich bleibende Qualität des Produkts zu erreichen. Daneben gibt es eine große Anzahl von Jahrgangsarmagnacs (»millésimés«). Ist ein Jahrgang auf der Flasche angegeben, müssen alle

Basisweine aus diesem Jahr stammen. Wird auf der Flasche eine Teilregion, z. B. Bas-Armagnac oder Ténarèze, genannt, dann muss der gesamte verwendete Wein aus diesem Gebiet kommen. Auch Weiterverarbeitung, Mischung und Lagerung dürfen dann nur in der »région délimitée« vorgenommen werden. Dabei darf kein anderer Alkohol im gleichen Keller aufbewahrt werden. Der Mindestalkoholgehalt bei Armagnac beträgt 40% vol.

Armagnac braucht von allen Weinbränden die längste Reifezeit. Wird ihm diese gewährt, bietet er einen unglaublichen Genuss.

Bekannte Marken

Castarède

Clés des Ducs

Goudoulin

Janneau

Laberdolive

Marquis de Caussade

Marquis de Montesquiou

Samalens

Armand Sempé

Bitter

Bitter sind Spirituosen mit vorherrschend bitterem Geschmack. Sie werden meist auf dem Weg der Mazeration, d. h. durch Auslaugung der aromatischen Grundstoffe (Kräuter, Beeren, Früchte und Fruchtschalen, Blüten, Samen, Wurzeln sowie Rinden) in Neutralalkohol hergestellt.

Die meisten Marken bereitet man bis heute nach alten, sorgsam gehüteten Rezepturen zu. Führende Herstellerländer sind Deutschland und Italien. Da die Sortenvielfalt bei den Bittern fast unüberschaubar ist und viele Zusatzbezeichnungen verwendet werden, lässt sich eine exakte Zuordnung oft nur schwer vornehmen: Die Palette der Namen reicht von Bit-

Die meisten Rezepte von Bittermarken wurden von Ärzten, Apothekern oder heilkundigen Klosterbrüdern entwickelt.

terlikör, Alpenbitter und Magenbitter über Kräuter-spezialität, Kräuterlikör, Kräuterlikör-Spezialität, Kräuterbitter und Kräuterhalbbitter bis hin zum Bit-teraperitif. Auch die Kräuter- und Gewürzliköre sind nahe Verwandte der Bitter; sie zeichnen sich jedoch meist durch eine helle, klare Farbe und einen hohen Zuckergehalt aus. Dieser gibt auch einen Anhalts-

Eine wohltuende Wirkung wird allen Bitter-getränken nachgesagt, da ihre Zutaten meist gesundheitsfördernde Substanzen enthalten.

punkt zur Unterscheidung: Bitterliköre müssen mindestens 100 Gramm Zucker pro Liter Fertigerzeugnis aufweisen, haben also im Gegensatz zum Bitter eine gewisse Süße. Der Alkoholgehalt beträgt nach EU-Recht mindestens 15% vol, liegt aber meist höher.

Bekannte Marken

Angostura Der in jeder Bar unentbehrliche Aro-matic-Bitter wird hauptsächlich aus Angelika, Chinarinde, Enzian, Galgant, Ingwer, Sandelholz, Mus-katnuss, Macis, Nelken, Kardamom und Zimt herge-stellt. Insgesamt bilden rund 40 Kräuterextrakte die Basis. Ein deutscher Militärarzt, Dr. J.G.B. Siegert, erfand 1824 diesen würzigen Bitter, als er in Angostura, dem heutigen Ciudad Bolívar/Venezuela, arbeitete. Seit 1875 wird Angostura vom jetzigen Sitz der Brennerei in Trinidad versendet. Alkoholgehalt 44% vol.

Vielen klassischen und auch modernen Mixgetränken gibt Angostura das gewisse Etwas und rundet die Drinks aromatisch ab.

Aperol Dieser italienische Bitteraperitif wurde 1919 vorgestellt. Seine Zutaten sind Rhabarber, Enzian, Chinarinde, Bitterorangen, verschiedene Kräuter und Neutralalkohol. Sein Alkoholgehalt wurde vor einiger Zeit von 11% vol auf 15% vol angehoben.

Averna Der führende unter den italienischen Halbbittern wird seit 1868, dem Gründungsjahr der Firma Fratelli Averna, in Caltanissetta/Sizilien hergestellt. Seine Würzmischung besteht aus 60 verschiedenen Zutaten. Averna enthält 32% vol Alkohol.

Becherovka Die Heimat dieser hellen, feinbitteren Kräuterlikörs ist der Kurort Karlsbad in Böhmen. Im Jahr 1807 begann der Apotheker Johann Becher mit der Herstellung einer »Magenmedizin« nach der Rezeptur des englischen Kurarztes Dr. Frobrige. Der Alkoholgehalt beträgt 38% vol.

Campari gibt es seit 1862. Er wurde von Gaspare Campari in Mailand entwickelt und zählt zu den bekanntesten Bitteraperitifs. Als »Campari mit Soda« wurde Campari bekannt und auch »Campari Orange« ist heute eine feste Größe.

Fernet-Branca In Italien gibt es mehrere Firmen, die Fernet herstellen. Fernet Branca, einer der bekanntesten und beliebtesten Bitter, ist jedoch das Original. Benannt wurde er nach einem italienischen Arzt namens Fernet. Für diesen Bitter, der aus der 1845 in Mailand gegründeten Firma Fratelli Branca stammt, werden rund 40 aromatische Pflanzen und Heilkräuter verwendet. Berühmt ist auch der »Branca Menta«, der sich durch seinen Pfefferminzgeschmack auszeichnet. Fernet-Branca hat 40% vol Alkoholgehalt, »Branca Menta« 38% vol.

Gammel Dansk Bitter Dram Dieser Bitter wird seit 1965 von Danish Distillers in Roskilde auf der dänischen Hauptinsel Seeland hergestellt. Die 29 verschiedenen Zutaten kommen von allen Kontinenten

Der bekannte Name »Gammel Dansk Bitter Dram« bedeutet wörtlich übersetzt: »alter dänischer Bittertrunk«.

mit Ausnahme Australiens. Der Alkoholgehalt beträgt 38% vol.

Kümmerling Der Ursprung des Unternehmens geht auf Hugo Kümmerling zurück. Er begann 1921 in Deesbach/Thüringen mit der Herstellung von Boonekamp-Kräuterlikör, und 1938 war die Geburtsstunde der Marke Kümmerling. Im Jahre 1949 erfolgte die Übersiedlung ins bayerische Coburg. Seit 1963 ist der Betrieb in Bodenheim bei Mainz ansässig. Kümmerling wird mit 35% vol angeboten.

Lantenhammer Spezialkräuter Ein viel beachtetes Unternehmen ist die in Schliersee in den bayerischen Voralpen ansässige Destillerie Lantenhammer. Eine

Florian Stetter schuf mit dem »Spezialkräuter« einen Bitter, dessen Komposition den ehrwürdigen Marken ebenbürtig ist.

Besonderheit dieses Halbbitters ist, dass auch ein rarer Vogelbeerbrand eingesetzt wird. Der »Spezialkräuter« ist fein ausgewogen und trotz seiner 38% vol erstaunlich mild.

Nonino Quintessentia Das 1897 gegründete Haus Nonino in Perceto bei Udine in Friaul ist berühmt für seine Pionierarbeit um den Grappa.

Eine exklusive Spezialität unter den Bitterspirituo-sen ist der »Amaro Nonino Quintessentia di Erbe Alpine« (35% vol).

Ramazzotti Die Geschichte des Kräuterlikörs Amaro Ramazzotti beginnt mit Ausano Ramazzotti. 1815, nach Jahren des Experimentierens, fand er die fein abgestimmte Würz- und Kräutermischung für den Amaro Ramaz-zotti. Außer Amaro Ramazzotti (30% vol) gibt es den Ramazzotti »Menta« (32% vol).

Amaro Ramazzotti zählt heute zu den bekanntesten Kräuterlikören und wird in über 50 Länder exportiert.

Riemerschmid-Bitter Die 1835 in München gegründete Likörmanufaktur Riemerschmid ist auch Hersteller von Angostura- und Orangen-Bitter.

Rigas Melnais Balzams Dieser kräftige Kräuter-halbbitter ist eine ganz eigenwillige Spezialität. Seine Sonderstellung mit seinen 45% vol und seinem wür-zigen Geschmack wird durch die Abfüllung in eine Tonflasche zusätzlich hervorgehoben.

Rossbacher Die Destillerie Wunderlich in Wien ist Produzent dieses Kräuterlikörs. Er wird seit 1897 hergestellt und mit 32% vol angeboten.

Underberg In Rheinberg am Niederrhein brachte der Firmengründer Hubert Underberg nach langjähriger Entwicklung im Jahre 1846 einen Bitter auf den Markt und gab ihm seinen Namen. Dessen wohltuende Eigenschaft, die beständige Qualität und auch die aussagekräftige Werbung (»täglich Underberg und du fühlst dich wohl«) verhalfen dem Kräuterdigestif Underberg im Laufe der nun 170 Jahre zu seinem großen Erfolg. Underberg wird bis heute aus Kräutern aus 43 Ländern, nach der nur der Familie Underberg und drei örtlichen Geistlichen bekannten Originalrezeptur, hergestellt. Nach dem Auszug der Wirkstoffe lagert der Underberg monatelang in Fässern aus slowenischer Eiche. Über 100 Jahre wurde Underberg in verschiedenen Flaschengrößen abgefüllt. Nach dem Zweiten Weltkrieg führte Emil Underberg, Enkel des Firmengründers, am 1. September 1949 die 20-Milliliter-Underberg-Portionsflasche ein, die seither die einzige Underberg-Flaschengröße ist. Alkoholgehalt 44% vol.

Underberg, dieser große deutsche Spirituosenklassiker, wird seit 170 Jahren in unveränderter Qualität hergestellt.

Zwack Unicum Die Firma Zwack wurde 1840 in Budapest vom kaiserlichen Leibarzt Dr. Zwack gegründet. Bis vor dem Ersten Weltkrieg war die Firma der bedeutendste Spirituosenhersteller in Osteuropa, deren bei weitem bekanntestes Produkt, der Magenbitter Unicum, aus über 40 Kräutern und Wurzeln besteht. Nach dem Zweiten Weltkrieg flohen die Familienmitglieder unter

Der Unicum von Zwack, abgefüllt in eine Flasche in Form einer Bombe, ist eine der ältesten Bittermarken. teilweise abenteuerlichen Umständen nach Italien, wo die Produktion nach dem Originalrezept wieder anlief. In Ungarn wurde ebenfalls Unicum produziert, er erreichte jedoch nie die Qualität des Originals. Seit dem Fall des Eisernen Vorhangs sitzt die Firma Zwack nun wieder in Budapest. Unicum hat 40% vol Alkohol und zählt zu den kräftigeren Bittergetränken.

Americano

weltbekannter Campari-Aperitif

In ein kleines Becherglas mit Eiswürfeln geben. Mit Orangenschale abspritzen und diese dazugeben. Sodawasser dazu separat servieren.

3 cl Campari Bitter
3 cl Vermouth Rosso
Orange
kaltes Sodawasser

Negroni

verstärkte Americano-Version

In ein kleines Becherglas mit Eiswürfeln geben. Mit Orangenschale abspritzen und diese dazugeben. Sodawasser dazu separat servieren.

2 cl Campari Bitter
2 cl Vermouth Rosso
2 cl Gin
Orange
kaltes Sodawasser

Florida

Longdrink für heiße Sommertage

In ein Longdrinkglas mit Eiswürfeln geben, mit Tonic Water auffüllen. Zitronenscheibe an den Glasrand stecken.

4 cl Aperol
4 cl Grapefruitsaft
kaltes Tonic Water
Zitrone

Brandy

Die internationale (englische) Bezeichnung für Weinbrand ist Brandy. Jedes Wein herstellende Land destilliert in der Regel auch einen Teil seiner Produktion. In Deutschland hat das Weinbrennen lange Tradition. Das bekannteste Herstellerland ist

aber ohne Zweifel Frankreich mit seinen weltberühmten Weindestillaten Cognac und Armagnac.
Diese Namen dürfen nur Produkte tragen, die aus
genau abgegrenzten Regionen kommen und sehr
präzise festgelegten Bestimmungen entsprechen. Andere französische Weindestillate heißen »Eau-de-Vie-de-Vin«.

Der Erfolg des spanischen Brandys begann mit der Verstärkung von Sherryweinen mit Destillaten, um diese »reisefest« zu machen.

Die großen Brandymarken Europas kom-
men aus Spanien (Andalusien) und aus Italien. In Markenvielfalt und Qualität ist Spanien absolut führend:
Das Angebot reicht von einfacheren Bränden bis zu
exzellenten, lange gelagerten Spitzenqualitäten. Spa-

nische Brandys entstehen im so genannten Solera-Verfahren. Man unterteilt sie in drei Güteklassen: Die Angabe »Solera« bedeutet eine Reifezeit von 18 Monaten, »Solera Reserva« reift drei Jahre und »Solera Gran Reserva« acht Jahre. Diese Mindestreifezeiten werden jedoch meist weit überschritten. Spanischer Brandy stammt fast ausschließlich von den großen Sherryhäusern in der Region Jerez.

Bekanntester spanischer Brandyproduzent außerhalb der Sherryregion ist das Weinhaus Torres im katalonischen Penedèsgebiet.

Der Mindestalkoholgehalt für Brandys beträgt 36% vol. Die griechischen Erzeugnisse sind in der Regel keine Brandys, weil den Weindestillaten Alkohol und Aromastoffe zugesetzt werden. Dies geschieht nicht, um irgendwelche Täuschungen vorzunehmen, sondern ist in der Entwicklung dieser Spirituosen begründet.

Bekannte Marken

Antiqua Das Haus Caves Aliança S. A. in Sangalhos/Portugal ist der bekannteste Brandyhersteller des Landes. Die Brandys (Aguardente) werden nach dem in Cognac angewendeten Charente-Verfahren destilliert und lagern weit über die vorgeschriebene Lagerzeit hinaus in kleinen Eichenholzfässern. In Portugal steht die Bezeichnung »Velha« für eine Reifezeit von mindestens 30 Monaten. Nach Deutschland werden zwei Sorten exportiert: »Antiqua – Aguardente Velha« (38% vol) – reift mindestens fünf Jahre; »Antiquissima – Aguardente Velha Extra« (40% vol) – reift mindestens zehn Jahre.

Cardenal Mendoza Im Jahr 1781 wurde in Jerez de la Frontera das Sherryhaus Sanchez Romate gegründet. 1887 begann man mit der Brandyherstellung für den privaten Bereich, und Jahre später beschloss man, den Brandy auch zu vermarkten. Als Namensgeber wählte man Don Pedro Gonzalez de Mendoza (1428–1495), der als »El Gran Cardenal de España« einen bekannten Namen trug. Heute ist Cardenal Mendoza international als spanischer Spitzenbrandy anerkannt. Cardenal Mendoza »Solera Gran Reserva« (42% vol) reift weit über die vorge-

Beim so genannten Solera-Verfahren werden unterschiedlich lang gereifte Destillate regelmäßig miteinander vermischt.

schriebene Zeit hinaus und präsentiert sich mit einer unglaublichen Weichheit und Geschmacksfülle. Seit dem Jahr 2000 wird mit dem Cardenal Mendoza »Carta Real Solera Gran Reserva« (40% vol) eine einzigartige Qualität angeboten. Der Brandy für den »Carta Real« reift mindestens 25 Jahre im Solera-Verfahren.

Carlos I. Das weltbekannte Sherry- und Brandyhaus Domecq ist Hersteller des Carlos I. (Primero). Nachdem Pedro Domecq mit seinem 1874 vorgestellten Brandy »Fundador« einen neuen Wirtschaftszweig begründet hatte, wollte man die bisherigen Erfolge ausbauen. 1922 präsentierte man den Spitzenbrandy Carlos I. Benannt wurde er nach Karl I., unter dessen Herrschaft das spanische Kolonialreich in Übersee entstand. Carlos I. wird im Solera-Verfahren ausgebaut und hat, bevor er dieses durchläuft, bereits eine zwölfjährige Lagerzeit in kleinen Eichenholzfässern hinter sich. Dazu verwendet man vorzugsweise Fässer, die bereits der Lagerung von Oloroso-Sherry

Carlos I. – ein »Solera Gran Reserva« – ist der meistverkaufte spanische Premium-Brandy in seiner Heimat und in Deutschland.

dienten. Carlos I. ist mit etwa 2 Millionen jährlich verkauften Flaschen der erfolgreichste Premium-Brandy Spaniens. Neu auf dem Markt ist seit 2002 ein weiterer Spitzenbrandy von Domecq, der Carlos I. »Imperial« – Solera Gran Reserva (40% vol). Für ihn werden die ältesten Brände verwendet.

Fundador Das weltbekannte Sherry- und Brandyhaus Domecq in Jerez de la Frontera stellt Spaniens älteste Brandymarke her, den Fundador. Der »Gründer«, wie Fundador übersetzt heißt, wird seit 1874 produziert und ist heute nicht nur die traditionsreichste, sondern auch die meistverkaufte spanische Brandymarke. Fundador Solera Reserva wird mit 38% vol Alkohol angeboten.

Mit dem 1874 erstmals produzierten Fundador schuf Pedro Domecq eine große Brandymarke und einen neuen Wirtschaftszweig.

Gran Duque d'Alba Der Gran Duque d'Alba »Brandy de Luxe Gran Reserva« gilt als einer der besten spanischen Brandys. Das berühmte Sherryhaus Williams & Humbert besitzt heute das Patronat über die Marke, die Solera des Gran Duque d'Alba wurde jedoch bereits 1890 angelegt. Das

Besondere an diesem Brandy ist sein Herstellungs-
verfahren: Da jedem Fass immer nur ein Drittel seines Inhalts entnommen wird, sind in der hier angewendeten zwölfstufigen Solera (im Gegensatz zur
sonst meist nur vierstufigen) alle Jahrgänge seit
1890 zumindest in Spuren noch enthalten. Namensgeber für diesen außergewöhnlichen Brandy mit
einem Alkoholgehalt von 40% vol waren die
Großherzöge von Alba. Neu ist der Gran Duque
d'Alba »ORO« (40% vol). Mit diesem stellte man
dem Klassiker des Hauses eine noch exquisitere
Qualität zur Seite.

Lepanto Die Brandyspitzenmarke des berühmten
Sherry- und Brandyproduzenten Gonzalez Byass

Der Name »Lepanto« (siehe Sherry und Brandy Soberano) in
erinnert an die berühmte
Seeschlacht von 1571, Jerez de la Frontera zählt zu den absolu-
in der eine spanisch- ten Spitzenprodukten. Lepanto Solera
venezianische Flotte die
Türken besiegte. Gran Reserva reift 15 Jahre im Solera-
System und wird in noblen, serigrafierten Glaskaraffen angeboten. Neu sind der Lepanto »Pedro
Ximénez« und der Lepanto »Oloroso Viejo«,

beide ebenfalls Solera Gran Reserva. Die Besonderheit bei beiden ist, dass sie die letzten fünf Jahre ihrer insgesamt über 15jährigen Reifezeit in Fässern gelagert wurden, die mit den namengebenden Sherrys gefüllt waren. Alle drei werden mit 36% vol angeboten.

Metaxa Metaxa ist die bekannteste Spirituosenmarke Griechenlands. Metaxa – »The Greek Spirit« nennt sich nicht Brandy, da dem Weindestillat Wein (Muskat von den Inseln Samos und Limnos) und Kräuteressenzen (u. a. Rosenblätter) zugesetzt werden. Dies geschah (und geschieht) nicht, um irgendwelche Täuschungen vorzunehmen, sondern ist in der Entwicklung dieser Spirituose begründet. Aufgrund seiner nahen Verwandtschaft zu den Brandys ist der Metaxa diesem Kapitel zugeordnet. Spyros Metaxa, der Gründer des Unternehmens, erwarb um 1880 im Süden von Attika ausgedehnte Weinberge und beschäftigte sich neben der Weinherstellung mit der Destillation. 1888 war es dann so weit – und das

Rund zwölf Millionen Flaschen Metaxa werden jährlich in Athen abgefüllt und in über fünfzig Länder der Erde exportiert.

Ergebnis nannte er »Metaxa«. Das heute am Stadtrand von Athen ansässige Unternehmen exportiert in über 50 Länder, und überall, wo Griechen sind, ist auch Metaxa zu finden. Die bekanntesten Metaxa-Sorten sind: »5-Stern Classic« (38% vol) in der klassischen Säulenformflasche, »7-Stern Amphora« (40% vol) in einer einzigartigen Amphorenflasche und Metaxa »Grande Fine« (40% vol) in einer handgefertigten, bemalten Porzellankaraffe. Die Unterschiede bei den Metaxa-Sorten entstehen nicht nur durch das Alter der eingesetzten Weinbranddestillate und Weine, sondern auch durch die Gesamtkomposition für die jeweilige Sorte. Neu sind der 12-Sterne Metaxa »Grand Olympian Reserve Dry« und der etwas mildere »Celebration«. Diese werden zur Zeit (2005) nur in Griechenland und in Duty-Free-Shops angeboten.

In der Brennerei am Stadtrand von Athen lagern in Eichenholzfässern auch die Muskatweine für die Metaxa-Komposition.

Osborne Das Sherryhaus Osborne in Puerto de Santa María ist eine der ältesten und angesehensten Firmen Andalusiens, zudem weltbekannt durch den schwarzen Stier als Symbol. Das Unternehmen – 1772 von dem Engländer Thomas Osborne gegründet – befindet sich bis heute in Familienbesitz und bietet vier Qualitäten an: Die Standardmarke »Veterano Solera« mit 36% vol, »Magno Solera Reserva« mit 37% vol und »Conde de Osborne Solera Gran Reserva« mit 40,5% vol, in einer von Salvador Dalí entworfenen weißen Porzellanflasche. Durch die Übernahme des Sherry- und Brandyhauses Bobadilla kam auch eine der bekanntesten Spirituosenmarken Spaniens, der »Brandy 103« zu Osborne. »Brandy 103« wurde nach der ersten, von Bobadilla im Jahr 1903 angelegten Solera benannt. Mit der Übernahme wurde daraus der »Osborne 103«. Sein bekanntestes Unterscheidungsmerkmal zu anderen Solera-Qualitäten ist der helle Farbton. Es gibt ihn in zwei Qualitäten: »Etiqueta Blanca – Solera«, 36% vol und »Etiqueta Negra – Solera Reserva«, 37% vol.

Sandeman Capa Negra Die Firma Sandeman, eine der Großen im Sherry- und Portweingeschäft,

An vielen Straßen Andalusiens ist der zum Kulturgut erhobene »schwarze Stier« von Osborne als markantes Wegzeichen zu sehen.

ist englischen Ursprungs. Sie besitzt riesige Bodegas in Jerez de la Frontera, in denen ihre weltbekannten Sherrys lagern. Nach dem Symbol des Hauses, einer Figur mit langem schwarzem Umhang, der Capa Negra, wurde der Brandy »Capa Negra« benannt. Sein Alkoholgehalt beträgt 36% vol.

Señor Lustau Das Haus Emilio Lustau in Jerez de la Frontera wurde 1895 gegründet und zählt zu den wenigen unabhängigen Firmen in Familienbesitz.

Die Lustau-Bodega umfasst einen Teil einer Stadtmauer aus arabischer Zeit. In ihr lagern mehr als 20000 Fässer Sherry und Brandy. Das Unternehmen ist für seine Sherry-spezialitäten berühmt, doch auch die Brandys von Lustau – ein Solera Reserva und ein Solera Gran Reserva – zeichnen sich durch außergewöhnliche Qualität aus. Beide werden lange über die vorgeschriebene Reifezeit hinaus gelagert und haben 40% vol Alkoholgehalt.

Sobanero Das Unternehmen González Byass in Jerez de la Frontera wurde 1835 von Manuel Maria González gegründet. Der heutige Name entstand 1870, als der englische Weinhändler R. B. Byass in die Firma eintrat. González Byass genießt heute internationale Anerkennung für seine weltbekannte Sherry-marke Tio Pepe und seine Brandys Soberano und Lepanto (siehe Sherry und Lepanto). González Byass ist bis heute in Familienbesitz und einer der größten Weinbergbesitzer der Region. Die verschiedenen Bodegas stammen größtenteils noch aus dem vorletzten Jahrhundert, darunter zählt die von Gustave Eiffel entworfene Bodega »La Concha« zu den sehenswertesten der Stadt. In diesen Bodegas reifen auch die Destillate von Soberano. Soberano, dessen Name sich vom Souverän ableitet, ist eine der bekanntesten Brandymarken Spaniens. Alkoholgehalt 36% vol.

Vecchia Romagna Vecchia Romagna ist die bekannteste italienische Brandymarke, und Deutschland ist nach Italien der wichtigste Absatzmarkt. Vecchia-Romagna-Brandys werden im traditionellen Verfahren zweimal destilliert und reifen lange über die vorgeschriebene Zeit hinaus. Mindestens drei Jahre liegt der »Etichetta Nera« (38% vol) im Fass. Zehn Jahre die De-Luxe-Qualität »Riserva 10 Anni« (40% vol).

Die Trebbianotraube (in Frankreich heißt sie Ugni Blanc) stellt den größten Anteil bei der Herstellung von Cognac.

Cachaça

Cachaça (sprich: Kaschassa) ist ein brasilianisches Zuckerrohrdestillat, das in seiner Heimat in unzähligen Marken angeboten wird. Auf den internationalen Märkten sind jedoch nur die Marken der großen Hersteller bekannt. Der seit Ende des 17. Jahr-

hunderts bekannte Cachaça beherrscht den gesamten Spirituosenmarkt des Landes, und Brasilien ohne Cachaça ist undenkbar. Den Rohstoff für den Cachaça liefert das noch grüne Zuckerrohr. Im Gegensatz zum Rum, der aus Melasse – den Rückständen bei der Zuckergewinnung – hergestellt wird, ist Cachaça ein Destillat aus noch grünem Zuckerrohr. Deshalb sollte man Rum keinesfalls mit Cachaça vergleichen, denn lediglich das Ausgangsprodukt ist identisch. Cachaça wird meist wasserklar, aber auch golden getönt mit 39 bis 43% vol angeboten.

Caipirinha, das brasilianische Nationalgetränk aus Cachaça, Limetten und Zucker, ist seit Jahren in vielen Bars die Nummer eins.

Bekannte Marken

Berro d'Agua Berro d'Agua (Schrei des Wassers), eine bekannte Marke mit 40% vol.

Cachaça 51 Cachaça 51 kommt aus Pirassununga im Staat São Paulo und hat 40% vol Alkoholgehalt.

Janeiro Nach Rio de Janeiro wurde der Janeiro Cachaça benannt. Alkoholgehalt 40% vol.

Mangaroca Mangaroca ist durch den Kokoslikör Batida de Coco ein Begriff. In Brasilien ist die Firma vor allem für seinen Cachaça bekannt.

Nêga Fulô Die Nêga-Fulô-Cachaças stammen aus dem Hause Fazenda Soledade im Bundesstaat Rio. Neben dem Klassiker in der umflochtenen Flasche mit 41,5% vol gibt es den »Canario« mit 40% vol und den »Special Aged Reserve« mit 43% vol.

Pitú Pitú belegt den ersten Platz in der Hitliste der Cachaças in Deutschland. Pitú wird wasserhell und durch Fasslagerung golden getönt angeboten.

Tropicana Mit der Schildkröte als Markenzeichen, wird mit 40% vol Alkohol angeboten.

Caipirinha

süßsaurer Klassiker aus Brasilien

In einem Tumbler Limettenviertel mit Holzstößel ausdrücken. Cachaça und Zucker zugeben, umrühren. Auffüllen mit crushed ice, nochmals umrühren.

1–2 Limetten
6 cl Cachaça
2 cl Barlöffel weißer oder brauner Rohrzucker

Batida de Mel

milde Caipirinha-Variante

In einem Tumbler Limettenviertel mit einem Holzstößel ausdrücken. Das Glas mit crushed ice füllen, die Zutaten dazugeben, umrühren und garnieren.

1 Limette
6 cl Cachaça
6 cl Rose's Lime Juice
1 Barlöffel Honig
1 Limettenscheibe
1 Cocktailkirsche

Tropicana

wie der Name – tropisch

Mit Eiswürfeln im *Shaker* schütteln, auf Eiswürfel abgießen und den Curaçao darüber geben. Ananas zur Garnitur.

4 cl Cachaça
2 cl Kokoslikör
1 cl Bananensirup
6 cl Orangensaft
6 cl Maracujanektar
1 cl Blue Curaçao
1 Ananasstück

Calvados

*B*eim Calvados handelt es sich um einen Apfelbrand aus Frankreich. In seiner Heimat, der Normandie, pressen die Bauern schon seit Menschen-
gedenken Saft aus ihren Äpfeln und lassen ihn
zunächst zu Most, dem Cidre, und dann zu Wein

vergären. Die ersten Anordnungen über Anpflanzung und Pflege der Apfelbäume und zur Herstellung von Apfelwein stammen bereits aus der Zeit Karls des Großen. Der Apfelbrand wird erstmals 1553 erwähnt. Während der Regierungszeit Heinrichs IV. (1589–1610) existierten bereits allgemein gültige Brennvorschriften. Calvados heißt der Apfelbrand erst seit dem 19. Jahrhundert – nach dem Département, aus dem ein Teil der Calvadosproduktion kommt. Entsprechend einem Gesetz von 1942 dürfen sich nur die Apfelbrände Calvados nennen, die aus einem genau abgegrenzten Gebiet der Normandie stammen und nach zwei unterschiedlichen Methoden gebrannt worden sind.

Vermutlich seit dem frühen Mittelalter brennen die Bauern der Normandie und der Bretagne Apfel- und Birnenweine.

1. Der Calvados mit gesetzlich geregelter Herkunftsbezeichnung (Appellation Calvados contrôlée) kommt aus den Gebieten Calvados, Cotentin, Avranchin, Mortainais, Domfrontais, Vallée de l'Orne, Pays du Merlerault, Pays de la Risle, Pays de Bray und Perche.

2. Der Calvados mit kontrollierter Ursprungsbezeichnung (Appellation Calvados du Pays d'Auge contrôlée) kommt aus dem Pays d'Auge, einem kleinen Gebiet im Herzen von Calvados, und unterliegt besonders strengen Kontrollen. Dieser Calvados darf nur aus Apfelweinen gebrannt werden, die ebenfalls aus dem Pays d'Auge stammen. Reife, zerkleinerte Früchte liefern den Most, aus dem die Calvadosbrennweine gemacht werden. Der Most gärt mindestens einen Monat lang auf natürliche Weise und lagert dann bis zur weiteren Verarbeitung in Riesenfässern. Gute Calvadoshersteller verwenden meist ein bis zwei Jahre alte Apfelweine.

Calvados trägt wie Armagnac einen international geschützten Namen, der nur Bränden aus den genannten Gebieten erlaubt ist.

Gebrannt wird auf zwei verschiedene Arten, die Methode richtet sich nach der Art des Calvados. Im Pays d'Auge ist die Destillation nach der Charente-Methode vorgeschrieben, bei der man in kleinen Brennblasen in zwei Phasen destilliert. Zuerst wird das »kleine Destillat« und daraus dann der Apfelbrand gewonnen. Außerhalb des Pays d'Auge, also für Calvados mit Appellation Calvados contrôlée, wird in kontinuierlichen Brennanlagen destilliert. Bei beiden Methoden erhält man nach dem Brennen eine wasserhelle Flüssigkeit mit hohem Alkoholgehalt (68 bis 72% vol), die immer noch weit entfernt ist von dem, was einen richtigen Calvados ausmacht. Charakter bekommt dieser erst durch die Lagerung in Eichenholzfässern. Im Lauf der Jahre wird das Destillat bernsteinfarben und verliert an Alkohol. Nach einiger Lagerzeit verfeinert man den Calvados, indem man aufeinander abgestimmte Destillate verschiedenen Alters nach überlieferten Rezepten miteinander vermischt. Erst diese Cuvées garantieren ein Produkt von über Jahre hinweg gleichmäßiger Qualität.

Erst die Vermischung, die »Mariage«, mit anderen – auch älteren – Destillaten verleiht dem jeweiligen Calvados seinen Charakter.

Für Calvados ist eine einjährige Lagerzeit im Eichenholzfass gesetzlich vorgeschrieben. Ein guter Calvados hat aber mindestens drei Jahre im Fass verbracht. Für die Altersangabe auf der Flasche ist immer das jüngste verwendete Destillat entscheidend. Die Alterung des Calvados wird durch das

»Bureau National du Calvados« überwacht. Es gibt eine Einteilung in Alterskonten (ähnlich wie bei Cognac und Armagnac), Stichtag für den Wechsel des Kontos ist jeweils der 1. Oktober eines Jahres.

Im Handel erhältlich sind auch Jahrgangscalvados.

Für Calvados gilt in der Regel: Je jünger, desto intensiver ist der Apfelgeschmack, je älter, desto weicher und runder.

Das Gesetz erlaubt allerdings nur denjenigen Firmen den Vertrieb von Jahrgangscalvados, die in der Lage sind, die einzelnen Jahrgänge, die sie auf den Etiketten anzeigen, exakt nachzuweisen. Zu diesem Zweck muss jeder Anbieter von Jahrgängen diese gegenüber dem »Bureau National du Calvados« erklären, und zwar vor dem Verkauf des Jahrgangs. Jedes dieser Häuser muss den Nachweis durch eine gesonderte Buchhaltung führen können sowie durch getrennte Lagerung und durch regelmäßige Abgangsmeldungen und Angabe der Lagervorräte. Das Gleiche gilt für Altersangaben wie »zehn Jahre alt«, »15 Jahre alt«, »25 Jahre alt«.

Die meisten Hersteller lagern ihren Calvados in Fässern mit einem Fassungsvermögen bis zu 10 000

Liter. Für das junge Destillat werden vornehmlich neue Eichenholzfässer verwendet, mit zunehmendem Alter wird der Calvados in ältere Fässer umgefüllt. Der Mindestalkoholgehalt von Calvados beträgt 40% vol.

Bekannte Marken

Boulard

– Pays d'Auge

Busnel

– Pays d'Auge

Château du Breuil

– Pays d'Auge

Dauphin

– Pays d'Auge

Gilbert

Pâpidoux

Père Magloire

– Pays d'Auge

Roger Groult

– Pays d'Auge

After All

4 cl Calvados
3 cl Pfirsichlikör
2 cl Zitronensaft

aromatischer Drink zur Cocktail-Hour

Alle Zutaten im *Shaker* mit Eiswürfeln gut schütteln und in eine Cocktailschale abgießen.

Calvados Cocktail

4 cl Calvados
I cl Cointreau
4 cl Orangensaft
I cl Pfirsichsirup
Apfel
Cocktailkirsche

fruchtiger Drink für den Nachmittag

Im *Shaker* mit Eiswürfeln gut schütteln und in eine Cocktailschale abgießen. Ein Apfelstück mit einer Cocktailkirsche an den Glasrand stecken.

Calvados Flip

5 cl Calvados
I cl Zuckersirup
2 cl Sahne
I Eigelb
Muskatnuss

Shortdrink für den späten Nachmittag

Alle Zutaten im *Shaker* mit Eiswürfeln gut schütteln und in ein Stielglas abgießen. Geriebene Muskatnuss darüber streuen.

Jack Rose

klassischer Calvados-Shortdrink

Im *Shaker* mit Eiswürfeln schütteln und in ein Cocktailglas abgießen.

4 cl Calvados
2 cl Zitronensaft
I cl Grenadine

Calvados Sour

Shortdrink für den Nachmittag

Im *Shaker* mit Eiswürfeln gut schütteln und in ein Sourglas abgießen. Einen Spieß mit einer halben Orangenscheibe und einer Cocktailkirsche über den Glasrand legen.

5 cl Calvados
3 cl Zitronensaft
2 cl Zuckersirup
Orange
Cocktailkirsche

Applejack Punch

herb-fruchtiger Allround-Longdrink

In ein Longdrinkglas mit Eiswürfeln geben und mit Ginger Ale auffüllen. Eine Orangenscheibe mit einer Cocktailkirsche an den Glasrand stecken.

4 cl Calvados
4 cl Orangensaft
I cl Grenadine
kaltes Ginger Ale
Orange
Cocktailkirsche

Champagner

Champagner ist ein französischer Schaumwein, der nach einem bestimmten Verfahren aus nur drei Traubensorten hergestellt wird – und zwar in der Champagne, einer fruchtbaren Landschaft im Herzen Frankreichs, etwa auf halbem Weg zwischen

Lothringen und Paris. Sie ist mit 32 500 Hektar genutzten Reblands die kleinste Weinbauregion in Frankreich. Die rund 15 000 Winzer, 140 Genossenschaften und 265 Champagnerhäuser produzieren jährlich etwa 300 Millionen 0,75-Liter-Flaschen, die unter rund 12 000 (2004) verschiedenen Markennamen angeboten werden. Über die Hälfte der gesamten Produktion entfällt auf die zehn größten Champagnerhersteller.

Das Champagneanbaugebiet bildet keine einheitliche Fläche, sondern gliedert sich in vier Bereiche: die

Schon vor 2000 Jahren wurde in der Champagne Wein angebaut. Der Champagner jedoch wurde erst im 18. Jahrhundert entwickelt.

Reimser Berge (Montagne de Reims), das Marnetal (Vallée de la Marne), den Weißen Hang (Côte des Blancs) und weiter südlich die Côte des Bar. Zu dieser Region gehören 300 Dörfer, und in den Hauptorten Reims und Épernay sitzen die meisten Champagnerhersteller.

Der Kreideuntergrund der Champagneböden bildet die Basis für den unverwechselbaren Charakter des Champagners. Die Kreide wirkt wie eine Boden-klimaanlage, sie hält Feuchtigkeit im Erdreich und speichert Wärme, die sie langsam wieder an die Rebwurzeln abgibt – eine Eigenschaft, die dem Gedeihen der Trauben sehr förderlich ist.

Champagner trinkt man aus Tulpengläsern. Diese lassen den Bläschen genügend Raum, und das Bouquet kann sich frei entfalten.

Die Anbaufläche für Champagner wurde per Gesetz von 1927 auf die besten Böden und Lagen begrenzt, außerhalb dieser »zone délimitée« darf kein Champagner pro-duziert werden. Nur drei Traubensorten sind zur Champagnerkelterung zugelassen: die blauen Pinot Noir und Pinot Meunier sowie die weiße Chardon-naytraube. Auch die blauen Sorten werden weiß gekeltert, sie geben dem Champagner Körper, Fülle und Lebensdauer; die weiße Chardonnaytraube sorgt für Frische, Feinheit und Rasse. Vorgeschrieben ist auch der mehrmalige jährliche Schnitt der Reben. Nur vier Schnittmethoden sind dabei erlaubt, die alle ein Ziel haben: lieber weniger erstklassige Trauben ernten als viele durchschnittliche – also Qualität vor Quantität. Diese Devise gilt auch für den Hektarertrag: Die Traubenmenge pro Hektar, die für die Champagnerherstellung verwendet werden darf, wird jedes Jahr vor der Lese gesetzlich festgelegt – und die Lese ist eine Auslese. Nur reife, gesunde und unbeschädigte Trauben kommen in die Kelter. Das Keltern erfolgt relativ schnell, damit weder Farbe aus den Schalen noch Gerb- oder andere Bitterstoffe in den Most geraten und später die Feinheit des Weins beeinträchtigen können. Der frisch gekelterte Most kommt zur ersten Gärung in traditionelle Holzfässer oder moderne Tanks. Nach ungefähr drei Wochen ist die erste Gärung beendet.

Aus 160 Kilogramm Trauben dürfen höchstens 100 Liter Champagnermost gepresst werden, der Rest wird anderweitig verwendet.

Den jungen, stillen Wein trennt man nun von der Hefe, füllt ihn mehrmals um und filtert ihn jeweils sorgfältig, damit seine spezifischen Eigenschaften erkennbar werden. Zu diesem Zeitpunkt beginnt die Arbeit nach der so genannten »Méthode champenoise«, dem typischen und allein zugelassenen Verfahren der Champagnerherstellung, das fünf Arbeitsschritte umfasst:

Erst im 19. Jahrhundert wurden die fünf wichtigen Schritte der »Méthode champenoise« entwickelt und festgeschrieben.

1. Die Cuvée Grundsätzlich besteht ein Champagner aus mehreren Weinen verschiedener Lagen und Jahrgänge (mit Ausnahme von Jahrgangschampagner, der mindestens 80 Prozent Weine eines Jahrgangs enthält). Die Zusammenstellung dieser einzelnen Weine bezeichnet man als Cuvée. Das Ziel einer Cuvée ist es, die gleich bleibende Qualität und den typischen Geschmack einer Marke oder eines Hauses zu garantieren. Ein erstaunlicher Umstand der Cuvéebereitung ist, dass die Qualität einer gelungenen Cuvée immer über die Summe der Qualitäten der einzelnen Weine hinausgeht.

2. Die zweite Gärung Die Weine der Cuvée werden miteinander vermischt, dabei gibt man eine kleine Menge »Fülldosage« bei. Sie besteht aus Hefe und in altem Wein aufgelöstem Rohrzucker und soll die zweite Gärung auslösen. Der gemischte Wein wird auf Flaschen abgezogen und verschlossen. Beim Vergären des Zuckers entsteht ein CO_2-Druck von etwa 6 bar. Die Schaumbildung dauert sechs Wochen bis zwei Monate. In dieser Zeit und während der gesamten Dauer der Reifung werden die Flaschen liegend gelagert. Durch den hohen Druck verbinden sich Wein und Kohlensäure – es entsteht der feine Schaum und das lang anhaltende Perlen des Champagners.

Der Benediktinermönch Dom Pérignon (1638 – 1715) soll einst das Geheimnis der zweiten Gärung erforscht haben.

3. Das Reifen Nach der zweiten Gärung ist der Wein hell und klar, die Rückstände der Gärung haben sich an der Innenwand der Flaschen abgesetzt. Auf diesem Satz reift der Champagner mehrere Jahre. Zwölf Monate waren es früher, seit 1996 sind 15 Monate gesetzlich vorgeschrieben, üblicherweise reift Champagner jedoch drei oder – bei Jahrgangschampagnern – sogar fünf Jahre. Nur das langsame Reifen in der Flasche garantiert die perfekte Feinheit des Endprodukts.

4. Das Rütteln Um den Gärungssatz entfernen zu können, muss er sich zuvor im Flaschenhals ansammeln. Dazu werden die Flaschen am Ende ihrer Reifezeit kopfunter in schräge Rüttelpulte gelegt. Jede Flasche wird danach täglich leicht geschüttelt, gedreht und eine Idee aufgerichtet. Nach sechs bis acht Wochen stehen die Flaschen senkrecht, der Satz hat sich im Hals gesammelt.

Je trockener und herber die Geschmacksrichtung des Champagners werden soll, desto weniger Dosage wird hinzugefügt.

5. Das Degorgieren Den Flaschenhals taucht man in eine Gefrierlösung, bei minus 20 °C gefriert der Satz zu einem Eisklötzchen, das beim Öffnen der Flasche herauskatapultiert wird. Dabei geht nur wenig Wein verloren, der im gleichen Arbeitsgang durch die Dosage ersetzt wird – eine aus Wein derselben Cuvée und etwas altem Champagner bestehende Mischung, in der Rohrzucker gelöst ist. Mischungsverhältnis und Menge der Dosage bestimmen die Geschmacksrichtung, die der Champagner bekommen soll. Die Flaschen werden mit Naturkorken verschlossen; der Champagner ist fertig und kann nach einigen Wochen Ruhezeit zum Versand kommen. Wenn Champagner kellerkühl, dunkel, ruhig und liegend lagert, hält er sich Jahre in unveränderter Qualität. Die Geschmacksrichtungen heißen »Brut Nature«, »Pas Dose« oder »Dosage Zero« (ohne Dosage), »Brut« (naturherb), »Extra Dry« (extra trocken), »Sec« (trocken), »Demi Sec« (halbtrocken). »Blanc de Blancs« und »Rosé« sind Bezeichnungen, die von bestimmten Kelterungs- und Herstellungsmethoden abhängen.

Ein Blanc-de-Blancs-Champagner, d. h. »Weißer aus Weißen«, wird nur aus weißen Chardonnaytrauben gekeltert.

Drei Persönlichkeiten haben sich um die Champagnerherstellung besonders verdient gemacht: Dom Pérignon, Kellermeister der Abtei Hautvillers, experimentierte als Erster mit Cuvées und Naturkorken, Madame Veuve Pommery »erfand« den Brut-Nature-Champagner, Madame Clicquot hatte mit ihrem Kellermeister Müller die Idee der Rüttelpulte.

Bekannte Marken

Bollinger Das Haus Bollinger in Aÿ/Champagne, von dem aus Württemberg stammenden Jacques Bollinger 1829 gegründet, ist bis heute in Familienbesitz. Bollinger verfügt über einen bedeutenden Besitz an Weinbergen mit einer Gesamtfläche von 140 Hektar und deckt mehr als zwei Drittel seines Traubenbedarfs aus eigenen Weinbergen. Die Bollinger-Qualitäten heißen »Special Cuvée Brut«, »Grand Année Brut« (mit Jahrgang), »Grand Année Brut Rosé« (mit Jahrgang) und »R.D. Extra Brut«, ebenfalls mit Angabe des Jahrgangs. R.D. heißt »Récemment Dégorgé« und bedeutet, dass dieser Jahrgangschampagner erst vor kurzer Zeit degorgiert wurde. Das genaue Datum des Degorgierens ist jeweils auf dem Etikett angegeben.

Ein Rosé-Champagner wird entweder durch Zusatz eines Rotweins aus der Champagne oder durch Roséweinbereitung hergestellt.

Castellane 1895 gründete Vicomte Florens de Castellane, Nachkomme einer der ältesten Familien Frankreichs, das Champagnehaus in Epernay. Als Symbol für seinen Champagner wählte er das rote Kreuz

von Saint-André, der alten Fahne des Champagne-
regiments. Auf dem Gelände der Firma überragt das
66 Meter hohe Wahrzeichen der Stadt, der berühmte Turm de Castellane, einen Komplex von beein-
druckenden Gebäuden. In diesen befinden sich die
Produktionsanlagen, und darunter verlaufen die haus-
eigenen, zehn Kilometer langen Kreidekeller, in denen
ständig über sechs Millionen Flaschen Champagner
heranreifen. Heute gehört das Haus zur Laurent-Per-
rier-Gruppe, es hat sich aber seine Eigenständigkeit
bewahrt. Von Castellane werden angeboten: »Croix
Rouge Brut«, »Croix Rouge Rosé Brut«, »Brut Millésimé« und »Cuvée Commodore« – die Spitzencuvée
des Hauses.

Charles Heidsieck Der Westfale Florens-Louis Heidsieck ließ sich 1777 in
Reims nieder und gründete 1785 das
Champagnerhaus Heidsieck & Co. 1805
trat sein Neffe Charles-Henri Heidsieck in die
Firma ein. Dessen Sohn Charles-Camille gründete
dann 1851 die Firma Charles Heidsieck. Seit 1985

Die Geschichte des Heidsieck-Champagners ist weit verzweigt. Heute sind allein drei verschiedene Heidsieck-Marken erhältlich.

ist das Unternehmen im Besitz des Cognachauses Rémy Martin. Charles Heidsieck produziert jährlich rund drei Millionen Flaschen. Die Hauptmarke des Hauses, der »Brut Réserve Mis en Cave« trägt, eine Besonderheit in der Champagne, die Jahreszahl der Kellereieinlagerung. Die Reifezeit beträgt drei bis fünf Jahre. Eine weitere große Marke des Hauses ist der »Brut Rosé Millésimé«.

Deutz Die Aachener William Deutz und Peter Geldermann kauften 1838 in Aÿ ein Weingut und gründeten eine Champagnerkellerei. Das seit 1997 zu dem in Reims ansässigen Champagnerhaus Roederer gehörende Unternehmen besitzt im Marnetal 42 Hektar eigene Weinberge und produziert rund eine Million Flaschen jährlich. Deutz bietet folgende Sorten an: »Brut Classic«, »Brut Vintage«, »Brut Rosé Vintage« und »Blanc de Blancs Vintage«. Außerdem die Prestige-Cuvées »William Deutz – Brut Vintage«, »William Deutz – Brut Rosé Vintage« und seit 1999 »Amour de Deutz – Blanc de Blancs, Vintage«.

1925 gründete man in Breisach/Baden eine Sektkellerei. Sie wird seit einigen Jahren unter dem Namen Geldermann geführt.

Alfred Gratien Im Jahre 1864 gründete Alfred Gratien in Epernay eine Champagnerkellerei, zu der auch das an der Loire ansässige Haus Gratien & Meyer (siehe Internationaler Sekt) gehört. Alfred Gratien ist bekannt als traditionsgebundenes Haus und gilt als eine der renommiertesten kleinen Champagnerfirmen. Bis heute werden alle Arbeitsgänge in klassischer Art ausgeführt und zur Gärung des Traubenmostes noch die kleinen Eichenholzfässer mit 205 Liter Inhalt verwendet. Die jährliche Produktion beträgt rund 200 000 Flaschen. In Deutschland sind erhältlich: »Brut Classique«, »Brut Millesimé«, »Cuvée Paradis Brut« und »Cuvée Paradis Rosé«.

Der »Cuvée Paradis Rosé«, ein weicher und fruchtiger, sublimer Rosé, zeigt die handwerkliche Champagner-Kunst des Hauses auf.

Heidsieck Monopole Das Unternehmen geht zurück auf die Gründung von Florens-Louis Heidsieck im Jahr 1785. 1860 wurde der Markenname Monopole eingetragen, und seit 1923 heißt die Firma Heidsieck & Co. Monopole. Seit 1978 gehört das Haus zu Vranken (siehe Vranken). Die Sorten: »Blue Top Brut«, »Red Top Sec«, »Rosé Top Rosé«,

»Gold Top Vintage« und »Diamant Brut«. Heidsieck Monopole produziert jährlich rund zwei Millionen Flaschen.

Krug Der ganz große Name in der Champagne lautet Krug. 1843 von dem Mainzer Johann Joseph Krug gegründet, wird das Unternehmen heute von den direkten Nachkommen Henri und Rémi Krug geführt. Dem Jahresabsatz von 500 000 Flaschen stehen Reserven von rund drei Millionen Flaschen gegenüber. Rund 80 Prozent der Produktion entfallen auf die »Grande Cuvée«, den »großen Krug« im klassischen Stil des Hauses. Dafür wird eine Cuvée aus sechs bis zehn Jahrgängen komponiert, die aus 40 bis 50 unterschiedlichen Weinen aus 20 bis 25 verschiedenen Lagen besteht. Im Angebot sind außerdem die Marken »Krug Vintage Brut« und seit 1983 »Krug Rosé«; »Krug Clos du Mesnil« gilt als einer der exquisitesten Champagner. Er wird aus der Rebsorte Chardonnay nur eines Jahrgangs der Spitzenlage »Clos du Mesnil« bereitet.

Unter dem Namen »Krug Collection« bietet das Unternehmen Krug alte und besonders lagerfähige Jahrgänge an.

Lanson Das Haus Lanson in Reims steht bereits in der fünften Generation unter der Leitung eines Lanson. Von Francis Delamotte wurde das Unternehmen 1760 als Delamotte & Co. gegründet. 1828 trat als Teilhaber ein Lanson ein, der 1856 dem Haus seinen Namen gab. Heute zählt der Betrieb mit seinen 200 Hektar Weinbergen und mit einer Produktion von fünf bis sechs Millionen Flaschen jährlich zu den fünf größten Produzenten. Der Exportanteil beträgt 60 Prozent. Die Sorten: »Black Label Brut«, »Ivory Label Demi Sec«, »Gold Label Brut Millésimé«, »Rosé Label Rosé«, »Noble Cuvée Millésimé« und »Noble Cuvée Blanc de Blancs Millésimé«.

Mit seinen Lagerreserven von etwa 30 Millionen Flaschen zählt das Haus Lanson zu den größten Champagnerfirmen.

Laurent-Perrier Das 1812 in Tours-sur-Marne gegründete Haus gilt heute als der größte Champagnerhersteller in Familienbesitz. Der Jahresabsatz beträgt rund 7,5 Millionen Flaschen. Die Sorten: »Brut L-P«, »Cuvée Ultra Brut«, »Brut Millésimé«, »Cuvée Rosé Brut«, »Grand Siècle La Cuvée« und »Grand Siècle La Cuvée Alexandra Rosé Millésimé«.

Moët & Chandon Als Gründungsjahr des Hauses Moët & Chandon gilt 1743, obwohl Claude Moët als Weinbergbesitzer in der Champagne schon lange vorher Weinhandel betrieb. Moët & Chandon ist der bedeutendste Champagnerhersteller. Jährlich versendet das Unternehmen rund 20 Millionen Flaschen in über 150 Länder. Die Sorten: »Brut Impérial«, »Brut Impérial Rosé«, »Nectar Impérial«, »Vintage«, »Vintage Rosé« und die Prestige-Cuvées »Dom Pérignon Vintage« und »Dom Pérignon Rosé«.

Mit dem Cognachaus Hennessy bildet Moët & Chandon die Basis der LVMH-Gruppe, zu der viele Champagnermarken gehören.

Mumm 1827 wurde in Reims das heutige Champagnerhaus G.H. Mumm & Co. von der Frankfurter Weinhändlerfamilie Mumm gegründet. Der Bekanntheitsgrad des Unternehmens stieg schnell. Großen Anteil daran hatte die Mumm-Marke »Cordon Rouge«. Nach dem Ersten Weltkrieg wurde das Haus – als deutsches Vermögen – enteignet. Die neuen französischen Besitzer durften den Firmennamen G.H. Mumm weiterführen, konnten jedoch nicht verhindern, dass sich ein Mitglied der Familie

Mumm in Eltville im Rheingau mit einer Sektproduktion gleichen Namens etablierte. Mumm verfügt über 215 Hektar Weinberge und produziert jährlich rund zehn Millionen Flaschen. Folgende Sorten werden angeboten: »Cordon Vert Demi Sec«, »Cordon Rouge Brut«, »Cordon Rosé Brut«, »Mumm de Cramant Blanc de Blancs Brut« und die Spitzencuvée »Grand Cordon Vintage«.

Joseph Perrier Die Anfänge des Hauses reichen bis zum Beginn des 18. Jahrhunderts zurück. Ursprünglich als Weinhandlung gegründet, wandte sich Joseph Perrier 1825 der Herstellung von Champagner zu. Das in Chalons-sur-Marne ansässige Haus ist bis heute in Familienbesitz. Der Absatz beträgt jährlich rund 650 000 Flaschen, und in den unter den Gebäuden liegenden kilometerlangen Kreidekellern lagern Vorräte für drei Jahre und für Jahrgangschampagner für fünf Jahre. Die angebotenen Qualitäten: »Cuvée Royale Brut«, »Demi Sec«, »Blanc de Blancs«, »Cuvée Royale Brut Vintage«, »Cuvée Royale Brut Rosé« und

»Cuvée Josephine« besteht je zur Hälfte aus Pinot-Noir- und Chardonnayweinen und besticht durch seine Eleganz und Finesse.

»Cuvée Josephine Vintage Brut« – abgefüllt in eine mit farbigen Weinreben bemalte Jugendstilflasche.

Perrier-Jouët Das im Jahr 1811 von Pierre-Nicolas Perrier-Jouët gegründete Champagnerhaus besitzt 107 Hektar eigene Weinberge, davon 40 Hektar in den besten Lagen von Cramant und Avize. Die Keller von Perrier-Jouët in Épernay liegen bis zu 25 Meter unter der Erde und sind rund zehn Kilometer lang. Hier lagern fast zehn Millionen Flaschen; rund 2,7 Millionen werden jährlich abgesetzt. Die Sorten heißen »Grand Brut«, »Demi Sec«, »Brut Millésimé« und »Cuvée Belle Époque«. Letztere wird in eine von dem berühmten Glasmaler Emile Gallé 1902 entworfene blumengeschmückte Jugendstilflasche als »Millésimé« und »Rosé Millésimé« abgefüllt. In einer Flaschenform des 18. Jahrhunderts sind die »Cuvée Speciale Blason de France« und »Blason de France Rosé« erhältlich. Diese sind mit einem Wappen mit Bourbonenlilie, den Belle-Époque-Blumen und dem Stadtwappen von Épernay verziert.

Die Belle-Époque-Flaschen von Perrier-Jouët sind eine international bekannte Spezialität und in den USA sehr beliebt.

Piper-Heidsieck Das Haus Piper-Heidsieck geht, wie auch Heidsieck Monopole, auf die Gründung von Florens-Louis Heidsieck im Jahr 1785 zurück. 1845 entstand, benannt nach Henri Guillaume Piper, zu dem verwandtschaftliche Beziehungen bestanden, die Marke Piper-Heidsieck. Piper-Heidsieck setzt jährlich rund fünf Millionen Flaschen ab und verfügt über Vorratsbestände für fünf Jahre. Der berühmteste Champagner des Hauses ist der »Piper-Heidsieck Brut«. Des Weiteren werden die »Cuvée Sublime« (Demi Sec) und der »Brut Millésimé« angeboten.

Pol Roger Das 1849 in Épernay gegründete Haus wird heute von den Urenkeln des Firmengründers geleitet. Pol Roger produziert jährlich 1,4 Millionen Flaschen, die zu den besten erhältlichen Champagnerqualitäten zählen. Die Sorten: Pol Roger »Extra Cuvée de Réserve« Brut, der Klassiker des Hauses, »Demi Sec«, »Vintage« Brut, »Chardonnay« Vintage Brut, »Rosé« Vintage Brut und die Prestige-Cuvée »Winston Churchill« Vintage aus 100 Prozent

Der britische Premier Winston Churchill favorisierte den Champagner von Pol Roger, daher auch der Name für die Prestige-Cuvée.

Grand-Cru-Lagen. Dieser wird nur in großen Wein-
jahren erzeugt und nach langer Reifezeit angeboten.

Pommery Das im Jahr 1836 gegründete Haus
Pommery in Reims ist einer der bedeutendsten
Champagnerhersteller, und seine Keller zählen zu
den schönsten der Champagne. 18 Kilometer lange
Gänge verbinden, 30 Meter tief unter der Erde,
120 pyramidenförmige Kreidebrüche, in denen rund
25 Millionen Flaschen lagern. Nach diesen
»Crayères« wurde auch das 1905 fertig
gestellte Schloss auf dem Firmengelände
benannt. Die Welt der Genießer verdankt

Nicht verkauft wurden die 300 Hektar Weinberge, denn kein Champagner produzierendes Unternehmen kann die Kaufsumme aufbringen.

den Brut-Champagner Madame Veuve Pommery, die
das Unternehmen gründete. Im Jahr 1875 hatte sie
als Erste die Idee, einen ganz trockenen Champagner herzustellen, den »Nature«. Im Jahr 2002 verkaufte der damalige Besitzer, der Luxusartikelkon-
zern LVMH (Louis Vuitton-Moët-Hennessy) völlig
überraschend (ohne die Weinberge) an das aufstre-
bende Champagnerunternehmen Vranken (siehe
Vranken). Die angebotenen Sorten: der Klassiker

»Brut Royal«, »Brut Apanage«, »Dry Elixir Demi Sec«, »Brut Rosé«, »Grand Cru Vintage«, »Cuvée Louise Vintage« und »Cuvée Louise Rosé Vintage«.

Roederer Das Champagnerhaus Louis Roederer in Reims besteht bereits seit 1776. 1827 erbte Louis Roederer, damals 27 Jahre alt, das Unternehmen seines Onkels Nicolas Schreider und gab ihm einige Jahre später seinen Namen. Grundlage für den späteren Erfolg des Hauses war der Ankauf von Weinbergen, die zu den besten Lagen der Champagne zählen. Roederer verfügt über 200 Hektar Weinberge, die auf die drei besten Lagen der Champagne verteilt sind. Fast 75 Prozent davon liegen an der Côte des Blancs. Die Firma Roederer ist bis heute ein reines Familienunternehmen geblieben und legt Wert auf ihre Unabhängigkeit. Die Sorten: Roederer »Brut Premier«, »Grand Vin Sec«, »Brut Vintage«, »Blanc de Blancs Brut Vintage«, »Brut Rosé Vintage« und die berühmten Prestige-Cuvées »Cristal Brut Vintage« und »Cristal Rosé Brut Vintage«.

Da Zar Alexander 1876 angeblich nicht das Gleiche trinken wollte wie der adelige Pöbel, wurde die Marke »Roederer Cristal« kreiert.

Taittinger Zu den renommiertesten Champagnerhäusern zählt Taittinger in Reims. Seine Geschichte lässt sich bis ins Jahr 1734 zurückverfolgen, als Jacques Fourneaux, dessen Vater über bedeutende Weinberge verfügte, die Firma in Rilly-la-Montagne gründete. Die Familie Taittinger übernahm 1931 die Leitung des Hauses, das heute 246 Hektar Rebfläche besitzt und jährlich rund vier Millionen Flaschen produziert. Die Taittinger-Champagner: »Brut Réserve«, »Brut Prestige«, »Brut Prestige Rosé«, »Prélude Brut«, »Nocturne Sec«, »Demi Sec« und »Brut Millésimé«. Des Weiteren die Prestige Cuvées »Comtes de Champagne Blanc de Blancs – Brut Vintage« und »Comtes de Champagne Rosé – Brut, Vintage«. Eine der großen Ideen des Hauses war die Kreation der »Collection Taittinger«. Dafür werden Jahrgangschampagner in besondere, von berühmten zeitgenössischen Künstlern gestaltete Flaschen gefüllt. Diese »Collection«-Flaschen sind bereits begehrte Sammlerobjekte. Nur rund 100 000 werden jeweils

Seit 1983 werden die Jahrgangschampagner in von bekannten Künstlern gestalteten Flaschen als »Collection Taittinger« angeboten.

abgefüllt. Start der »Collection« war 1983 mit dem Jahrgang 1978 in einer von Victor Vasarely gestalteten Flasche.

Veuve Clicquot La Veuve Clicquot war eine der beiden berühmten Witwen der Champagnergeschichte: Zusammen mit der Veuve Pommery gilt sie als eine der ersten französischen Unternehmerinnen, die durch ihren Erfindungsreichtum eine große Karriere gemacht haben. Madame Clicquot lebte von 1777 bis 1866. Neben dem für die Champagnerherstellung wichtigen Rüttelpult geht auch der erste Rosé-Champagner auf sie zurück. Das Unternehmen besitzt heute 276 Hektar Weinberge und produziert jährlich rund zehn Millionen Flaschen. Seit 1989 ist das in Reims ansässige Haus Teil der LVMH-Gruppe.

Madame Clicquot wurde bereits mit 27 Jahren Witwe und übernahm die Geschäfte des im Jahre 1772 gegründeten Hauses.

Die Veuve-Clicquot-Sorten: der klassische »Brut«, »Demi Sec«, »Vintage Réserve«, »Rich Réserve Vintage« und »Rosé Réserve Vintage«. Berühmt ist das Haus für die Cuvée »La Grande Dame«. Diese gibt es als »Brut« und »Rosé Brut«.

Vranken Erst seit 1976 ist der Belgier Paul François Vranken im Champagnegeschäft. Aus kleinen Anfängen im Champagnehandel entstand in rasantem Tempo eine der größten Champagnefirmen. Neben seinen eigenen Marken Vranken und Demoiselle zählen heute die Häuser Heidsieck & Co. Monopole, Bricout, Charles Lafitte und Barancourt sowie Veuve Monnier zum Unternehmen. Bisheriger Höhepunkt der beispiellosen Erfolgsgeschichte war der Erwerb von Pommery im Jahre 2002. 150 Millionen Euro mussten dafür investiert werden. Darin waren der Name, die Lagerbestände, die Häuser, Keller und das Betriebsgelände enthalten, jedoch nicht die bei der LVMH-Gruppe verbliebenen 300 Hektar Weinberge. Von Vranken werden die Sorten »Tête de Cuvée« und »1er Choix de Cuvées Spécial Brut«; von Demoiselle die Abfüllungen »Tête de Cuvée Brut«, »Tête de Cuvée Rosé Brut«, »Grande Cuvée Brut«, »Premiers Crus Vintage« und »Cuvée 21« auch in Deutschland angeboten.

Nach der LVMH-Gruppe ist die Vranken-Gruppe heute mit 16 Millionen Flaschen jährlich die Nummer Zwei in der Champagne.

Pomme d'Amour

starker Verführer für junge Paare

Im *Rührglas* mit Eiswürfeln verrühren, in ein großes Becherglas auf Eiswürfel abgießen. Mit Champagner auffüllen. Babyapfel an den Glasrand stecken.

2 cl Calvados Boulard Fine

1 cl Cointreau

1 cl Fraise des Bois (Walderdbeerlikör)

Champagner

Babyapfel

Max Joseph

Hauscocktail des »Aubergine«

Im *Rührglas* mit Eiswürfeln verrühren, in Cocktailschale abgießen. Mit Champagner auffüllen. Kirsche dazugeben.

2 Spritzer Orangenbitter

2 cl Calvados

1 cl White Port

1 cl Apricot Brandy

Champagner

Cocktailkirsche

Champagner Original Cocktail

Würfelzucker in Champagnertulpe mit Angostura tränken, Eiswürfel zugeben, mit Champagner auffüllen. Mit Zitronenschale abspritzen, diese dazugeben.

1 Stück Würfelzucker

2 Spritzer Angostura

Champagner

Zitrone

Champagner Flip

2 cl Sahne
1 cl Zuckersirup
1 Eigelb
4 cl Weißwein
1 cl Cognac
Champagner
Muskatnuss

morgens nach dem Frühstück

Im *Shaker* mit Eiswürfeln schütteln und in eine Champagnertulpe abgießen. Langsam mit Champagner auffüllen. Muskatnuss darüber reiben.

Pick Me Up

4 cl Cognac
2 cl Zitronensaft
1 cl Grenadine
1 Spritzer Angostura
Champagner

Champagnerdrink zur Cocktail-Hour

Im *Shaker* mit Eiswürfeln schütteln, in Tulpe abgießen. Mit Champagner füllen.

Champagner Cocktail Modern Style

1 Stück Würfel-zucker
1 Spritzer Angostura
1 cl Cognac
1 cl Cointreau
Champagner
Orange

zum Aperitif vor Lunch und Dinner

Zucker in Tulpe mit Angostura tränken, Eiswürfel, Cognac, Cointreau zugeben, mit Champagner auffüllen. Mit Orangenschale abspritzen, diese dazugeben.

Bellini

Hauscocktail der Harry's Bar in Venedig

Fruchtfleisch ohne Schale pürieren, in eine Cocktailschale geben, unter leichtem Umrühren mit Champagner oder Prosecco aufgießen.

weiße Pfirsiche
Champagner oder Prosecco

French »75«

erfrischender Partydrink

Im *Shaker* mit Eiswürfeln gut schütteln und in eine Cocktailschale abgießen. Mit Champagner auffüllen.

4 cl Gin
2 cl Zitronensaft
1 cl Zuckersirup
Champagner

Prince of Wales

ein Partydrink vom Feinsten

In Silberbecher oder Becherglas einige Eiswürfel geben. Angostura, Cognac, Curaçao dazugießen, mit Champagner auffüllen. ½ Orangenscheibe dazugeben.

2 Spritzer Angostura
2 cl Cognac
1 cl Dry Orange Curaçao
Champagner
Orange

Cognac

S eit Jahrhunderten zählt der Cognac zu den größten Reichtümern der Charente. Das Schicksal dieser französischen Region ist sehr eng verknüpft mit
jenem goldgelben Getränk, das zu Anfang des
17. Jahrhunderts in diesem Weinbaugebiet entstand.

Die ersten Destillationen fanden bereits Anfang des 15. Jahrhunderts statt. Aber erst nach vielen Versuchen gelang es, die Brennblase auf die Art einzusetzen, wie es auch heute noch geschieht. Sowohl die Einzigartigkeit der Klima- und Bodenverhältnisse als auch die Nähe des Meeres verleihen dem Charente-Gebiet seine Ausnahmestellung. Alle günstigen Faktoren sind hier so stark ausgeprägt, dass nur unweit außerhalb des genau abgegrenzten Cognacgebietes hergestellte Weindestillate weder den Geschmack noch die Qualität echten Cognacs besitzen. Das

Cognac stammt nur aus den französischen Départements Charente und Charente-Maritime, deren Herz die Stadt Cognac ist.

Gebiet, in dem die zur Cognacherstellung geeigneten Weißweine angebaut werden, ist auf die Départements Charente und Charente-Maritime sowie auf zwei kleinere Gebiete der Départements Deux-Sèvres und Dordogne begrenzt.

Innerhalb dieser Region muss zwischen zwei großen Zonen unterschieden werden, die aufgrund klimatischer und geografischer Verhältnisse voneinander abweichen. Es sind die »Champs« oder »Champagnes« einerseits und die »Bois« andererseits. Diese werden wiederum in »Terroirs« aufgeteilt – entsprechend den typischen Eigenschaften der Weinbrände, die aus den auf diesen Flächen geernteten Weinen gewonnen werden. Durch die amtliche Einteilung in sechs Regionen wurde die Rangordnung, die ursprünglich durch Tradition und gewohnte Überlieferung entstanden war, auch vom Gesetz her verankert.

Für Kenner und Liebhaber ist Cognac nicht nur ein Genussmittel, sondern zugleich Philosophie und Savoir-vivre.

Um die Stadt Cognac herum gruppieren sich in konzentrischen Kreisen die folgenden Regionen: Grande Champagne, Petite Champagne, Borderies, Fins Bois, Bons Bois, Bois Ordinaires. Das Produkt einer jeden Region hat seine besonderen Eigenschaften, einen bestimmten Geschmack, ein nur ihm eigenes Aroma. Auch die Alterung wirkt sich in jedem Gebiet unterschiedlich aus. Meist wird durch die Mischung von Cognacs aus mehreren Regionen jeweils ein harmonisch schmeckendes Produkt hergestellt. Um die Qualität des Cognacs zu wahren, sind strenge Vorschriften über die Auswahl der Reben erlassen worden: Zugelassen wurden nur die Sorten Folle Blanche, Colombard und Ugni Blanc (auch Saint Emilion des Charentes genannt), wobei Letztere heute fast den gesamten Reben-bestand ausmacht. Der Cognac verdankt seine Originalität zum einen der stren-gen Gebietsabgrenzung, dem Boden, dem Klima und den Rebsorten, zum anderen aber auch der sehr speziellen Art seiner Herstellung.

Beim klassischen Cognacherstellungs-verfahren kommt der Wein naturtrüb und ungeschwefelt in große kupferne Brennblasen.

Sobald das Wetter kühler wird und die Gärung des Traubensaftes abgeschlossen ist, beginnt die Destil-

lation. Bis heute wendet man dabei das alte Brenn-
verfahren in so genannten Alambics, den traditionellen Brennblasen der Charente, an. Der Wein wird
mit seiner »Hefe«, also dem Bodensatz, in den
Destillierkolben gepumpt und auf rund 90 °C erhitzt.

Der zweifache Brennprozess und die Lagerung in Eichenholzfässern sind entscheidende Faktoren bei der Cognacherstellung. Die entstehenden Dämpfe gelangen
durch Kessel und Schwanenhals in die
»Schlange«, ein langes, gewundenes Rohr,
das in einem Kaltwasserbassin liegt. Die
Dämpfe kondensieren, und die Flüssigkeit wird am
Ende des Rohrs aufgefangen. Dieses erste Destillat
hat 28 Prozent Alkohol. Es wird wieder in den
Destillierkolben zurückgepumpt und erhitzt, dann
entfernt man den ersten Teil, den Vorlauf, des zweiten Destillats. Aufgefangen wird der Mittellauf –
Cognac mit 72 Prozent Alkohol. Sinkt der Alkohol-
anteil unter 60 Prozent, wird das Destillat wieder
abgetrennt vom letzten Teil, dem Nachlauf. Cognac
ist immer nur das »Herz« der zweiten Destillation.
Jahrelange Erfahrung hat gezeigt, dass zwischen sieben und zehn Liter Wein notwendig sind, um einen

Liter 70-prozentigen Cognac zu erhalten. Dieser frisch destillierte Cognac ist farblos wie Wasser. Zur Reifung lagert der Branntwein anschließend in Eichenholzfässern, deren Holz aus den Wäldern des Limousin kommt, 150 Kilometer östlich von Cognac. Um ein Fass herzustellen, muss das Holz gespalten werden, es darf nicht gesägt werden. Die Limousin-Eiche hat ein dickfaseriges Holz, das die Alterung des Cognacs so positiv beeinflusst, weil es besonders luftdurchlässig und wasserundurchlässig ist. Es gibt kein Standardmaß für Cognacfässer. Im Allgemeinen gelten 350-Liter-Fässer als ideale Größe. Sie bieten den größtmöglichen Kontakt zwischen der Innenfläche des Holzes und dem Cognac. Dieser Kontakt ist für den Reifungsprozess entscheidend. Während der Cognac reift, gibt ihm das Holz seine Farbe, nimmt ihm seine Schärfe und auch einen Teil seines Alkohols; dieser Prozess dauert mehrere Jahre.

Viele Arbeitsschritte sind nötig und viele Voraussetzungen zu erfüllen, bis sich der gebrannte Wein Cognac nennen darf.

Die Wahl des Holzes ist so wichtig, weil Cognac je nach der Holzqualität unterschiedlich reift. Der Kellermeister muss zur richtigen Zeit das rechte Fass einsetzen. Gewöhnlich ist es in den ersten sechs bis sieben Monaten ein junges Fass, für die folgende Zeit wird dann ein älteres ausgewählt, also ein Fass, das schon einmal benutzt wurde und den größten Teil seiner Gerbsäure bereits abgegeben hat. Für das letzte Jahr nimmt man ein ganz altes Fass.

Der Lagerung in den verschiedenen Fässern folgt dann die Mariage (Vermählung). In der Regel werden Cognacs verschiedener Altersstufen gemischt. Die Fässer lagern in den alten, ebenerdigen »Weinkellern« von Cognac, die an ihren schwarzen Wänden und Dachpfannen zu erkennen sind – die Farbe

Cognac darf frühestens mit Alterskonto 2 verkauft werden, d. h., er muss mindestens 24 Monate in Eichenholzfässern gelagert haben.

kommt von der Verdunstung des Cognacs. Sie liegt bei ungefähr drei Prozent der gesamten Lagermenge pro Jahr.

In den Jahren 1936 und 1938 wurden die Regionen innerhalb des begrenzten Anbaugebiets von Cognac gesetzlich festgelegt. Der Erlass von 1938 regelt auch die Bezeichnungen »Grande Champagne«, »Grande Fine Champagne« und »Fine

Champagne«. Kein Cognac darf diesen Namen führen, wenn er nicht von Reben stammt, die in den Weingütern der Grande Champagne angebaut worden sind. Ebenso wenig darf sich ein Cognac »Fine Champagne« nennen, wenn er nicht mindestens 50 Prozent Grande-Champagne-Wein enthält, der Rest muss dann ausschließlich aus Petite-Champagne-Weinen bestehen. Ein Gesetz aus dem Jahr 1978 definiert die Bezeichnung »Petite Fine Champagne« als einen Cognac, der aus Reben erzeugt wird, die in den Weingütern der Petite Champagne angebaut werden. Für die Cognacreifezeit, also die Fasslagerung, gilt die Einteilung in Alterskonten. Unter »Konto 00« fällt alles, was seit Beginn einer Brennkampagne bis zum 31. März des folgenden Jahres destilliert wurde. Stichtag für den Kontowechsel ist dann jeweils der 1. April eines Jahres. »Konto 0« bezeichnet die Destillate vom 1. April bis zum 31. März des folgenden Jahres, sie sind dann bis zu zwölf Monate alt (plus bis zu fünf Monate aus

Cognac gilt neben Champagner als das international bekannteste Erzeugnis Frankreichs. Seine Geschmacksvielfalt ist unübertroffen.

»Konto 00«). Die weiteren Konten sind: Konto 1 (12 bis 24 Monate), Konto 2 (24 bis 36 Monate) u.s.w. bis Konto 6 (72 bis 84 Monate).

Cognac darf frühestens verkauft werden, wenn er das Alterskonto 2 erreicht hat, er muss also mindestens 24 Monate in Limousin-Eichenholz gelagert haben. Diese Cognacs werden mit 3 Sternen und »V.S.« (Very Special), »de Luxe« etc. benannt. Finden

Die meisten Käufer und Kenner beurteilen den Cognac nach den folgenden drei Kriterien: Marke, Alterungshinweis und Preis.

sich die Bezeichnungen »V.O.« (Very Old), »V.S.O.P.« (Very Superior Old Pale), »Réserve«, »V.S.O.«, »O.P.« etc. auf der Flasche, muss das Destillat das Alterskonto 4 erreicht haben. Cognacs mit den Bezeichnungen »Extra«, »Vieux«, »Vieille Réserve«, »Napoléon«, »V.S.O.P.«, »V.V.S.O.P.«, »Réserve Personnelle«, »Hors d'Âge«, »Âge Inconnu«, »Antique«, »X.O.«, »Très Rare Fine Champagne« stammen aus dem Alterskonto 6 (vor 1979 aus dem Konto 5). Die bekannten Bezeichnungen geben allerdings nicht immer das echte Alter des Cognacs an. Es sind Qualitätsbezeichnungen, die lediglich ein

Mindestalter voraussetzen. Das tatsächliche, über die vorgeschriebene Zeit hinausgehende Alter wird immer durch die Qualitätspolitik des jeweiligen Hauses bestimmt. Und verständlicherweise steht der Preis eines Cognacs meist in einer direkten Beziehung zum effektiven Alter des Produkts.

Den Cognacmarkt beherrschen zum größten Teil die »großen Vier«: Hennessy, Martell, Rémy Martin und Courvoisier.

Um 1860 begannen die Handelsfirmen Cognac in mit Namen und Etikett versehenen Originalflaschen zu liefern. Seither wurde er mehr und mehr mit den speziellen Marken identifiziert. Die Franzosen sind zwar nach wie vor Cognacliebhaber, aber die starke Absatzsteigerung ist in erster Linie den Exporterfolgen zuzuschreiben. Die Hauptabnehmerländer sind die USA, Großbritannien und Deutschland. Der Umsatz lag 2004 bei rund 160 Millionen 0,7-Liter-Flaschen, wobei weit über die Hälfte mit V.S. Cognac erzielt wird. Diese folgt mit etwa einem Viertel der V.S.O.P. Dieser, und die höheren Qualitäten sind besonders in Asien gefragt. Der Mindestalkoholgehalt beträgt 40% vol.

Bekannte Marken

Bisquit Im Jahr 1819 wurde das Cognachaus Bisquit von Alexandre Bisquit in Jarnac gegründet. Heute zählt das Unternehmen zu den bedeutendsten Produzenten nach den »großen Vier«. Bisquit produziert jährlich ca. fünf Millionen Flaschen und ist seit 1966 im Besitz des französischen Spirituosenmultis Pernod Ricard.

Camus Seit seiner Gründung im Jahr 1863 befindet sich das Haus Camus in Familienbesitz. Es zählt mit jährlich rund fünf Millionen verkauften Flaschen zu den ganz großen Produzenten nach den »großen Vier«, und es exportiert bis zu 90 Prozent der Produktion ins Ausland. Angeboten werden die Qualitäten »Grand V.S.O.P.« »X.O. Superior« und »Extra«, der in einem Kristalldekanter abgefüllt ist. Alle 40% vol.

Der »Camus Grand V.S.O.P.« ist eine der großen Marken dieser Qualitätsstufe und auf vielen internationalen Märkten zu finden.

Courvoisier Emanuel Courvoisier gründete 1835 in Jarnac das heute weltbekannte Cognachaus. Das seit 1964 zum kanadischen Spirituosenkonzern

Hiram Walker gehörende Unternehmen produziert jährlich rund 15 Millionen Flaschen und ist nach Hennessy, Rémy Martin und Martell der viertgrößte Cognacproduzent. Angeboten werden der Klassiker Courvoisier »V.S.« – die Hauptmarke des Hauses, der »V.S.O.P. Fine Champagne« – ein wahrhaft großer Cognac, und Courvoisier »X.O.«, der zu den besten Cognacs in der Spitzenklasse zählt. Alle 40% vol.

Die Marke »Réserve de la Famille« Très Vieille Grande Champagne – Rare Eau de Vie wurde Ende der 1940er Jahre destilliert.

Delamain Der Ire James Delamain gründete 1763 in Jarnac das heute ausschließlich gehobene Qualitäten anbietende Cognachaus. Mit rund 500 000 Flaschen Jahresproduktion wird Delamain zu den »Großen« unter den kleineren Herstellern gezählt.

Alle Delamain-Cognacs sind Grandes Champagnes und tragen den Zusatz »Premier Cru du Cognac« auf dem Etikett. Die Sorten: »Pale & Dry X.O«. (Durchschnittsalter 25 Jahre), »Vesper« (Durchschnittsalter 35 Jahre), »Trés Vénérable« (Durchschnittsalter 55 Jahre), alle 40% vol. Des Weiteren

»Réserve de la Famille« – Trés Vieille Grande Champagne – Rare Eau de Vie, das Ende der 1940er Jahre destilliert wurde, 43% vol, Delamain mit Jahrgang, zur Zeit (2006) die Jahrgänge 1969 und 1973, beide 40% vol.

A. E. Dor Ein kleinerer Hersteller mit großem Namen. Das 1858 in Jarnac gegründete Haus steht für außergewöhnlichen und prestigeträchtigen Cognac. Die Sorten: »Sélection«, »Fine Champagne V.S.O.P.«, »Napoléon« und »Fine Champagne X.O.« Berühmt ist A. E. Dor für seine alten Cognacs. Diese »Vieille Réserve«-Cognacs werden unter Nummern angeboten. Das Alter der von N° 6 bis N° 11 angebotenen Cognacs liegt laut den Angaben des Hauses aufsteigend bei ca. 40 bis über 100 Jahre.

A. E. Dor ist auch Hersteller von »Pineau des Charentes«, der berühmten Aperitifspezialität der Region aus Traubensaft und Cognac.

Frapin Inmitten der Grande Champagne, bei Segonzac, liegt das Château de Fontpinot, das seit fünf Jahrhunderten Stammhaus der Familie ist. Frapin gehört zum Kreis der etwa 20 Cognachäuser, die mehr als eine Million Flaschen im Jahr verkaufen.

Alle Frapin-Cognacs sind Grandes Champagnes und tragen den Zusatz »Premier Cru du Cognac« auf dem Etikett. Die Sorten: »Frapin V.S.« und »V.S.O.P.«, 40% vol, »Château de Fontpinot X.O.«, 41% vol, »Domaine Frapin«, 40% vol, Frapin-Jahrgangscognac, zur Zeit (2006) der Jahrgang 1985 mit 42% vol, »Frapin X.O.« und »Frapin Extra« mit 40% vol.

Hennessy Das größte Cognachaus geht auf die Gründung des Iren Richard Hennessy im Jahre 1765 zurück. Mit über 40 Millionen Flaschen jährlich belegt Hennessy den ersten Platz unter den Cognacproduzenten. Seit 1971 ist die Firma mit dem Champagnerhaus Moët verbunden. Die Hennessy-Abfüllungen: »V.S.«, »Fine de Cognac V.S.O.P.«, »X.O.«, »Paradis«, »Extra« und »Richard«, wobei die beiden Letztgenannten zu den außergewöhnlichen Bränden zählen.

»Richard«, eine Komposition der Crème de la Crème von Bränden aus den ältesten Beständen, ist einer der teuersten Cognacs.

Marnier Die weltbekannte Likörfirma Marnier-Lapostolle (siehe Orangenlikör Grand Marnier) braucht Cognac nicht nur für den auf Cognacbasis hergestellten Likör, sondern auch für die Flaschen-abfüllungen unter ihrem Namen. Firmensitz ist das Château de Bourg, das hoch über dem Tal der Charente zwischen Cognac und Jarnac gelegen ist. Dieses um 1600 erbaute Château ist seit Beginn des vorletzten Jahrhunderts im Besitz der Firma. Seit 1870 beschäftigt man sich mit Cognac, 1920 begann man

Seit jeher brauchte man Cognac für den Orangenlikör Grand Marnier. Daraus entstand die Cognacsparte des Unternehmens.

mit der Flaschenabfüllung unter eigenem Namen. Angeboten werden »V.S.«, »V.S.O.P. Fine Champagne« und »X.O. – Grande Champagne«. Alle 40% vol.

Martell Mit etwa 15 Millionen Flaschen belegt Martell zusammen mit Courvoisier hinter Hennessy und Rémy Martin den dritten Platz unter den Cognacproduzenten. Gegründet wurde das Haus – das älteste der großen Hersteller – im Jahre 1715 von Jean Martell. Ab 1988 war Martell ein Teil des Spirituosenmultis Seagram und ist seit 2001 im Besitz von Pernod Ricard. Die in Deutschland angebotenen Qualitäten: »Martell V.S«, »Martell V.S.O.P.« und »Martell Cordon Bleu« – der große

Klassiker des Hauses und Synonym für einen Spitzencognac. Alle 40% vol.

Otard Das Unternehmen Otard, das bereits seit 1795 Cognac herstellt und heute mit jährlich rund zwei Millionen verkauften Flaschen zu den großen Produzenten zählt, verwendet nur weit über die vorgeschriebene Zeit hinaus gelagerte Destillate der Petite und Grande Champagne. Die Qualitäten »V.S.O.P.«, »Napoléon« und »X.O.« haben 40% vol und werden in den Otard-typischen Keulenflaschen angeboten. Die Spitzensorte, der »Extra« (40% vol), wird in Glaskaraffen abgefüllt.

Rémy Martin Das Cognachaus Rémy Martin besteht seit 1724 und ist mit rund 20 Millionen jährlich verkauften Flaschen der zweitgrößte Produzent. Rémy Martin genießt weltweit höchstes Ansehen und ist auf allen internationalen Märkten vertreten. Die Qualitäten: Der berühmte »V.S.O.P. – Fine Champagne« gilt weltweit als Maßstab in seiner Klasse. Ihm zur Seite steht der »junge« Rémy »Grand Cru«, der aus Trau-

Der berühmte Rémy Martin »V.S.O.P.« gilt als Maßstab in seiner Klasse und hat weltweit zum guten Ruf des Hauses beigetragen.

ben namhafter Grand Crus der Petite Champagne hergestellt wird. Seit dem Ende der 1980er Jahre wird der »Club« de Rémy Martin, ein sehr ausgereifter Fine-Champagne-Cognac, angeboten. Mit den Sorten »X.O. Excellence« und »Extra« beginnt die »Königsliga« der Cognacs. Diese beiden beachtenswerten Qualitäten zählen zu den besten Cognacs der obersten Altersstufen. Nur noch übertroffen werden diese vom Rémy Martin »Louis XIII«, einer schlicht unbeschreiblichen Qualität. Dieser seltene und auch zu Recht sehr kostspielige Cognac wird in einer exquisiten und außergewöhnlichen Flasche angeboten. Alle 40% vol.

95 Prozent der Produktion von Rémy Martin werden exportiert. Der »V.S.O.P.« ist in seinem Segment in Deutschland am beliebtesten.

Renault Das Cognachaus wurde 1835 von Jean-Antonin Renault gegründet. Schon in der zweiten Hälfte des 19. Jahrhunderts wurde der Cognac Renault »Carte Noire« in bedeutender Menge ausgeführt. Renault ist heute Teil des Spirituosenmultis Pernod Ricard, und die Marke Renault »Carte Noir Extra« (40% vol) wird weltweit exportiert.

Stinger

klassischer amerikanischer Digestif

Alle Zutaten in ein kleines Becherglas auf Eiswürfel geben und gut verrühren.

4 cl Cognac
2 cl Crème de Menthe weiß

American Beauty

Shortdrink für die Cocktail-Hour

Im *Shaker* (ohne Port) mit Eiswürfeln schütteln und in ein kleines Becherglas auf Eiswürfel abgießen. Eine halbe Orangenscheibe dazugeben und den Port darüber träufeln.

2 cl Cognac
2 cl Vermouth Dry
I cl Grenadine
2 cl Orangensaft
einige Tropfen Crème de Menthe weiß
Orange
einige Tropfen Tawny Port

Brandy Flip

Shortdrink für den späten Vormittag

Im *Shaker* mit Eiswürfeln gut schütteln und in ein Stielglas abgießen. Muskatnuss darüber reiben.

5 cl Cognac
I cl Zuckersirup
2 cl Sahne
I Eigelb
Muskatnuss

Side Car

4 cl Cognac
2 cl Cointreau oder Curaçao Triple Sec
2 cl Zitronensaft

klassischer Drink für die Cocktail-Hour

Alle Zutaten im *Shaker* mit Eiswürfeln gut schütteln und in eine Cocktailschale abgießen.

Brandy Sour

5 cl Cognac
3 cl Zitronensaft
2 cl Zuckersirup
Orange
Cocktailkirsche

Shortdrink für den Nachmittag

Im *Shaker* mit Eiswürfeln gut schütteln und in ein Sourglas abgießen. Einen Spieß mit einer halben Orangenscheibe und einer Cocktailkirsche über den Glasrand legen.

Between the Sheets

2 cl Cognac
2 cl weißer Rum
2 cl Cointreau oder Curaçao Triple Sec
1 cl Zitronensaft

starker Shortdrink

Alle Zutaten im *Shaker* mit Eiswürfeln gut schütteln und in eine Cocktailschale abgießen.

Trocadero

aromatischer Drink für den Abend

Im *Shaker* mit Eiswürfeln gut schütteln und in ein Longdrinkglas auf Eiswürfel abgießen. Eine Orangenscheibe an den Glasrand stecken.

3 cl Cognac
2 cl Cointreau
I cl Amaretto
I cl Grenadine
6 cl Orangensaft
4 cl Grape-
fruitsaft
Orange

Brandy Alexander

der berühmteste Sahnedrink

Im *Shaker* mit Eiswürfeln gut schütteln und in eine Cocktailschale abgießen. Mit fein geriebener Muskatnuss bestreuen.

4 cl Cognac
2 cl Crème de
Cacao braun
4 cl Sahne
Muskatnuss

Brandy Egg Nog

milder Vor- und Nachmittagsdrink

Im *Shaker* mit Eiswürfeln gut schütteln und in ein Longdrinkglas abgießen. Mit fein geriebener Muskatnuss bestreuen.

6 cl Cognac
I cl Zuckersirup
I Ei, I2 cl Milch
2 cl Sahne
2 Spritzer
Angostura
Muskatnuss

Gin

Die Geschichte des Gins geht bis ins 17. Jahrhundert zurück. Vorläufer des heute bekannten Gins war der holländische Genever. Damals wurde in Holland ein Getreidedestillat mit Wacholder gebrannt. Diesen Genever oder Jenever (von latei-

nisch »juniperus« für Wacholder, italienisch »ginepro«, französisch »genièvre«) verordneten Heilkundige als Medizin; er war nur in Apotheken erhältlich. Als Wilhelm III. von Oranien 1689 den englischen Thron bestieg, brachte er aus seiner Heimat den Genever mit über den Kanal, belegte kontinentale, vornehmlich französische, Alkoholika mit hohen Sondersteuern, erlaubte aber jedem Engländer, Wacholderschnaps zu brennen. Dieser in England hergestellte »Genever«, der bald Gin genannt wurde, unterschied sich wesentlich von dem in

Im 18. Jahrhundert wurden in England nicht selten giftige Mixturen als Gin verkauft, so dass er bald »Mutters Ruin« hieß.

Holland produzierten. Gin wurde in England so populär, dass seine Beliebtheit anfing problematisch zu werden – zumal Gin oft mit billigsten Herstellungsmethoden und minderwertigen Zutaten produziert wurde. Das beginnende Industriezeitalter brachte soziale Probleme in bisher nie gekanntem Ausmaß, und die Betroffenen ertränkten sie in Gin – und meist in solchem schlechtester Qualität. 1743 sah sich das Parlament deshalb genötigt, mit einem Gesetz gegen das übermäßige Gintrinken anzugehen. Außerdem ordnete es ab dem Jahre 1751 strenge Qualitätskontrollen für Englands Lieblingsgetränk an.

An der Bar nimmt die klassische Mixspirituose Gin den ersten Platz ein, denn er stellt die Basis für viele weltbekannte Drinks dar.

Der englische Gin wurde früher aus Kornbrand hergestellt. Heute ist die alkoholische Basis des für Gin verwendeten Destillats nicht mehr entscheidend, da eine kornige Geschmacksnote ohnehin nicht gefragt ist. Gin wird aus reinem, neutralem Alkohol destilliert. Zur Aromatisierung verwendet man Wacholderbeeren und Gewürze wie Koriander, Orangen- und Zitronenschalen, Lavendel, Mandeln,

Zimt, Kümmel, Anis, Angelika und Kardamom. Gin kann, wenn er nach der Destillation auf Trinkstärke verdünnt ist, ohne Lagerzeit konsumiert werden. Man unterscheidet zwei Arten: den trockenen »Dry Gin« oder »London Dry Gin« und den mit Zucker gesüßten »Old Tom« oder »Plymouth Gin«. Letzterer ist in Deutschland weniger bekannt. Plymouth Gin war einst schwerer und aromatischer als London Gin, hat sich aber im Lauf der Jahre dem leichteren, international berühmteren London Gin angeglichen. Gin enthält mindestens 37,5% vol Alkohol. Wird Gin als »London Dry Gin« bezeichnet, bezieht sich der Name auf die trockene Art des Gins, nicht auf den Herstellungsort; dieser kann, muss aber nicht London sein. Gin wird heute in fast allen Ländern Westeuropas, in den USA und in Kanada hergestellt. Trotz seiner Klarheit und seines aromatischen Bouquets wird Gin aber nur selten pur getrunken. Er ist jedoch als Basis für Cocktails, Mixgetränke und Longdrinks unentbehrlich im Bestand jeder Bar.

Rasch verbreitete sich Gin auch außerhalb Englands. In den britischen Kolonien wurde er mit Tonic Water zum Lieblingsgetränk.

Bekannte Marken

Beefeater Beefeater London Distilled Dry Gin wird in London von der 1820 gegründeten James Burrough Ltd. hergestellt. Der Firmengründer James Burrough wählte den Namen »Beefeater«, um damit Tradition und Ansehen auszudrücken: Die Beefeaters sind die traditionellen Hüter des Londoner Tower, die ältesten königlichen Leibwächter. Ihre Geschichte geht bis in die Zeit Wilhelms des Eroberers zurück, und ihre mittelalterliche Uniform hat sich seit den Tudors nicht verändert. Sie zieren bis heute das Etikett der Flaschen. Der trockene und aromatische Beefeater zählt zu den großen Marken mit internationalem Bekanntheitsgrad. Sein Alkoholgehalt beträgt 40% vol. Neben dem klassischen Beefeater wird seit einigen Jahren auf den internationalen Märkten auch der Beefeater »Crown Jewel« – Finest Triple Distilled Gin mit 50% vol angeboten.

> »Beefeater« ist eine Verballhornung der französischen »Buffetiers«, wie die Bediensteten an der königlichen Tafel hießen.

Bols Silver Top Dry Gin Unter der großen Zahl von Likören und Spirituosen, die Bols herstellt, findet sich auch der Bols Silver Top Dry Gin. Er kommt als niederländischer Import nach Deutschland und ist hier der bekannteste nicht aus Groß- britannien stammende Markengin. In sei- ner Heimat ist er der unangefochtene Marktführer. »Bols Silver Top« hat als trockener London-Dry-Gin-Typ 37,5% vol.

Bols wurde 1575 in Amsterdam gegründet und ist einer der ältes- ten Namen in der Geschichte der Liköre und Spirituosen.

Bombay Sapphire Bombay Sapphire Distilled London Dry Gin wird nach einem Rezept von 1761 hergestellt. Getreidealkohol bildet die alkoholische Basis dieses hervorragenden Gins, sein unverwech- selbares Aroma geben ihm aus aller Welt stam- mende Kräuter. Er wird produziert von der Bombay Spirits Company Ltd. in London, die den Bombay Sapphire bis zum Jahr 2004 zur Freude aller Gin- Tonic-Drinker mit 47% vol anbot. Seither gibt es ihn in Deutschland nur noch mit 40% vol. Ob diese Entscheidung (die Einsparung an der Alkohol- steuer beträgt 0,64 Euro pro 0,7-Liter-Flasche = circa 0,05 Euro pro glücklichmachenden Drink) die glücklichste war, darf bezweifelt werden.

Cork Dry Gin Cork Dry Gin wurde erstmals 1793 hergestellt und ist heute die populärste irische Ginmarke. Die Basis des Cork Dry Gin ist dreifach destilliertes Getreide, und seine Geschmacksnote erhält er durch Wacholder und exotische Pflanzen. Zitrusaromen von Orange, Zitrone und Limette sind ausgeprägt, und seine ungewöhnliche Note von verbranntem Kaffee im Hintergrund rundet den Geschmack ab. Cork Dry Gin hat 38% vol.

Inhaber und Hersteller des irischen »Cork Dry Gin« ist der weltweit agierende französische Spirituosenmulti Pernod Ricard.

Finsbury Finsbury Distilled London Dry Gin stammt aus der gleichnamigen, 1740 in London gegründeten Destillerie. Seit seiner Etablierung auf dem deutschen Markt zählt Finsbury zu den führenden Marken. Sein Alkoholgehalt beträgt 37,5% vol. Neu ist der Finsbury »Platinum«, ein exzellenter, sechsfach destillierter Super Premium London Dry Gin mit einem Alkoholgehalt von 47% vol. Die große Ausgewogenheit, die dieser Gin durch das »Single Batch«-Destillierverfahren erfährt, spricht für die Extraklasse von Finsbury »Platinum«.

Gilbey's Walter und Alfred Gilbey gründeten 1857 in London eine Firma, die sich mit Wein- und Spirituosenhandel befasste. 1872 eröffneten sie in London eine Destillerie und begannen Gin herzustellen. Gilbey's Gin wurde besonders schnell in den USA bekannt und war zur Zeit der Prohibition eine bei Fälschern beliebte Marke. Um diesen das Geschäft zu verderben, füllte man Gilbey's Gin nur noch in besondere Mattglasflaschen ab, die auch viel zum Erfolg von Gilbey's in den USA beitrugen. Alkoholgehalt 38% vol.

Gordon's Alexander Gordon wurde 1742 in Schottland als Sohn eines Destillateurs geboren und errichtete 1769 im Norden Londons, der für sein reines, gutes Wasser bekannt war, sein eigenes Unternehmen. Schon um 1800 war Gordon's Gin eine weithin bekannte Marke. 1823 übernahm Alexanders Sohn Charles die Firma, ihm folgte 1849 dessen Sohn Charles II. 1898, kurz vor dessen Tod, vereinigte sich Gordon & Co. mit der Londoner Firma Tanqueray

Mit über 75 Millionen jährlich verkauften Flaschen ist Gordon's die größte Ginmarke und die Nr. 10 unter allen Spirituosen.

zur Tanqueray, Gordon & Co. Ltd. Die große Nachfrage veranlasste das Unternehmen, auch in Übersee Niederlassungen aufzubauen: Jede dieser Filialen folgt – bis heute – bei der Destillation exakt der Formel, die von der Gordon's-Destillerie in London verwendet wird. Heute ist Gordon's die meistverkaufte Ginmarke der Welt. Ihr Alkoholgehalt beträgt 37,5% vol.

Hendrick's William Grant & Sons ist eines der großen unabhängigen Unternehmen im schottischen Whiskygeschäft (siehe Grant's Blended Scotch, Glenfiddich Malt, Balvenie Malt). 1962 errichtete man in Girvan an der Westküste Schottlands eine Grain Distillery, in der heute auch Hendrick's Gin produziert wird. Hendrick's ist ein handgefertigter Super-Premium-Gin, der jeweils nur in kleinen Chargen zu je 200 Liter hergestellt wird. Hendrick's Gin, der in einer Replik einer dunkelbraunen viktorianischen Apothekenflasche angeboten wird, gibt es seit 1999, und ab 2001 wurde er in den USA und

Für Hendrick's Gin wurden original Destillierapparate aus dem 19. Jahrhundert gekauft und wieder instand gesetzt.

dann in Großbritannien mit großem Erfolg eingeführt. Zutaten zu Hendrick's Gin sind Wacholderbeeren, Koriander, Angelika, Orangenschale, Zitronenschale, Iriswurzeln, Kubebenpfeffer und Kümmel. Unter seinem harmonisch ausbalancierten Duft ist auch eine Spur von Rosen und Gurke zu erkennen. Genießer empfehlen beim Hendrick's Gin and Tonic anstelle von Zitrone oder Limette die Zugabe einer Gurkenschale. Der seit Februar 2006 auch in Deutschland angebotene Hendrick's Gin hat 44% vol.

Hendrick's Gin galt in Deutschland schon vor seiner offiziellen Einführung als Geheimtipp und wurde in Topbars angeboten.

Plymouth Die Blackfriars Distillery wurde 1793 in der englischen Hafenstadt Plymouth auf dem Gelände eines ehemaligen Dominikanerklosters gegründet. Die Bezeichnungen »London Gin« und »Plymouth Gin« gelten heute als Gattungsbegriffe. Während »London Gin« weltweit produziert wird, liegt die Herstellung von »Plymouth Gin« ausschließlich in den Händen der Destillateure von Blackfriars Coates & Co. Ltd. Zu Beginn der Ginproduktion in England wies »Plymouth Gin« eine erhebliche Differenz zum »London Gin« auf. Er lag geschmacklich zwischen »London« und dem würzigeren »Dutch (Holland) Gin«. Im Laufe der Jahre glich sich der Geschmack dem leichteren, international berühmten »London Gin« an, und heute besitzt »Plymouth Dry Gin« einen zarten, trockenen Geschmack. Er enthält 37,5% vol Alkohol.

Am Vätternsee wurde die Villa der ehemaligen Eigentümer zu einem Gasthaus und Besucherzentrum für Interessierte umgebaut.

Svensk Die schwedische Ginmarke Svensk wird seit 1996 angeboten. Vorher war aufgrund des 1917 eingeführten Staatsmonopols die Erzeugung von Spirituosen außerhalb des Monopols untersagt (siehe Svensk Vodka). In Motola, am Vätternsee – Schwedens tiefstem und reinstem See –, werden nun an der alten Stelle wieder Spirituosen produziert. Svensk Gin wird in der nach modernsten Gesichtspunkten errichteten Destillerie aus besten Zutaten, reinstem Wasser und mit modernster Technik hergestellt. Der in formschön gestylte Flaschen abgefüllte Svensk Gin hat 40% vol.

Tanqueray In Finsbury, einem für sein reines, frisches Wasser berühmten Vorort Londons, begann Charles Tanqueray 1740 mit der Destillation von Gin. Während dieser Jahre, im so genannten Ginzeitalter, wurden viele raue, harte Spirituosen hergestellt und als Gin verkauft. Charles Tanqueray entwickelte ein neues Rezept – mit dem Ziel, qualitativ hochwertigen Gin zu produzieren. 1898 schloss sich Tanqueray mit der Brennerei Gordon & Co. zusammen. In den 1940er Jahren entdeckten die amerikanischen Konsumenten den Tanqueray und bis heute importieren die USA etwa 80 Prozent der Produktion. **Tanquerays geheime Formel zur Gingewinnung gilt noch heute und befindet sich im Besitz seines Ururenkels P. John Tanqueray.** Neben dem klassischen Tanqueray, in seiner auffälligen (einem englischen Hydranten nachgebildeten) Flasche wird seit dem Jahr 2000 auch der Tanqueray »No. Ten« in einer schlanken nostalgischen Art-Deco-Flasche angeboten. Der Small Batch »No. Ten« hat sich in kürzester Zeit zum Kultgin entwickelt und einen Platz unter den Topmarken belegt. Beide Tanquerays werden mit 47,3% vol angeboten.

Martini Cocktail

1 cl Vermouth Dry
5 cl Gin
grüne Olive oder Zitrone

stark und herb – der König der Cocktails

Im *Rührglas* mit Eiswürfeln verrühren. In ein vorgekühltes Cocktailglas abgießen, eine grüne Olive dazugeben oder mit Zitronenschale abspritzen.

Gin Alexander

4 cl Gin
2 cl Crème de Cacao weiß
4 cl Sahne

Sahnedrink für den frühen Abend

Alle Zutaten im *Shaker* mit Eiswürfeln gut schütteln und in eine Cocktailschale abgießen.

Gimlet

4 cl Gin
2 cl Rose's Lime Juice
Limette

weltbekannter Before-Dinner-Drink

Die Zutaten im *Rührglas* mit Eiswürfeln gut verrühren. In ein vorgekühltes Cocktailglas abgießen und eine Limettenscheibe dazugeben.

White Lady

Gindrink für die Cocktail-Hour

Alle Zutaten im *Shaker* mit Eiswürfeln gut schütteln und in eine Cocktailschale abgießen.

4 cl Gin

2 cl Cointreau oder Curaçao Triple Sec

2 cl Zitronensaft

Tom Collins

erfrischender Nachmittagsdrink

Im *Shaker* mit Eiswürfeln schütteln und in ein großes Becherglas auf Eiswürfel abgießen. Mit Sodawasser auffüllen. Eine halbe Zitronenscheibe und eine Cocktailkirsche dazugeben.

5 cl Gin

3 cl Zitronensaft

2 cl Zuckersirup

kaltes Sodawasser

Zitrone

Cocktailkirsche

Hot Gin Toddy

es muss nicht immer Grog sein

In ein feuerfestes Glas geben und mit heißem Wasser aufgießen.

4 cl Gin

2 cl Zitronensaft

1 Teelöffel Zucker

Nelken, Zimtstange

Singapore Sling

4 cl Gin
2 cl Cherry Brandy
2 cl Zitronensaft
1 cl Grenadine
1 Spritzer Angostura
kaltes Sodawasser
einige Tropfen Bénédictine
Zitrone
Cocktailkirschen

Longdrinkklassiker aus dem Raffles

Im *Shaker* mit Eiswürfeln schütteln und in ein Longdrinkglas auf Eiswürfel abgießen. Mit Sodawasser auffüllen, leicht umrühren und Bénédictine darauf träufeln. Eine halbe Zitronenscheibe und Cocktailkirschen dazugeben.

Gin Tonic

4–6 cl Gin
kaltes Tonic Water
Limette oder Zitrone

der klassische Longdrink

In ein Longdrinkglas einige Eiswürfel und Gin geben. Mit Tonic Water auffüllen. Eine halbe Limetten- oder eine halbe Zitronenscheibe dazugeben. Mit Stirrer servieren.

Raffles Sling

moderne Variante des Originals

Im *Shaker* mit Eiswürfeln gut schütteln und in ein Longdrinkglas auf Eiswürfel abgießen. Mit Sodawasser auffüllen. Ein Ananasstück mit einer Cocktailkirsche an den Glasrand stecken.

4 cl Gin
2 cl Cherry Brandy
2 cl Zitronensaft
I cl Grenadine
I cl Bénédictine
4 cl Ananassaft
I Spritzer Angostura
kaltes Sodawasser
Ananas, Kirsche

Paradise

milder Drink zur Cocktail-Hour

Im *Shaker* mit Eiswürfeln gut schütteln und in eine Cocktailschale abgießen.

4 cl Gin
2 cl Apricot Brandy
4 cl Orangensaft

Florida Sling

fruchtiger Partydrink

Alle Zutaten im *Shaker* mit Eiswürfeln gut schütteln und in ein Longdrinkglas auf Eiswürfel abgießen. Mit Ananasstück und Cocktailkirsche garnieren.

4 cl Gin
2 cl Cherry Brandy
2 cl Zitronensaft
I cl Grenadine
8 cl Ananassaft
Ananas
Cocktailkirsche

Grappa

D ie Grappas, die beliebten Tresterbrände Italiens, haben sich aus den einfachen Winzerschnäpsen früherer Zeiten entwickelt. Sie entstehen durch Destillation aus den Kelterrückständen, also aus Kernen, Schalen und Stängeln, bei der Weinherstellung.

Grappa wird im Friaul, in Venetien, im Piemont und im Aostatal gebrannt, wobei Venetien und Friaul die weitaus längste Grappatradition aufweisen. Die Unterschiede der aus den einzelnen Regionen stammenden Grappas ergeben sich vor allem durch die verschiedenen Traubensorten, aus deren Rückständen gebrannt wird, wobei innerhalb eines Gebiets so gegensätzliche Destillate entstehen wie z. B. im Piemont Grappa aus Trebern von Moscatotrauben (weich, lieblich) und aus Nebbiolo (trocken, herb, tanninhaltig). Manche Hersteller bieten eine große Anzahl verschiedener Qualitäten an. Dass dennoch jeder Grappa erst einmal nach Grappa schmeckt, hat seinen Grund in einer gesetzlichen Vorschrift: Die Pressrückstände, das Grundmaterial für die Grappaherstellung, müssen trocken gebrannt werden, d. h. sie dürfen nicht mehr Feuchtigkeit enthalten, als zum Destillieren unerlässlich ist. Dadurch wird das Aroma so intensiv wie möglich. Wenn man die Traubenrückstände unmittelbar nach der Pressung

Grappa (von grappolo = die Traube), heute eine angesehene Spirituose, war jahrhundertelang in Italien ein Getränk der Armen.

verwendet, erhält man einen runden und sehr weinigen Grappa. Meistens jedoch werden die Traubenreste einige Zeit eingelagert, bei kleineren Herstellern in Erdsilos mit Sandabdeckung, bei großen Brennereien in Tanks. Zum Destillieren erhitzt man sie dann mit Wasserdampf (einfache Methode) oder im Wasserbad (die vornehme Art); Letztere ist manchmal sogar auf dem Etikett vermerkt: »Destillata in bagno maria« steht auf einigen Grappas aus dem Veneto. Im Wasserbad erhält man ein in der Menge geringeres, in der Qualität aber besseres Destillat. Ein guter Grappa altert zwischen zwei und vier Jahre (und mehr) in Holzfässern. Dabei spielt die Holzart eine für Geschmack und Farbe wichtige Rolle: Ein in Kirschholzfässern gereifter Grappa schmeckt deutlich süßer, ein in Eichenholz gereifter herber. Eine dunkle Farbe weist auf lange Lagerung in Kastanienholz hin. Der Alkoholgehalt des Grappas kann über 50% vol liegen, bewegt sich aber meistens zwischen 40 und 45% vol.

Grappa wird meist als junges Destillat vermarktet, das die natürlichen Aromen und den ursprünglichen Duft der Trauben aufweist.

Bekannte Marken

Frattina Im Besitz des Amaro-Produzenten Averna gehört das Weingut Villa Fratina im Friaul. Seit 1991 stellt man dort ausgezeichnete Grappas her.

Castel Giocondo Das im Süden von Siena beheimatete Weingut ist für seinen Brunello di Montalcino weltberühmt. Dessen Sangiovese-Trester sind die Basis.

Luce Für das berühmte Weingut Frescobaldi verarbeitet der renommierte Grappaproduzent Jacopo Poli die Trester aus Merlot und Sangiovese zu Grappa Luce – einen Spitzengrappa der Extraklasse.

Nonino Nonino zählt als Grappaproduzent zu den Spitzenanbietern in Italien und war 1973 der erste Destillateur im Friaul, der Grappa aus nur einer Rebsorte herstellte. Viel Ruhm erntete Nonino für die 1984 vorgestellte Novität »Acquavite d'Uva«, die als »ÙE« bekannt wurde.

Roner Der Name der über die Grenzen von Südtirol hinaus bekannten Obstbrennerei Roner steht seit über fünfzig Jahren für höchste Qualität.

Klare
Spirituosen

Für die wasserhellen deutschen Schnäpse hat sich der Begriff »Klarer« eingebürgert. Bestellt man im Norden Deutschlands einen »Klaren«, dann meint man in der Regel einen Korn, Steinhäger oder Wacholder. Es gibt aber auch klaren Schnaps, der als »Klarer« gehandelt wird. Diese Spirituose darf nach dem Gesetz aus jeder Art von zugelassenen Rohstoffen gewonnen werden. Der hochwertige Korn ist bereits seit dem 16. Jahrhundert bekannt. Er wird fast nur im nördlichen Teil Deutschlands hergestellt und getrunken. Seine beiden Hauptausgangsstoffe, Weizen und Roggen, ergänzen sich hervorragend: Weizenkorn ist weich und mild, Roggenkorn eher kräftig im Geschmack. Korn hat einen Mindestalko-

holgehalt von 32% vol und muss, wenn er als »Kornbrand«, »Doppelkorn« oder »Edelkorn« angeboten
wird, 37,5% vol aufweisen. Weitere typisch deutsche
klare Spirituosen sind die schon erwähnten »Steinhäger« und »Wacholder«, außerdem der »Enzian«.
»Steinhäger« mit 38% vol zählt zu den Spirituosen
mit Wacholder und darf nur in dem westfälischen
Städtchen Steinhagen hergestellt werden. Die
Herstellung von »Wacholder« erfolgt vielfach in
Westfalen, ist aber auf keinen bestimmten Ort beschränkt. »Wacholder« wird durch die Destillation
von mit Neutralalkohol überzogenen Wacholderbeeren gewonnen. Der Mindestalkoholgehalt be-
trägt 30% vol. Der fast ausschließlich in **Eine Spezialität**
den Niederlanden hergestellte Genever **der Alpen ist der**
Wurzelschnaps Enzian.
ist der Urvater des Gins. Man unterschei- **Sein Mindestalkohol-**
gehalt beträgt
det zwischen Oude (altem) und Jonge **37,5% vol.**
(jungem) Genever (Jenever). Genever wird unter
Verwendung von Moutwijn (Malzwein) bereitet. Aus
Moutwijn, Neutralalkohol und Gewürzen entsteht
nach einer weiteren Destillation der Genever.

Likör

*A*ls Vorgänger der heute bekannten Liköre gelten die aromatisierten Weine der alten Römer, der Griechen und der Völker des Vorderen Orients. Von diesen aromatisierten Weinen der Antike führt eine beinahe direkte Linie zu den Vermouths und Aperitifs von heute. Die Liköre, so wie wir sie heute kennen, gehen ungefähr auf das Jahr 1000 zurück. Nach Berichten verschiedener »Erfinder« sollen die ersten Liköre von Brüdern des Ordens San Romualdo zubereitet worden sein. Sie stellten auf der Basis von »Acquavite« und dem süßen Saft der Pflaumen eine Mixtur her und versuchten, mit dieser die Malaria zu bekämpfen. Andere Quellen überliefern, dass Michele Savonarola, der berühmte

Arzt aus Padua, für die Frau eines Kaufmanns als Medikament einen »Acquavite« aus Honig und Rosenöl bereitet habe. Mit seiner Mischung hatte er das berühmte »Rosolio« geschaffen, von dem sich praktisch alle modernen Liköre herleiten lassen. Bereits im Mittelalter erreichte die Likörherstellung in Italien eine hohe Blüte, während diese Spezialitäten in den anderen Ländern Europas noch kaum bekannt waren. Die moderne Likörindustrie erhielt dann wichtige Anstöße um das Jahr 1700, nachdem man neue Erkenntnisse über die Fermentation und die verschiedenen Phasen der Destillation gewonnen hatte. Wichtigster Entwicklungsschritt für die Likörproduktion war die Perfektionierung der Zuckerherstellung. Heute zählen die Liköre in ihrer Vielfalt zu den beliebtesten Spirituosen. Ihr Mindestalkoholgehalt beträgt 15% vol (Ausnahme ist der Eierlikör mit 14% vol). Untergliedert nach ihren Ausgangsprodukten werden im Folgenden die wichtigsten Likörgruppen und viele weltbekannte Marken vorgestellt.

Eine EU-Bestimmung definiert Liköre als Spirituosen mit einem Zuckergehalt von mehr als 100 Gramm pro Liter Fertigerzeugnis.

Fruchtlikör

Ob Melonen aus Mexiko, Kiwis aus Neuseeland, Lychees aus China, Wildbeeren aus der Tundra oder Maracujas aus den Tropen – keine noch so exotische Frucht ist vor der Kreativität der Likörhersteller sicher. Dagegen wirken die heute schon zu den Klassikern zählenden Liköre aus Früchten wie Pfirsich oder Kokosnuss beinahe wieder altmodisch – obwohl sie auch erst seit rund 20 Jahren angeboten werden. Echte Klassiker sind jedoch die Fruchtliköre aus Kirschen, Johannisbeeren und Bananen. Wegen ihrer Vielfalt und den zahlreichen Mixmöglichkeiten sind sie auf den nachfolgenden Seiten jeweils mit einem eigenen Kapitel vertreten.

Hauptbestandteile der Liköre sind Alkohol, Zucker und geschmackgebende Stoffe wie Fruchtsäfte, Pflanzenauszüge, Kakao, Kaffee, Honig.

Grundsätzlich unterscheidet man zwischen Fruchtsaft- und Fruchtaromalikören und Fruchtbrandys. Bei den Fruchtsaftlikören muss der Saftanteil der namengebenden Frucht mindestens 20 Liter auf 100 Liter Fertigerzeugnis betragen. Zusätze weiterer Fruchtsäfte und natürlicher Aromastoffe sind erlaubt, eine Färbung jedoch nicht zulässig. Auch Fruchtaromaliköre erhalten ihren charakteristischen Geschmack von den namengebenden Früchten. Mit Ausnahme von Ethylvanillin dürfen künstliche Aromastoffe nicht verwendet werden. Das Färben mit synthetischen Farbstoffen ist jedoch erlaubt. Fruchtbrandys sind Fruchtliköre, die einen geschmackbestimmenden Anteil an Obstbrand enthalten (mindestens fünf Liter zu 40% vol je 100 Liter Fertigerzeugnis). Der Name Brandy ist ansonsten Weindestillaten vorbehalten, für Fruchtbrandys jedoch wurde eine Ausnahmeregelung getroffen. In der Wertigkeit stehen die Fruchtbrandys vor den Fruchtsaft- und Fruchtaromalikören.

Fruchtliköre stellen die größte Gruppe unter den Likören, und ihre Vielfalt ist in neuerer Zeit fast unüberschaubar geworden.

Bekannte Hersteller

Bols Die weltbekannte Firma Bols in Zoetermeer bei Amsterdam ist das älteste heute noch produzierende Spirituosenunternehmen der Welt. Die Zahl der von Bols seit 1575 hergestellten Liköre wird heute kein noch so profunder Kenner des Hauses nennen können. Nicht nur Hunderte von Millionen Flaschen Liköre und Spirituosen trugen in den vergangenen 430 Jahren den Namen Bols, auch ungezählte Likörsorten wurden entwickelt, verworfen, ins Sortiment aufgenommen, eingestellt, neu komponiert oder sonst wie verändert. Seit jeher nimmt Bols als Liköranbieter in Deutschland den führenden Platz ein. Über 100 Jahre, von 1890 bis 1995, betrieb Bols in Deutschland eigene Produktionsstätten. Aufgrund der Möglichkeiten, die die Europäische Union mit sich brachte, beliefert Bols den deutschen Markt nun direkt aus Amsterdam. Die komplette Reihe erhielt im Jahr 2004 eine neue Flaschenform und ein einheitliches Erscheinungsbild (siehe bei

Das Haus Bols war zu Beginn der 1980er Jahre Trendsetter in der Entwicklung von fruchtigen, farbigen und leichten Likören.

den einzelnen Likörkapiteln, sowie auch bei Gin, Weinbrand und Sirup).

De Kuyper Die 1695 gegründete Firma De Kuyper ist in der 11. Generation im Besitz der Familie. Das im niederländischen Schiedam beheimatete Unternehmen ist der weltweit führende Likörsortimentsproduzent und stellt alle wesentlichen Likörsorten her (siehe bei den einzelnen Likörkapiteln). Seit einigen Jahren wird das Klassikersortiment weltweit in neu entwickelten Flaschen angeboten. Außer dieser Reihe gibt es den Lycheeliqueur »Kwai Feh« und dem Pfirsichlikör »Peachtree« (siehe Pfirsichlikör) sowie Genever und Grenadinesyrup.

De Kuyper wurde 1995 zum 300-jährigen Jubiläum von Königin Beatrix der Niederlande zu »Royal Distillers« ernannt.

Lantenhammer Die 1928 gegründete Destillerie Lantenhammer liegt im Herzen der bayerischen Voralpen am Schliersee. Das für seine Obstbrände berühmte Unternehmen bietet auch exzellente Fruchtbrände und einen Malt Whisky (siehe Obstbrände und Malt Whisky) an. Während »normale« Fruchtbrände meist Neutralalkohol als Basis haben, werden die Lantenhammer-Fruchtbrand-Liqueure aus den jeweiligen Bränden oder Geisten der gleichen Frucht hergestellt. Angeboten werden »Williamsbirne«, »Quitte«, »Schlehe«, »Waldhimbeer«, »Edelkirsche« und »Mirabelle«, alle mit 25% vol.

Die Lantenhammer Fruchtbrandliköre werden in formschönen Charismaflaschen mit Kugelgriffkorken angeboten.

Marie Brizard Auf Marie Brizard (1714–1801) geht das in Bordeaux ansässige Unternehmen Marie Brizard et Roger zurück. Marie Brizard und ihr Neffe Jean-Baptist Roger gründeten 1755 die heute weltbekannte Likörfirma. Der Grund war die ständig steigende Nachfrage nach dem Anislikör Anisette, einem heilsamen Elixier, dessen Rezeptur Marie Brizard entwickelt hatte (siehe Anisgetränke). Mit dem Anisette, der heute noch der wichtigste und bekannteste Likör der Firma ist, legte man den Grundstein für das Unternehmen. Man entwickelte weitere Liköre, und einige heute als Klassiker geltende Liköre wurden von Marie Brizard et Roger erstmals hergestellt. Die Firma ist der größte Likörsortimentsproduzent Frankreichs und bietet alle traditionellen Sorten

Bei Marie Brizard entwickelte man Likörsorten, die heute als Klassiker gelten und weltweit bekannt und beliebt sind. (siehe bei den einzelnen Likörkapiteln), sowie »Poire William«, »Fraise des Bois« und »Mandarine« an. Eine Sonderstellung hat der »Charleston Follies« (siehe Likörspezialitäten). Neu ist die »Hot Shots«-Reihe, in der frische, intensiv anders schmeckende Likörkreationen in attraktiven Flaschen angeboten werden.

Monin Zu den »jungen« Unternehmen der Likörproduktion gehört die 1912 in Bourges/Frankreich gegründete Firma Georges Monin. Große Bekanntheit erfuhr das Haus durch seinen »Original Lime – Citron Vert Liqueur« (siehe Likörspezialitäten).

Roner Der Name der weit über die Grenzen von Südtirol hinaus bekannten Obstbrennerei Roner steht seit mehr als 50 Jahren für höchste Qualität. Die am Ortsrand von Tramin liegende Destillerie produziert außer Obstbrand und Grappa auch nicht alltägliche Liköre.

Schladerer Die berühmte »Alte Schwarzwälder Hausbrennerei« Schladerer im Breisgaustädtchen Staufen (siehe Obstbrand) wurde 1844 gegründet.

Das umfangreiche Obstbrändesortiment wird durch die Obstbrandliköre ergänzt. Anstelle des in der Regel verwendeten Neutralalkohols setzt man bei Schladerer nur fruchteigene Destillate ein und bietet damit mit das Beste an, was der Likörmarkt zu bieten hat. Hergestellt werden »Kirsch«,» Aprikosen«, »Williams« und »Himbeer«, alle 28% vol.

Toschi Die 1945 gegründete Destillerie Toschi in Savignano in der Nähe von Modena ist berühmt für ihre fruchtigen Produkte. Toschi bietet exzellente eingelegte Früchte, Sirupe, Liköre und Spirituosen an. »Fragoli« – ein Erdbeerlikör mit eingelegten Walderdbeeren, und der »Mirtilli«, ein Heidelbeerlikör mit Heidelbeeren, beide 25% vol, sind berühmte Produkte des Hauses. Das Verhältnis zwischen Likör (570 ml) und Frucht (150 g) bei »Fragoli« und »Mirtilli« (in 0,7-Liter-Flaschen) ist fein ausgewogen, und ihre Verwendung ist vielfältig. Berühmt ist das Unternehmen aber auch durch seinen einzigartigen Walnusslikör »Nocello« (siehe Kakao- und Nusslikör).

Mit dem sanft-süßen Erdbeerlikör »Fragoli« von Toschi und gekühltem Prosecco lassen sich aparte Aperitifs bereiten.

Bekannte Marken

Bailoni Marillenlikör Marillen (Aprikosen) von den Hängen des Donautals in der österreichischen Wachau sind die Grundlage dieser hochwertigen Spezialität. Hersteller ist die »1. Wachauer Marillen-Destillerie«, Eugen Bailoni, in Krems-Stein an der Donau (siehe Obstbrand). Die Verwendung exzellenter Früchte und der Herstellungsprozess an Ort und Stelle garantieren einen hohen Qualitätsstandard. Bailoni Marillenlikör wird mit 30% vol angeboten.

Bei Bailoni in Krems an der Donau werden ausschließlich Marillen (Aprikosen) zu Likören und zu Obstbrand verarbeitet.

Kwai Feh Der Lycheelikör »Kwai Feh« wurde von De Kuyper entwickelt. Er ist klar mit einer leichten rosa Färbung und wird in satinierten Flaschen mit 20% vol Alkohol angeboten.

Mandarine Napoléon ist der international bekannteste Likör seiner Art und auch die bedeutendste Likörmarke Belgiens.

Mandarine Napoléon Der »Grande Liqueur Impériale« wird in Belgien seit 1892 hergestellt. Mandarine Napoléon verdankt sein Aroma und seinen Geschmack alten, erlesenen Cognacs sowie den durch Destillation aus frischen Mandarinenschalen extrahierten ätherischen Ölen. Alkoholgehalt 38% vol.

Midori Der grüne Melonenlikör »Midori« (20% vol) wird von der für ihre Whiskys berühmten japanischen Firma Suntory in Mexiko hergestellt.

Passoã Das weltbekannte Haus Cointreau stellt seit 1986 den Maracujalikör »Passoã« her. Die Basis von »Passoã« bildet der Saft der Passionsfrucht (Maracuja), dazu kommen Alkohol, Zucker, Zitronensaft und weitere geschmacksabrundende Zutaten.

Der Name Cointreau bürgt für die Qualität des »Passoã«. Dieser leuchtendrote Likör wird heute weltweit exportiert.

Safari Die Basis des Fruchtaromalikörs »Safari« (20% vol) bilden Mango, Papaya, Maracuja und Limonen. Er wird vom Likörproduzenten Verbunt in Tilburg/Niederlande hergestellt. »Safari« ist eine ideale Komponente für fruchtige Mixgetränke.

Soho Zu Beginn des Jahres 2005 wurde der Lycheelikör »Soho« in Deutschland eingeführt. Der aromatisch nach Lychee schmeckende »Soho« wird vom französischen Spirituosenmulti Pernod Ricard hergestellt. »Soho« ist wasserhell und hat 21% vol.

Greed

2 cl Fraise des
Bois
2 cl Wodka
2 cl Rose's Lemon
Squash
4 cl Maracuja-
nektar
Erdbeere

gierig wird, wer ihn nicht hat

Im *Shaker* mit Eiswürfeln gut schütteln
und in ein Sourglas abgießen. Eine Erdbeere an den Glasrand stecken.

Apricot Sour

4 cl Apricot
Brandy
2 cl Zitronensaft
4 cl Orangensaft
Orange
Cocktailkirsche

ein milder Sour für jede Tageszeit

Im *Shaker* mit Eiswürfeln schütteln, in
ein Sourglas abgießen. Einen Spieß mit
halber Orangenscheibe und Cocktailkirsche über den Glasrand legen.

Sloth

2 cl Mandarinen
Likör
2 cl weißer Rum
2 cl Rose's
Lemon Squash
4 cl Pink-Grape-
fruit-Saft
Orange
Cocktailkirsche

exquisiter Aperitif

Im *Shaker* mit Eiswürfeln schütteln, in
ein Sourglas abgießen. Einen Spieß mit
halber Orangenscheibe und Cocktailkirsche über den Glasrand legen.

East Wind

aromatisch-fruchtiger Sommerdrink

Im *Elektromixer* mit crushed ice mixen und in ein Longdrinkglas auf crushed ice abgießen. Einen Spieß mit Lychees und Cocktailkirschen dazugeben.

4 cl Kwai Feh Lychee Liqueur

2 cl Cream of Coconut

10 cl Ananassaft

4 Lychees aus der Dose mit etwas Saft

Lychees

Cocktailkirschen

Passoã Exclusita

erfrischend-aromatischer Longdrink

Im *Shaker* mit Eiswürfeln gut schütteln und in ein Longdrinkglas auf Eiswürfel abgießen. Mit Orangenscheibe und Cocktailkirsche garnieren.

3 cl Passoã Passion Fruit Liqueur

3 cl Cointreau

12 cl Orangensaft

Orange

Cocktailkirsche

Red Finish

fruchtiger Drink für den Nachmittag

Im *Shaker* mit Eiswürfeln gut schütteln und in ein Sourglas abgießen. Mit einer Zitronenscheibe garnieren.

3 cl Fraise des Bois

2 cl Wodka

1 cl Zitronensaft

4 cl Orangensaft

Zitrone

Bananenlikör

E inen Bananenlikör haben alle Likörsortimentsproduzenten im Programm, und seit den 1980er Jahren
kam dieser wieder zu Ehren. Einen großen Anteil
daran hatten die »grünen« Sorten und auch der grüne
Pisang. Diese werden aus einer kleinen grünen Bananenart hergestellt, die »gelben« hingegen aus kleinen

afrikanischen Bananen. Schon alte Destillationsbücher weisen auf die schwierige Verarbeitung hin. Beim Pressen von Bananen erhält man nur einen Brei. Dieser wird mit Alkohol versetzt, dann abgepresst und zur Wiedergewinnung des Alkohols destilliert.

Bekannte Marken

Bols Die »Crème de Bananes« heißt heute »Banana« und die 1983 eingeführte »Grüne Banane« nun »Green Banana«. Beide 17% vol.

Marie Brizard Angeboten wird die »Crème de Banane« mit 25% vol.

De Kuyper Es gibt die »Crème de Bananes« mit 24% vol und »Pisang Green Banana« mit 20% vol.

Monin Es gibt »Crème de Banane« mit 20% vol.

Pisang Ambon Das Rezept des Pisang Ambon (21% vol) stammt aus Indonesien, und auch der Name hat dort seinen Ursprung. Pisang heißt eine kleine grüne Bananenart, die auf den Ambon-Inseln wächst. Seine weiteren Zutaten sind exotische Früchte, Kräuter und Gewürze.

Silver Jubilee

4 cl Crème de Banane
2 cl Gin
4 cl Sahne

cremiger Drink für zwischendurch

Alle Zutaten im *Shaker* mit Eiswürfeln gut schütteln und in eine Cocktailschale abgießen.

Banana Boat

3 cl Crème de Banane
3 cl Gin
12 cl Orangensaft
einige Tropfen Grenadine
Orange
Cocktailkirsche

erfrischender Drink für den frühen Abend

Im *Shaker* mit Eiswürfeln schütteln, in ein großes Becherglas auf Eiswürfel abgießen. Einige Tropfen Grenadine darauf träufeln. Mit Orangenscheibe und Cocktailkirsche garnieren.

Green Monkey

2 cl Pisang Ambon
2 cl Curaçao Blue
4 cl Orangensaft
4 cl Sahne
Pistazien

cremig-fruchtiger Nachmittagsdrink

Im *Shaker* mit Eiswürfeln schütteln und in eine Cocktailschale abgießen. Mit gehackten Pistazien bestreuen.

Top Banana

fruchtiger Drink für den Nachmittag

Alle Zutaten im *Shaker* mit Eiswürfeln gut schütteln und in Tumbler auf Eiswürfel abgießen.

3 cl **Crème de Banane**
3 cl **Wodka**
6 cl **Orangensaft**

Jungle Juice

aromatisch-fruchtiger Longdrink

Alle Zutaten im *Shaker* mit Eiswürfeln gut schütteln und in ein großes Becherglas auf Eiswürfel abgießen. Mit einem Ananasstück und einer Cocktailkirsche garnieren.

4 cl **Pisang Ambon**
1 cl **Apricot Brandy**
2 cl **Gin**
1 cl **Zitronensaft**
8 cl **Orangensaft**
Ananas
Cocktailkirsche

Chiquita Punch

fruchtig-milder Damendrink

Alle Zutaten im *Shaker* mit Eiswürfeln gut schütteln und in einen Tumbler auf Eiswürfel abgießen. Mit einer Orangenscheibe und einer Cocktailkirsche garnieren.

5 cl **Crème de Banane**
5 cl **Orangensaft**
5 cl **Sahne**
2 cl **Grenadine**
Orange
Cocktailkirsche

Cassis

Cassis ist der französische Name sowohl für Schwarze Johannisbeeren als auch für daraus hergestellte Produkte. In der Umgebung von Dijon im Burgund produzieren rund 30 Cassishersteller, weil die Johannisbeeren dort besonders gut gedeihen:

Die Sträucher lieben kalkhaltige, trockene Böden, und viele Winzer der Côte d'Or pflanzen Schwarze Johannisbeeren als zweite Kultur an. Als die besten Sorten gelten Noir de Bourgogne und Royal de Naple. Die Ernte im Juli ist im Burgund ein ähnlich wichtiges Ereignis wie die Weinlese. Hier werden ca. eine Million Kilogramm Schwarze Johannisbeeren geerntet. Cassis ist ein reines Naturprodukt, dem keinerlei Fremd- oder Farbstoffe zugesetzt werden.

Bekannte Marken

Bols

Marie Brizard

Cartron

Guyot

Lejay-Lagoute

Merlet

Pedrizet

Philippe de Bourgogne

Védrenne

Kir Cassis

1 cl **Crème de Cassis**

weißer Burgunder

der Klassiker aus dem Burgund

Cassis in Weinglas geben und mit kaltem trockenen Weißwein aufgießen.

Cassis Lady

3 cl **Crème de Cassis**

1 1/2 cl **Kirschwasser**

1 1/2 cl **Vermouth Dry**

Orange

hoch aromatischer Before-Dinner-Drink

Alle Zutaten im *Rührglas* mit Eiswürfeln gut verrühren und in ein vorgekühltes Cocktailglas abgießen. Mit einer Orangenschale abspritzen.

Pink Sling

2 cl **Crème de Cassis**

4 cl **Gin**

1 cl **Grenadine**

2 cl **Zitronensaft**

10 cl **Ananassaft**

Zitrone

Cocktailkirschen

fruchtiger Drink für den Nachmittag

Alle Zutaten im *Shaker* mit Eiswürfeln gut schütteln und in ein Longdrinkglas auf Eiswürfel abgießen. Mit einer Zitronenscheibe und Cocktailkirschen garnieren.

Kir Royal

der edle Aperitif

Cassis in eine Champagnertulpe geben und mit Champagner aufgießen.

1 cl Crème de Cassis

10 cl Champagner

Parisien

exquisiter Before-Dinner-Drink

Alle angegebenen Zutaten in einem *Rührglas* mit Eiswürfeln gut verrühren und in ein vorgekühltes Cocktailglas abgießen.

1 cl Crème de Cassis

2 cl Gin

2 cl Vermouth Dry

Pink Colada

aromatischer Longdrink für den Abend

Alle angegebenen Zutaten in den *Elektromixer* geben und in ein Longdrinkglas auf crushed ice abgießen. Mit einem Ananasstück und einer Cocktailkirsche garnieren.

1 cl Crème de Cassis

5 cl weißer Rum

6 cl Orangensaft

6 cl Grapefruitsaft

2 cl Cream of Coconut

2 cl Sahne

Ananas, Cocktailkirsche

Kirschlikör

D ie bei der Likörbereitung meistverwendete Frucht ist die Kirsche. Beim Kirschlikör handelt es sich um einen Fruchtsaftlikör, d. h., es müssen mindestens 20 Liter Kirschsaft in 100 Liter Fertigerzeugnis enthalten sein. Die wichtigsten Herstel-

lerländer sind Deutschland, Frankreich, Italien, die Niederlande und Dänemark. Den Maraska-Sauerkirschen verdankt der wasserhelle Kirschlikör Maraschino seinen Namen, der unter Zusatz von Maraska-Kirschbrand hergestellt wird. In Deutschland bieten die großen Likörsortimentsproduzenten Bols und De Kuyper Kirschliköre an. »Bols Kirsch« 17% vol, »Cherry« 24% vol und »Maraschino«, 24% vol; von De Kuyper gibt es »Cherry Brandy« 24% vol, und »Marasquin« mit 30% vol.

Für Cherry Brandy müssen mindestens fünf Liter 40-prozentiges Kirschwasser auf 100 Liter Kirschlikör zugesetzt werden.

Bekannte Marken

Bols/Niederlande

Marie Brizard/Frankreich

Cherry Marnier/Frankreich

De Kuyper/Niederlande

Heering/Dänemark

Lantenhammer/Deutschland

Luxardo/Italien

Schladerer/Deutschland

Cherry Rum

3 cl Cherry
Liqueur
3 cl weißer Rum
6 cl Sahne

milder After-Dinner-Drink

Alle Zutaten im *Shaker* mit Eiswürfeln gut schütteln und in eine Cocktailschale abgießen.

Red Lips

2 cl Cherry
Liqueur
2 cl Campari
2 cl Gin
6 cl Orangensaft
Orange, Zitrone
Cocktailkirsche

erfrischender Drink für den Nachmittag

Im *Shaker* mit Eiswürfeln schütteln, in Tumbler auf Eiswürfel abgießen. Eine halbe Orangen- und Zitronenscheibe und eine Cocktailkirsche dazugeben.

Cherry Colada

2 cl Cherry
Liqueur
2 cl weißer Rum
2 cl Cream of
Coconut
8 cl Pfirsichsaft
Pfirsich
Cocktailkirsche

milder Drink für den frühen Abend

Im *Elektromixer* durchmixen und in ein großes Becherglas auf crushed ice abgießen. Mit Pfirsichstück und Cocktailkirsche garnieren.

Kiss in the Dark

aromatischer Before-Dinner-Drink

Im *Rührglas* mit Eiswürfeln verrühren, in vorgekühltes Cocktailglas abgießen. Eine Cocktailkirsche dazugeben.

2 cl Cherry Liqueur
2 cl Gin
2 cl Vermouth Dry
Cocktailkirsche

Cherry Blossom

aparter Drink für den Nachmittag

Alle Zutaten im *Shaker* mit Eiswürfeln gut schütteln und in einen Sektkelch abgießen.

2 cl Cherry Liqueur
2 cl Cognac
1 cl Cointreau
1 cl Grenadine
2 cl Zitronensaft

Pink Flamingo

fruchtig-milder Partydrink für Damen

Alle Zutaten im *Elektromixer* durchmixen und in ein Longdrinkglas auf crushed ice abgießen. Eine Orangen- und Kiwischeibe mit Cocktailkirsche an den Glasrand stecken.

3 cl Cherry Liqueur
3 cl Gin
4 cl Ananassaft
4 cl Orangensaft
2 cl Cream of Coconut
Orange, Kiwi
Cocktailkirsche

Pfirsichlikör

Als Pfirsichlikör war aufgrund der schwierigen Herstellung lange Jahre nur der »Peach Brandy« von Marie Brizard auf dem Markt. Dem Trend zu leichten Spirituosen folgend, brachten seit 1986 mehrere Hersteller Pfirsichliköre auf den Markt.

Bekannte Marken

Marie Brizard Vorläufer des heutigen »Peach« mit 18% vol war der »Peach Brandy« mit damals 30% vol. Auch Marie Brizard folgte mit dieser Umstellung dem Trend zu leichten Likören.

Monin Der französische Likör- und Sirupproduzent Monin (siehe Fruchtlikör) bietet zwei verschiedene Pfirsichliköre an. Beide 18% vol.

Peachtree Vom Likörproduzenten De Kuyper wurde Peachtree in den USA entwickelt und 1986 auf dem deutschen Markt eingeführt. Der Peachtree (20% vol) ist heute der meistverkaufte Pfirsichlikör der Welt.

Für Pêcher Mignon werden Pfirsiche in drei getrennten Verfahren verarbeitet und die gewonnenen Substanzen schließlich vereint.

Pêcher Mignon Als erster der modernen und beliebten Pfirsichliköre wurde »Pêcher Mignon/Apéritif à la Pêche« 1986 auf dem deutschen Markt eingeführt. Weiße Pfirsiche aus dem französischen Roussillon sind die Basis. 18% vol Alkohol.

Pepino Peach Die Danish Distillers sind Hersteller dieses leichten Pfirsichlikörs. Er wird seit 1989 angeboten und hat 15% vol Alkoholgehalt.

Peach Sling

4 cl Pfirsichlikör
2 cl **Wodka**
6 cl **Orangensaft**
6 cl **Ananassaft**
1 cl **Grenadine**
Pfirsich
Cocktailkirsche

fruchtig-aromatischer Longdrink

Alle Zutaten im *Shaker* mit Eiswürfeln schütteln und in ein Longdrinkglas auf Eiswürfel abgießen. Mit Pfirsichstück und Cocktailkirsche garnieren.

Pêcher Royal

2 cl **Pfirsichlikör**
kalter Sekt oder
Champagner

leichter Aperitif für jede Tageszeit

Den Pfirsichlikör mit einem Eiswürfel in einen Sektkelch geben und mit Sekt oder Champagner auffüllen.

Peach Daiquiri

3 cl **Pfirsichlikör**
3 cl **weißer Rum**
1/2 **Pfirsich**
2 cl **Zitronensaft**
1 cl **Zuckersirup**

Pfirsichvariante des Daiquiri

Alle Zutaten im *Elektromixer* durchmixen, dann etwas crushed ice dazugeben und nochmals durchmixen. In eine Cocktailschale abgießen.

Peach Bunny

süßer Sahnedrink für den Nachmittag

Alle Zutaten im *Shaker* mit Eiswürfeln gut schütteln und in eine Cocktailschale abgießen.

3 cl **Pfirsichlikör**
3 cl **Crème de Cacao weiß**
3 cl **Sahne**

Peach Ball

aromatischer Partydrink

Alle Zutaten im *Shaker* mit Eiswürfeln gut schütteln und in ein Longdrinkglas auf Eiswürfel abgießen. Ein Pfirsichstück mit einer Erdbeere an den Glasrand stecken.

4 cl **Pfirsichlikör**
2 cl **Erdbeersirup**
2 cl **Zitronensaft**
12 cl **Orangensaft**
Pfirsich
Erdbeere

Sex on the Beach

In-Drink der 90er in den USA

Alle Zutaten im *Shaker* mit Eiswürfeln gut schütteln und in ein Longdrinkglas auf Eiswürfel abgießen.

3 cl **Pfirsichlikör**
3 cl **Wodka**
6 cl **Preiselbeernektar**
6 cl **Ananassaft**

Amaretto

Der bekannte italienische Mandellikör wird aus natürlichem Mandelextrakt, mazerierten Mandelschalen, verschiedenen Geschmacksaromen und Bourbon-Vanille hergestellt. Damit sich alle Zutaten gut verbinden, wird Amaretto erst nach längerer Lagerzeit abgefüllt.

Bekannte Marken

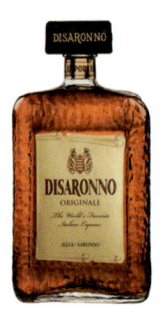 

Amaretto Vaccari Arturo Vaccari wurde durch die Erfindung des Galliano berühmt. Bis vor einigen Jahren wurde auch der Amaretto Vaccari in die langen Gallianoflaschen abgefüllt.

Disaronno Originale Nach einer Legende soll der Maler Luini 1525 auf Fresken in der Wallfahrtskirche in Saronno eine junge Witwe verewigt haben. Zum Dank schenkte die Schöne dem Künstler ein Tongefäß, gefüllt mit einem delikaten bernsteinfarbenen Likör. Das Originalrezept ist noch heute im Besitz der alteingesessenen lombardischen Familie Reina, die seit vielen Generationen den Disaronno Amaretto Originale herstellt. Ein Extrakt aus Aprikosenkernöl und 23 weitere Ingredienzen geben dem bernsteinfarbenen Likör seinen süß-bitteren Geschmack. Weltweit ist Disaronno (28% vol) der meistverkaufte Amaretto.

Der meist 25- bis 28-prozentige Amaretto ist ideal zum Mixen und – pur serviert – eine vorzügliche Beigabe zum Kaffee.

Toschi Amaretto Die italienische Firma Toschi (siehe Fruchtlikör, Sambuca, Likörspezialitäten, Nusslikör) bietet auch einen exzellenten Amaretto (28% vol) an. Ein nettes Anhängsel gibt es zusätzlich: An jeder Flasche hängt ein zweiter Verschluss, der aus einer echten Mandel und einem angeklebten Korken gefertigt wird.

Baked Almonds

3 cl **Amaretto**
3 cl **Crème de Cacao braun**
3 cl **Sahne**

aromatisch-süßer Sahnedrink

Alle Zutaten im *Shaker* mit Eiswürfeln gut schütteln und in eine Cocktailschale abgießen.

Julia

3 cl **Amaretto**
3 cl **weißer Rum**
6 cl **Sahne**
3–5 **Erdbeeren**

lieblich-sahniger Drink für den Nachmittag

Im *Elektromixer* durchmixen. Crushed ice dazugeben, Mixer nochmals laufen lassen. In eine Cocktailschale abgießen und eine Erdbeere an den Glasrand stecken. Mit Trinkhalm servieren.

Sweet Maria

3 cl **Amaretto**
3 cl **Wodka**
3 cl **Sahne**

aromatischer Digestif

Alle Zutaten im *Shaker* mit Eiswürfeln gut schütteln und in eine Cocktailschale abgießen.

Yellow Almond

fruchtiger Partydrink

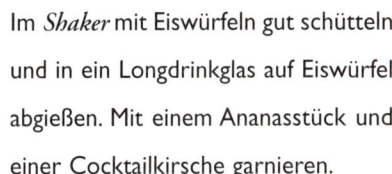

Im *Shaker* mit Eiswürfeln gut schütteln und in ein Longdrinkglas auf Eiswürfel abgießen. Mit einem Ananasstück und einer Cocktailkirsche garnieren.

2 cl Amaretto
4 cl Wodka
6 cl Orangensaft
6 cl Ananassaft
Ananas
Cocktailkirsche

Amaretto Sour

fruchtig-milder Sour

Im *Shaker* mit Eiswürfeln gut schütteln und in ein Sourglas abgießen. Mit einer halben Orangenscheibe und einer Cocktailkirsche garnieren.

5 cl Amaretto
3 cl Zitronensaft
2 cl Orangensaft
Orange
Cocktailkirsche

Italian Coffee

süße Irish-Coffee-Variante

Ein Stielglas mit heißem Wasser erwärmen, Amaretto und Espresso dazugeben. Die Sahne darauf setzen.

4 cl Amaretto
1 Tasse heißer Espresso
leicht geschlagene Sahne

Curaçao

C uraçao ist eine Gattungsbezeichnung für Liköre, bei deren Herstellung das Destillat von Schalen der Curaçaofrüchte verwendet wird. Die Früchte kamen ursprünglich von der westindischen Insel Curaçao. Heute werden sie auch aus Haiti und Süd-

europa importiert. Die Curaçaofrucht ähnelt der Pomeranze, der herb-bittere duftige Pomeranzencharakter ist bei ihr jedoch noch stärker ausgeprägt. Der farblose »Triple Sec«, der einen geringeren Zuckergehalt aufweist, ist heute der bekannteste Curaçao. Sein Name soll »dreifache Trockenheit« und hohen Alkoholgehalt ausdrücken. Der klassische Curaçao ist wasserhell und klar, wird jedoch auch gefärbt als »Curaçao Orange« und »Curaçao Blue«, »Curaçao Red« und »Curaçao Green« angeboten. Der Alkoholgehalt von Curaçao erreicht hauptsächlich beim »Triple Sec« 40% vol, die anderen Sorten liegen je nach Hersteller bei 20- bis 30% vol. Die großen Likörsortimentsproduzenten wie Bols (»Bols Blue« 21% vol, »Dry Orange« 24% vol, »Triple Sec« 38% vol), De Kuyper (»De Kuyper Blue« 24% vol, »Dry Orange« 30% vol, »Triple Sec« 40% vol), Marie Brizard (»Curaçao Bleu« 25% vol, »Triple Sec« 39% vol) und Monin (»Blue« 20% vol, »Triple Sec« 25% vol) haben alle einen Curaçao im Programm.

Die großen Likörsortimentsproduzenten in den Niederlanden und Frankreich sind berühmt für ihren Curaçao.

After Dinner

3 cl Curaçao Triple Sec
3 cl Apricot Brandy
3 cl Zitronensaft

süß-säuerlicher After-Dinner-Drink

Alle Zutaten im *Shaker* mit Eiswürfeln gut schütteln und in eine Cocktailschale abgießen.

Vanity

2 cl Curaçao Blue
2 cl Gin
3 cl Ananassaft
2 cl Zitronensaft
1 cl Grenadine
Kapstachelbeere

herb-süßer Drink für den Nachmittag

Im *Shaker* mit Eiswürfeln schütteln, in ein Sourglas abgießen. Eine Kapstachelbeere an den Glasrand stecken.

Adria Look

2 cl Curaçao Blue
2 cl Gin
2 cl Zitronensaft
kalter Sekt
Aprikose
Cocktailkirsche

erfrischender Sektdrink

Im *Shaker* mit Eiswürfeln schütteln, in eine Champagnertulpe abgießen und mit Sekt auffüllen. Ein Aprikosenstück an den Glasrand stecken und eine Cocktailkirsche dazugeben.

Zitronen Flip

für die späten Vormittagsstunden

Im *Shaker* mit Eiswürfeln schütteln und in ein Sourglas abgießen. Mit fein geriebener Muskatnuss bestreuen.

2 cl Dry Curaçao Orange
2 cl Gin
4 cl Zitronensaft
1 cl Zuckersirup
2 cl Sahne
1 Eigelb, Muskatnuss

Mediterranée

erfrischender Sommerdrink

In ein Longdrinkglas auf Eiswürfel geben und mit Bitter Lemon auffüllen. Eine Orangenscheibe dazugeben.

2 cl Curaçao Blue
2 cl Gin
kaltes Bitter Lemon
Orange

Green Almond

fruchtiger Sommerdrink

Alle Zutaten im *Shaker* mit Eiswürfeln gut schütteln und in ein Longdrinkglas auf Eiswürfel abgießen. Mit einem Ananasstück und einer Cocktailkirsche garnieren.

4 cl Curaçao Blue
2 cl Amaretto
8 cl Orangensaft
8 cl Ananassaft
Ananas
Cocktailkirsche

Kokoslikör

D er Likör mit dem einzigartigen Geschmack dieser tropischen Nuss war zum Zeitpunkt seiner
Markteinführung in Deutschland längst überfällig. Ab
1978 stand mit dem »Batida de Coco« erstmals ein
Likör auf Kokosnussbasis zur Verfügung. In den

frühen 80er Jahren folgten weitere Marken – und kein Unternehmen hat die Markteinführung in Deutschland bereut.

Bekannte Marken

Batida de Coco Kokosliköre gibt es milchig trüb und wasserhell. Die brasilianische Firma Mangaroca (siehe Cachaça) ist Lizenzgeber zur Herstellung des Batida de Coco. Der milchig trübe Batida de Coco wird auf der Basis von Milch und Kokosnuss hergestellt und war 1978 der erste Kokoslikör auf dem deutschen Markt. Seit 2005 gibt es nun auch »Black Batida«, eine exotische Mischung von Batida de Coco, Haselnusscreme und Kakao. Beide 16% vol.

»Batida de Coco« verwendet man vielfach zum Mixen. Man trinkt ihn aber auch gut gekühlt oder auf Eiswürfeln.

Koko Kanu Der Kokosnussrum Koko Kanu ist ein Produkt von J. Wray & Nephew in Kingston / Jamaika, der die international bekannte Jamaika-Rummarke Appleton herstellt (siehe Rum). Koko Kanu ist aufgrund seines hohen Alkoholgehalts (37,5% vol) eine ausgezeichnete Mixspirituose.

De Kuyper Coconut De Kuyper (siehe Frucht-likör) bietet in seinem Likörsortiment auch einen wasserhellen Kokoslikör mit 20% vol an.

Malibu Malibu Coconut war nach Baileys ein weiterer Senkrechtstarter der damaligen International Distillers & Vintners (IDV). Erst 1980 komponiert, hat dieser klare Kokosnusslikör einen wahren Siegeszug rund um die Welt angetreten. Heute belegt er mit jährlich rund 36 Millionen Flaschen (2004) den dritten Platz in der Rangliste der weltweit größten Likörmarken. Die Grundlage von Malibu bilden die Kokosnuss und weißer Caribbean Rum. Man mixt mit ihm als Basis oder Zutat jede Art von Drinks mit dem beliebten Geschmack der braunen Kugel. Alkoholgehalt 21% vol.

Nur drei Jahre nach seiner Markteinführung wurde Malibu bereits in über 70 Ländern der Welt angeboten.

Marie Brizard Coconut Der französische Likörproduzent Marie Brizard (siehe Fruchtlikör) bietet seinen aus Karibikrums und Kokosnuss komponierten »Coconut Liqueur« seit 2004 auch in Deutschland an (20% vol).

Topolino

aromatischer Longdrink für den Abend

Im *Shaker* mit Eiswürfeln schütteln, in Longdrinkglas auf Eiswürfel abgießen. Spieß mit Bananenscheiben und Cocktailkirschen über den Glasrand legen.

2 cl klarer Kokoslikör

2 cl Crème de Banane

2 cl Wodka

12 cl Ananassaft

Banane

Cocktailkirschen

Gold Coconut

anregender Drink zur Cocktail-Hour

Im *Shaker* mit Eiswürfeln schütteln und in eine Cocktailschale abgießen.

3 cl klarer Kokoslikör

3 cl Cognac

6 cl Orangensaft

einige Tropfen Grenadine

Blue Cobra

süß-herber Longdrink

Im *Shaker* mit Eiswürfeln schütteln.

Orangenschalenspirale mit Eiswürfeln in ein Longdrinkglas geben und die Mischung dazugießen. Mit Tonic Water auffüllen. Cocktailkirschen dazugeben.

4 cl klarer Kokoslikör

2 cl Curaçao Blue

4 cl Ananassaft

1 cl Zitronensaft

kaltes Tonic Water

Orange

Cocktailkirschen

Malibu Sunrise

6 cl Malibu
1 cl Zitronensaft
12 cl Orangensaft
1 cl Grenadine
Orange

fruchtig-milder Longdrink

Im *Shaker* mit Eiswürfeln schütteln, in Longdrinkglas auf Eiswürfel abgießen. Grenadine darüber träufeln. Orangenscheibe an den Glasrand stecken.

Batida Cherie

4 cl Batida de Coco
6 cl Sauerkirschnektar
10 cl kalter Sekt

aromatischer Partydrink

In Longdrinkglas Eiswürfel geben. Batida de Coco und Kirschnektar dazugießen und mit Sekt auffüllen.

Brasilian Fever

4 cl Batida de Coco
2 cl weißer Rum
12 cl Bananennektar
Banane
Cocktailkirschen

schnell gemixter Partydrink

In Longdrinkglas mit Eiswürfeln geben und verrühren. Einen Spieß mit Bananenscheiben und Cocktailkirschen über den Glasrand legen.

Cocobanana

exotisch-fruchtiger Longdrink

Im *Shaker* mit Eiswürfeln schütteln, in Longdrinkglas auf Eiswürfel abgießen. Ein Ananasstück mit einer Cocktailkirsche an den Glasrand stecken.

4 cl Batida de Coco
2 cl brauner Rum
2 cl Bananensirup
6 cl Maracuja-nektar
6 cl Orangensaft
Ananas
Cocktailkirsche

Brasil Tropical

fruchtig-milder Partydrink

In Longdrinkglas mit Eiswürfeln geben und gut verrühren. Eine Erdbeere an den Glasrand stecken.

6 cl Batida de Coco
2 cl Erdbeersirup
10 cl Grapefruit-saft
Erdbeere

Night in Blue

Sommerdrink für die Party

Zutaten in ein Longdrinkglas mit Eiswürfeln geben und verrühren. Ein Ananasstück mit einer Cocktailkirsche an den Glasrand stecken.

4 cl Batida de Coco
2 cl Curaçao Blue
12 cl Ananassaft
Ananas
Cocktailkirsche

Cocoskiss

4 cl klarer
Kokoslikör
2 cl weißer Rum
1 cl Maracujasirup
6 cl Orangensaft
6 cl Ananassaft
Ananas
Cocktailkirsche

aromatischer Longdrink für den Abend

Im *Shaker* mit Eiswürfeln schütteln, in
Longdrinkglas auf Eiswürfel abgießen.
Ein Ananasstück mit einer Cocktailkir-
sche an den Glasrand stecken.

Blue Sky

4 cl Batida de
Coco
2 cl Curaçao Blue
8 cl Ananassaft
einige Tropfen
Zitronensaft
10 cl Bitter
Lemon

spritziger, herb-süßer Partydrink

Im *Shaker* mit Eiswürfeln schütteln,
in ein Longdrinkglas auf Eiswürfel
abgießen. Mit Bitter Lemon auffüllen.

Cococherry

4 cl Batida de
Coco
2 cl Kirschlikör
4 cl Orangensaft
10 cl Bitter Lemon
Zitronenscheibe
Cocktailkirsche

für heiße Nachmittage

Im *Shaker* mit Eiswürfeln schütteln, in
ein Longdrinkglas auf Eis abgießen. Mit
Bitter Lemon auffüllen. Mit Zitrone
und Kirsche garnieren.

Red and White

milder Nachmittagsdrink

Im *Elektromixer* durchmixen. Crushed ice dazugeben, nochmals mixen. Den Rand einer Cocktailschale mit Kokosraspeln versehen, die Mischung dazugießen. Erdbeere an Glasrand stecken.

6 cl Batida de Coco
4 cl Orangensaft
3–5 Erdbeeren
Kokosraspel
Erdbeere

Batida Sunrise

leichter und fruchtiger Longdrink

In Longdrinkglas auf crushed ice geben, darauf den Kirschlikör gießen.

4 cl Batida de Coco
12 cl Ananassaft
2 cl Kirschlikör

Malibu Banana

Nachmittags- und After-Dinner-Drink

Alle Zutaten im *Shaker* mit Eiswürfeln gut schütteln und in eine Cocktailschale abgießen. Mit gehackten Pistazien bestreuen.

4 cl Malibu
2 cl Crème de Banane
6 cl Sahne
Pistazien

Orangenlikör

Orangenliköre bilden die Klassiker unter den Mix-
likören. Ihr wichtigster Bestandteil sind getrocknete Schalen der karibischen Bitterorangen, die auf
dem Weg der Mazeration und Destillation verarbeitet werden. Die alkoholische Basis bilden reinster

Alkohol oder auch Cognac, Armagnac oder Rum, dazu kommen Zucker und Wasser. Ein gelblicher Farbton entsteht durch karamellisierten Zucker.

Bekannte Marken

Bols Red Orange 1987 erweiterte Bols sein Longdrinksortiment mit der Marke Red Orange, die damals Kontiki Red Orange hieß. Bei der Kreation dieses Fruchtaromalikörs mit seiner klaren, tiefroten Farbe wurde ein neuartiges Erscheinungsbild mit einem ebensolchen Geschmack verbunden. Red Orange schmeckt fruchtig nach Orangen, ist aber nicht zu süß. Sein Alkoholgehalt beträgt 17% vol.

Cointreau Aus Angers an der Loire kommt der Cointreau. Von dort trat der berühmte Likör seinen Siegeszug in die ganze Welt an. In der 1849 gegründeten Destillerie schuf Edouard Cointreau um 1875 den kristallklaren Cointreau, einen 40-prozentigen herb-süßen Likör aus den Schalen bitterer Orangen, die

Cointreau und Grand Marnier zählen zu den größten Likörmarken der Welt und sind die absolut führenden Orangenliköre.

auf den Antillen, in Brasilien und Spanien wachsen. Diese werden bis heute nach dem alten Rezept verarbeitet. Cointreau ist als klarer Orangenlikör die international bekannteste Marke und Bestandteil vieler weltbekannter Mixrezepte.

Grand Marnier Die Geschichte des Grand Marnier beginnt im Jahr 1827. In dem Städtchen Neauphle-le-Château bei Paris, in der dort ansässigen Destille Lapostolle, beschäftigte man sich mit der Herstellung von Likören. Eugène, der Sohn des Firmengründers, zog sich wegen des Kriegs von 1870 nach Cognac zurück und begann mit dem Ankauf von Cognac. Nach dem Krieg kamen die Liköre in Mode. Dem Trend folgend, versuchte Louis Alexandre Marnier-Lapostolle, der Schwiegersohn von Eugène, einen außergewöhnlichen Likör zu kreieren. Er experimentierte mit Cognac und den Extrakten karibischer Bitterorangen und hatte schließlich einen aromatischen, bernsteinfarbenen Likör gefunden. Der Grand Marnier war geboren

Aus Wassermangel mutierten die von den Spaniern gepflanzten Orangen auf der Insel Curaçao zu den süßen Bitterorangen.

und wurde erfolgreich wie kaum ein Likör dieser Zeit. Folgende Marken bietet das Haus Marnier-Lapostolle heute an: Grand Marnier »Cordon Rouge« ist ein Orangenlikör auf der Basis von Cognac. Der dafür verwendete Cognac stammt vom Château de Bourg im Herzen der Charente, wo die von Marnier-Lapostolle angekauften Brände lagern und reifen. Grand Marnier »Cuvée du Centenaire« ist ein zum 100-jährigen Bestehen des Hauses entwickelter Likör, der ebenfalls wie der »Cordon Rouge« hergestellt wird. Die für ihn verwendeten Cognacs sind jedoch weitaus länger gereift. Grand Marnier »Cuvée de Cent Cinquantenaire« wurde aus Anlass des 150-jährigen Bestehens 1977 geschaffen.

Das in der Schale der karibischen Bitterorangen enthaltene aromatische ätherische Öl ist eine wichtige Likörkomponente.

Die Basis dieses Spitzenprodukts bildet besonders alter Cognac aus der Petite und der Grande Champagne. Außergewöhnlich ist auch das Behältnis für diesen Likör: Die mit einem Blumenmuster im Jugendstil dekorierten Flaschen hat einst der Glaskünstler Emile Gallé (1840–1904) entworfen; das

Original befindet sich in der Privatsammlung von Jacques Marnier-Lapostolle. Der Alkoholgehalt aller Sorten beträgt 40% vol. Außerdem produziert man den Kirschlikör »Cherry Marnier« (nach Deutschland nicht importiert) und den »Cognac Marnier« (siehe Cognac).

Grand Orange Liqueur au Cognac wird von Marie Brizard (siehe Fruchtlikör), dem größten französischen Likörsortimentsproduzenten, hergestellt. Die alkoholische Basis des Grand Orange ist Cognac, dazu kommen Extrakte süßer und bitterer andalusischer Orangen. Der bernsteinfarbene Grand Orange wurde zwischenzeitlich als Orangero angeboten, ist jetzt aber wieder unter seiner alten Bezeichnung erhältlich. Alkoholgehalt 38% vol.

Ausschlaggebend für die Qualität der Orangenliköre sind die Auszüge aus den Orangenschalen und die Qualität des Alkohols.

De Kuyper Red Orange Der weltgrößte Likörsortimentsproduzent De Kuyper (siehe Fruchtlikör) bietet auch einen Red Orange an. Er ist leuchtend rot und schmeckt intensiv nach Orangen. Alkoholgehalt 24% vol.

Red Bird

spritziger Drink für den Nachmittag

In ein großes Becherglas mit Eiswürfeln geben und mit Tonic Water auffüllen. Zitronenscheibe dazugeben.

2 cl **Cointreau**

2 cl **Wodka**

2 cl **Vermouth Rosso**

kaltes **Tonic Water**

Zitrone

Kingston Town

exotischer Fruitpunch mit Pfiff

Im *Shaker* mit Eiswürfeln schütteln, in ein Longdrinkglas auf Eiswürfel abgießen. Mit Orangen- und Kiwischeibe und Cocktailkirsche garnieren.

3 cl **Cointreau**

3 cl **weißer Rum**

1 cl **Crème de Banane**

1 cl **Curaçao Blue**

12 cl **Ananassaft**

Orange, Kiwi, Cocktailkirsche

Mer du Sud

prickelnder Drink für Sommertage

In ein Longdrinkglas mit Eiswürfeln geben, gut verrühren und mit Ginger Ale auffüllen. Mit Ananasstück und Cocktailkirsche garnieren.

4 cl **Cointreau**

1 cl **Curaçao Blue**

4 cl **Ananassaft**

kaltes **Ginger Ale**

Ananas

Cocktailkirsche

Red Lion

2 cl Grand Marnier
3 cl Gin
1 cl Zitronensaft
4 cl Orangensaft
einige Tropfen Grenadine

fruchtiger Klassiker zur Cocktail-Hour

Im *Shaker* mit Eiswürfeln gut schütteln und in eine Cocktailschale abgießen.

Tropical Red

4 cl Bols Red Orange
2 cl Gin
6 cl Orangensaft
6 cl Grapefruitsaft
Orange
Cocktailkirsche

aromatischer Sommer-Partydrink

Im *Shaker* mit Eiswürfeln schütteln und in ein Longdrinkglas auf Eiswürfel abgießen. Mit einer Orangenscheibe und einer Cocktailkirsche garnieren.

Café Cointreau

4 cl Cointreau
1 Teelöffel Zucker
1 Tasse heißer Kaffee
leicht geschlagene Sahne

feiner Drink für den Nachmittag

Ein Stielglas mit heißem Wasser erwärmen. Cointreau und Zucker dazugeben, gut umrühren und mit Kaffee auffüllen. Die Sahne als Haube darauf setzen.

Cointreau Caipirinha

Caipirinha-Variante mit Cointreau

Die Limettenviertel mit Holzstößel in einem Tumbler ausdrücken. Glas mit crushed ice füllen. Den Cointreau dazugeben und gut umrühren.

1/2 Limette
4 cl Cointreau

Grand Margarita

aromatische Margarita-Variante

Im *Shaker* mit Eiswürfeln schütteln, in Cocktailschale mit Salzrand abgießen. Eine Limettenscheibe dazugeben.

3 cl Grand Marnier
3 cl Tequila
3 cl Zitronensaft
Salz
Limette

Grand Marnier Sour

erfrischender Sour für den Nachmittag

Im *Shaker* mit Eiswürfeln schütteln, in Sourglas abgießen. Spieß mit einer halben Orangenscheibe und einer Cocktailkirsche über den Glasrand legen.

4 cl Grand Marnier
2 cl Zitronensaft
4 cl Orangensaft
Orange
Cocktailkirsche

Pfefferminz-
likör

Pfefferminzliköre werden aus Pfefferminzöl, Wasser, reinem Alkohol und Zucker hergestellt. Das Öl wird durch Wasserdampfdestillation aus den Blättern bestimmter Pfefferminzarten gewonnen. Durch den hohen Anteil an Menthol hat das Öl eine

kühlende Wirkung. Pfefferminzlikör ist wasserhell oder grün gefärbt und wird gekühlt pur oder auf Eiswürfeln getrunken. Als »Crème de Menthe« weist er einen höheren Zuckergehalt auf. Pfefferminzlikör wird von allen großen Likörsortimentsproduzenten hergestellt. Von Bols gibt es den »Peppermint Green« (24% vol), von De Kuyper »Crème de Menthe« grün und weiß (je 24% vol), von Monin den »Menthe Verte« (20% vol) und von Marie Brizard »Crème de Menthe Verte« (25% vol) und »Blanc« (23% vol), außerdem »Hot Mint«, ein grüner Pfefferminzlikör mit einem Hauch Chili (20% vol).

After Eight

aromatischer Hot-Drink

Ein Stielglas mit heißem Wasser erwärmen, die Liköre und den Kaffee eingießen, umrühren und die Sahne als Haube darauf setzen. Mit Schokoladenraspeln bestreuen.

2 cl Crème de Menthe grün

4 cl Schokoladenlikör

1 Tasse heißer Kaffee

leicht geschlagene Sahne

Schokoladenraspel

Alexander's Sister

3 cl Crème de
Menthe grün
3 cl Gin
3 cl Sahne
1 Pfefferminz-
blatt

süß-herber Sahnedrink

Alle Zutaten im *Shaker* mit Eiswürfeln
gut schütteln und in eine Cocktailschale abgießen. Mit einem Pfeffer-
minzblatt garnieren.

Menthe Frappé

5 cl Crème de
Menthe grün

überaus erfrischender Allround-Drink

Einen Tumbler mit crushed ice füllen
und Crème de Menthe dazugießen.
Mit einem kurzen, dicken Trinkhalm
servieren.

Coffee Grasshopper

3 cl Crème de
Menthe weiß
3 cl Kaffeelikör
3 cl Sahne

süß-cremiger After-Dinner-Drink

Alle Zutaten im *Shaker* mit Eiswürfeln
gut schütteln und in eine Cocktailschale abgießen.

Caruso

aromatischer Before-Dinner-Drink

Alle angegebenen Zutaten im *Rührglas* mit Eiswürfeln gut verrühren und in ein vorgekühltes Cocktailglas abgießen.

1 cl **Crème de Menthe grün**

3 cl **Gin**

2 cl **Vermouth Dry**

Apotheke

herb-milder Magentrank

Alle angegebenen Zutaten im *Rührglas* mit Eiswürfeln gut verrühren und in ein vorgekühltes Cocktailglas abgießen.

1 cl **Crème de Menthe grün**

2 cl **Fernet Branca**

2 cl **Carpano Punt e Mes**

Grasshopper

süß-cremiger After-Dinner-Drink

Alle Zutaten im *Shaker* mit Eiswürfeln gut schütteln und in eine Cocktailschale abgießen.

3 cl **Crème de Menthe grün**

3 cl **Crème de Cacao weiß**

3 cl **Sahne**

Kräuter- und Gewürzlikör

*D*ie Heilkundigen und Alchemisten des späten Mittelalters schufen die Grundlage für diese Likörgattung. In den Klöstern experimentierten die Mönche mit Kräutern und Gewürzen auf der Suche

nach Heilmitteln gegen die allgegenwärtige Bedrohung durch Krankheiten und Seuchen. Dabei entdeckten sie viele Wirkstoffe in Pflanzen und anderen natürlichen Materialien und schufen zahlreiche Elixiere mit tatsächlicher oder vermeintlicher Heilwirkung. Eines der wichtigsten Verfahren, den Heilmitteln aus der Natur ihre Wirkstoffe zu entziehen, war und ist das Verfahren der Mazeration. Unterstützt wurde diese Entwicklung durch die Verbreitung der Destillation, die eine bessere Auslaugung der Grundstoffe ermöglichte. Kräuter- und Gewürzliköre trinkt man bevorzugt als Digestif pur und leicht gekühlt.

Im Gegensatz zu den Bittern weisen die Kräuter- und Gewürzliköre einen hohen Zuckergehalt auf und sind aromatisch-süß.

Bekannte Marken

Bénédictine DOM Unter den Mönchen des 958 gegründeten Benediktinerklosters Fécamp in der Normandie lebte im 16. Jahrhundert Bernardo Vincelli. Er bereitete im Jahr 1510 ein Elixier zu, dessen Rezeptur einem heute weltbekannten Getränk zugrunde liegt: dem Liqueur Bénédictine DOM.

Im *Shaker*Lauf der Geschichte verschwand zwar das Rezept, aber bevor 1789 in den Wirren der Französischen Revolution die Abtei zerstört wurde, brachten die Mönche von Fécamp Bücher, Akten und Urkunden in Sicherheit. Schließlich stieß Alexandre Le Grand, ein Kaufmann in Fécamp, im Jahr 1863 auf die Formel des Vincelli-Elixiers. Davon ausgehend begann er zu experimentieren, bis es ihm gelang, die

Auf der Basis von Kräutern und Gewürzen hergestellte Liköre sind immer hocharomatisch und meist alkoholstark.

alte Rezeptur nachzuempfinden und zu einem Likör zu verfeinern, den er »Bénédictine« nannte. Die Herstellung des Elixiers beginnt mit der Zusammenstellung der Grundsubstanzen in fünf unterschiedlichen Mischungen. Vier davon werden destilliert, die fünfte, die hauptsächlich aus Früchten und Fruchtschalen besteht, wird mazeriert. Die Abkürzung »DOM« steht für »deo optimo maximo« und bedeutet »dem besten und größten Gott geweiht«. Seit 1938 kommt aus Fécamp auch der »B and B« (Bénédictine und Brandy), der den Geschmack des Likörs mit dem Bouquet eines guten Cognacs vereint.

»B and B« wird fertig gemischt oder getrennt in einer Doppelflasche (»La bouteille du couple«) angeboten. Bénédictine und »B and B« schmecken am besten leicht gekühlt. Der Alkoholgehalt beider Sorten beträgt 40% vol.

Die heutigen Klassiker unter den Likören entstanden zum Großteil nach den in Klöstern vor Jahrhunderten entwickelten Rezepturen.

Chartreuse Chartreuse ist einer der berühmtesten Kräuterliköre. Seine Geschichte begann im Jahr 1605, als man den Kartäusermönchen von Saint-Bruno, die sich im Grande-Chartreuse-Gebirge angesiedelt hatten, ein Geheimmanuskript überließ. Erst 100 Jahre später gelang es schließlich einem der frommen Brüder, nach den uralten Aufzeichnungen ein genießbares Elixier zuzubereiten. Für den Likör werden 130 Kräuter verwendet. Zu diesen kommt Weinbrand als Grundlage. Nach sorgfältiger Zubereitung reift der Likör rund fünf Jahre in zum Teil über 100-jährigen Fässern. Die riesigen Reifekeller von Chartreuse sind die längsten Likörkeller der Welt. Es gibt »Chartreuse Verte« (grün) mit 55%

Zum 900-jährigen Bestehen des Kartäuserklosters stellten die Mönche den »Liqueur du 9ième Centenaire Chartreuse« her.

und »Chartreuse Jaune« (gelb) mit 40% vol Alkohol, ferner »Elixier Végétal de la Grande Chartreuse« (71% vol) sowie die besonders gealterten »Chartreuse Vep Grün« mit 54% vol und »Chartreuse Vep Gelb« mit 42% vol Alkohol.

Die Anfänge der Likörherstellung im Kloster Ettal vermutet man nach einem Vertrag mit einem Braumeister um das Jahr 1610.

Escorial Grün Dieser Klassiker der Nachkriegszeit ist einer der außergewöhnlichsten Liköre deutscher Produktion. Das 1835 in München gegründete Spirituosenunternehmen Riemerschmid ist der Hersteller des Escorial Grün. Erstmals angeboten wurde Escorial im Jahr 1910. Dieser Ur-Escorial hatte eine zartgelbe Farbe und »nur« 43% vol. Nach dem Zweiten Weltkrieg stieg der Bedarf an hochprozentigen Spirituosen stark an, und darauf reagierte man mit dem Escorial Grün mit 56% vol. Der bisherige Escorial Gelb blieb dann noch bis Mitte der sechziger Jahre auf dem Markt. Die Basis des Escorial sind eine Vielzahl Kräuter- und Gewürzdestillate. Escorial Grün weist eine deutlich typische Kräuter- und Gewürznote auf und ist dem

Geschmackscharakter nach trocken mit einer Spur Süße.

Galliano Galliano, diese italienische Spezialität, wird aus Vanille und 70 weiteren Kräutern und Gewürzen hergestellt. Produzent ist seit 1896 die Distillerie Riunite di Liquore in Solaro bei Mailand. Als Namenspatron diente der italienische Kommandant Giuseppe Galliano, der sich im Abessinienkrieg 1895/1896 auszeichnete. Der goldgelbe Galliano wird in einer überlangen Flasche angeboten und ist als Mixlikör heute aus keiner Bar mehr wegzudenken. Sein Weg von Italien nach Deutschland führte über den Umweg USA, wo Galliano schon lange eine feste Größe beim Mixen war. Von dort kam er mit vielen Rezepten in der 1980er Jahren nach Deutschland.

Unter dem Namen »Arturo Vaccari«, dem »Erfinder« des Galliano, werden in Italien auch ein Sambuca und Amaretto angeboten.

Gilka Kaiser Kümmel Die Geschichte des Unternehmens geht bis ins Jahr 1836 zurück, und der berühmte Kümmel wurde auch im deutschen Kaiserhaus getrunken. Gilka Kaiser Kümmel ist leicht gesüßt und weist 38% vol Alkoholgehalt auf.

Innerhalb der Kümmelprodukte kann man ihn geschmacklich zwischen Aquavit und Allasch (Kümmellikör) einordnen. Gilka Kaiser Kümmel sollte gut gekühlt getrunken werden.

Strega Liquore Strega ist ein 40-prozentiger, safranfarbener italienischer Kräuterlikör. Seit rund 120 Jahren stellt die Firma Giuseppe Alberti im mittelitalienischen Benevento den Strega im Destillationsverfahren aus über 70 Kräutern her. Nach einer Legende sollen schöne, als Hexen verkleidete Mädchen (italienisch »strega« = Hexe) das magische Getränk erfunden haben.

Neben dem Strega wird auch ein Sambuca und mit dem »Liquori di Limone« die Spezialität der sorrentinischen Küste angeboten.

Túnel Lange nur Mallorcaurlaubern und anderen Spanienfreunden bekannt war der Kräuterlikör Hierbas Túnel, der seit 1898 auf Mallorca hergestellt wird. Wildkräuter verleihen dem grünlich klaren Likör auf Anisbasis seinen Geschmack. Zusätzlich werden dem Likör Zweige von Kräutern beigegeben. Túnel wird als »Mezcladas« (Mix) mit 30% vol und »Secas« (Trocken) mit 40% vol angeboten.

Alaska

kräftiger Before- und After-Dinner-Drink

Alle Zutaten im *Rührglas* mit Eiswürfeln gut verrühren und in ein vorgekühltes Cocktailglas abgießen.

2 cl **Chartreuse Gelb**
3 cl **Gin**

Bijou

kräftiger Before-Dinner-Drink

Alle Zutaten im *Rührglas* mit Eiswürfeln gut verrühren und in ein vorgekühltes Cocktailglas abgießen.

2 cl **Chartreuse Grün**
2 cl **Gin**
2 cl **Vermouth Dry**

Chartreuse Cooler

erfrischender Drink für heiße Tage

Alle Zutaten im *Shaker* mit Eiswürfeln gut schütteln und in ein Longdrinkglas auf Eiswürfel abgießen. Mit Bitter Lemon auffüllen. Eine Orangenscheibe an den Glasrand stecken.

4 cl **Chartreuse Gelb**
6 cl **Orangensaft**
2 cl **Zitronensaft**
kaltes **Bitter Lemon**
Orange

Yellow Bird

2 cl Galliano
4 cl brauner Rum
2 cl Crème de Banane
4 cl Orangensaft
4 cl Ananassaft
Ananas
Cocktailkirsche

weich-samtiger Drink für den Abend

Alle Zutaten im *Shaker* mit Eiswürfeln schütteln und in ein großes Becherglas auf Eiswürfel abgießen. Mit Ananasstück und Kirsche garnieren.

Café Bénédictine

4 cl Bénédictine
I Tasse heißer Kaffee
I Teelöffel Zucker
leicht geschlagene Sahne

für die kalten Tage

Ein Stielglas mit heißem Wasser erwärmen. Bénédictine, Kaffee und Zucker dazugeben und gut verrühren. Die Sahne als Haube darauf setzen.

Froggy

3 cl Galliano
3 cl Curaçao Blue
3 cl Orangensaft
3 cl Sahne

aromatischer Drink zur Cocktail-Hour

Alle Zutaten im *Shaker* mit Eiswürfeln gut schütteln und in eine Cocktailschale abgießen.

B and B

gehaltvoller Digestif zum Kaffee

Die Zutaten im *Rührglas* mit Eiswürfeln verrühren und in ein kleines Stielglas abgießen.

3 cl Bénédictine
2 cl Cognac

Frisco Sour

aromatischer Sour für den Nachmittag

Alle Zutaten im *Shaker* mit Eiswürfeln schütteln und in ein Sourglas abgießen. Einen Spieß mit einer halben Orangenscheibe und einer Cocktailkirsche über den Glasrand legen.

2 cl Bénédictine
3 cl Bourbon Whiskey
3 cl Zitronensaft
1 cl Zuckersirup
Orange
Cocktailkirsche

Golden Dream

beliebter süßer Sahnedrink

Alle Zutaten im *Shaker* mit Eiswürfeln gut schütteln und in eine Cocktailschale abgießen.

4 cl Galliano
2 cl Cointreau
2 cl Orangensaft
2 cl Sahne

Bossa Nova

2 cl Galliano
l cl weißer Rum
l cl Apricot Brandy
8 cl Ananassaft
l cl Zitronensaft
Kiwi
Erdbeeren

milder Drink für jede Gelegenheit

Alle Zutaten im *Shaker* mit Eiswürfeln gut schütteln und in ein großes Becherglas auf Eiswürfel abgießen. Einen Spieß mit Kiwischeibe und zwei Erdbeeren über den Glasrand legen.

Banana Italiana

3 cl Galliano
3 cl Crème de Banane
6 cl Sahne

ersetzt das Dessert nach dem Dinner

Alle Zutaten im *Shaker* mit Eiswürfeln gut schütteln und in einen Sektkelch abgießen.

Golden Torpedo

3 cl Galliano
3 cl Amaretto
6 cl Sahne

für Damen zur Cocktail-Hour

Alle Zutaten im *Shaker* mit Eiswürfeln gut schütteln und in einen Sektkelch abgießen.

Golden Colada

aromatische Piña-Colada-Variante

Alle Zutaten in den *Elektromixer* geben und in ein Longdrinkglas auf crushed ice abgießen. Ein Ananasstück mit einer Cocktailkirsche an den Glasrand stecken.

4 cl Galliano
2 cl brauner Rum
2 cl Sahne
10 cl Ananassaft
2 cl Cream of Coconut
Ananas
Cocktailkirsche

Northern Kiss

frisch-aromatischer After-Dinner-Drink

Alle Zutaten im *Shaker* mit Eiswürfeln gut schütteln und in eine Cocktailschale abgießen.

4 cl Galliano
2 cl Crème de Menthe weiß
4 cl Sahne

Golden Cadillac

eine Variante des Golden Dream

Alle Zutaten im *Shaker* mit Eiswürfeln gut schütteln und in eine Cocktailschale abgießen.

4 cl Galliano
2 cl Crème de Cacao weiß
4 cl Sahne

Creamlikör

Große Bewegung entstand ab 1975 auf dem internationalen und ab 1979 auf dem deutschen Likörmarkt durch den Erfolg des ersten Creamlikörs. Creamliköre haben nichts mit den ehrwürdigen Fruchtlikören »Crème de Banane«, »Crème de Cacao« oder »Crème de Cassis« zu tun, die diesen

Namen aufgrund ihres besonders hohen Zucker-gehalts tragen. Die Creamliköre weisen als Basis immer Sahne auf, dazu kommen eine Spirituosen- oder Likörsorte oder Kaffee und Ähnliches sowie aromatische Substanzen. Gesüßt wird mit Zucker oder Honig. Die alkoholische Grundlage der ersten und bis heute erfolgreichsten Marke »Bai-leys« ist Irish Whiskey. Dieser folgten viele Nachahmer und weitere Kreationen auf der Basis von Cognac, Calvados oder Rum und einer Reihe von Likören. Auch mit für die-sen Zweck ausgefallenen Spirituosen wie Fernet oder Grappa versuchten einige Hersteller ihr Glück. Viele davon kamen und gingen sehr schnell wieder auf dem umkämpften Markt. Generell müs-sen Creamliköre einen Sahneanteil von 15 Prozent und diese einen Mindestfettgehalt von zehn Prozent aufweisen. Der Mindestalkoholgehalt beträgt 15% vol. Creamliköre sollten gekühlt aufbewahrt und getrunken werden. Sie eignen sich hervorragend zum Mixen und sind beliebt als Zugabe zum Kaffee.

Nachdem von der EU auch niedrigprozentige Spirituosen zugelassen worden waren, konnten die Sahneliköre ihren Siegeszug antreten.

Bekannte Marken

Amarula Für diesen südafrikanischen Creamlikör wird die Marula verarbeitet. Diese tropisch-herbe, hellgelbe Frucht hat den vierfachen Vitamin-C-Gehalt einer Orange und erreicht etwa die Größe einer Pflaume. Das daraus gewonnene Destillat reift drei Jahre und wird dann mit Sahne zum »Amarula Wild Fruit Cream Liqueur« (17% vol) verarbeitet.

Baileys Die Basis für »Baileys Original Irish Cream« bilden irische Sahne, irischer Whiskey und natürliche Aromastoffe. Baileys in Dublin gelang es

Bei Baileys wurde vier Jahre lang experimentiert, bis eine dauerhafte Verbindung zwischen Sahne und Alkohol gefunden war.

in jahrelangen Versuchsreihen, zwei der bekanntesten Produkte Irlands stabil zu verbinden: Whiskey und Sahne. 1975 wurde Baileys in Großbritannien und in einigen Ländern Nordeuropas eingeführt, 1979 kam er mit großem Erfolg auf den amerikanischen und deutschen Markt. Baileys ist heute mit über 80 Millionen jährlich verkauften Flaschen die größte Likörmarke und eine der größten Spirituosenmarken überhaupt. Alkoholgehalt 17% vol.

Carolans Seit 1979 gibt es den »Finest Irish Cream Liqueur Carolans« (17% vol) aus irischem Whiskey, irischer Sahne und Klee- und Heidehonig.

Sangster s Jamaica Rum Cream Hoch über der jamaicanischen Hauptstadt Kingston, in den berühmten Blue Mountains, liegt die von Dr. Ian Sangster gegründete World's End Distillery. Mit dem Sangster's »Jamaica Rum Cream« gibt es nun auch einen Creamlikör, der Jamaikarum als Basis hat. Gereifter Rum, Sahne, Kaffee und exotische Gewürze sind die bekannten Zutaten dieses Creamlikörs. Alkoholgehalt 17% vol.

Sollten Sie je einen Sangster's »Wild Orange Liqueur« oder »Blue Mountain Coffee Liqueur« finden, nicht zögern – sofort kaufen.

Sheridan's Sheridan's »Coffee Layered Liqueur« besteht aus zwei Likören und ist einzigartig auf dem Markt. Die »Doppelflasche« enthält 50 cl schwarzen Kaffee-Schokoladen-Likör und 20 cl weißen Vanillin-Sahne-Likör. Durch seinen speziellen Ausgießer trennen sich beide Liköre im Glas, und Sheridan's wird auch zum optischen Erlebnis (15,5% vol).

Produkttechnisch gehören die Cream- und Sahneliköre ebenso wie Eier- und Schokoladenlikör zu den Emulsionslikören.

Baileys Coconut Milk

4 cl Baileys
2 cl Malibu
I cl Curaçao Triple Sec
6 cl Milch
2 cl Sahne
Schokoladen- und Kokosraspel

Drink für den Nachmittag

Im *Shaker* mit Eiswürfeln schütteln, in ein großes Becherglas auf Eiswürfel abgießen. Mit Schokoladen- und Kokosraspeln bestreuen.

Butterfly

4 cl Creamlikör
2 cl Curaçao Blue
8 cl Orangensaft
Karambole
Kiwi

Drink für den frühen Abend

Im *Shaker* mit Eiswürfeln schütteln, in ein großes Becherglas auf Eiswürfel abgießen. Mit Karambolestern und Kiwischeibe garnieren.

Marula Paradise

4 cl Amarula Wild Fruit Cream
2 cl weißer Rum
2 cl Curaçao Triple Sec
2 cl Grenadine
Kapstachelbeere

aromatischer After-Dinner-Drink

Im *Shaker* mit Eiswürfeln schütteln, in einen Sektkelch abgießen. Kapstachelbeere an den Glasrand stecken.

Elefanten-Café

für den kühlen Nachmittag

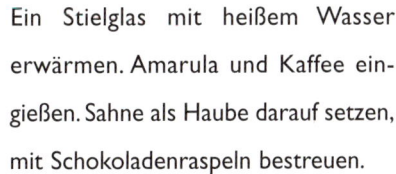

Ein Stielglas mit heißem Wasser erwärmen. Amarula und Kaffee eingießen. Sahne als Haube darauf setzen, mit Schokoladenraspeln bestreuen.

4 cl Amarula Wild Fruit Cream

1 Tasse heißen Kaffee

leicht geschlagene Sahne

Schokoladenraspel

Kilimanjaro

fruchtiger Party-Longdrink

Im *Shaker* mit Eiswürfeln schütteln und in ein Longdrinkglas auf Eiswürfel abgießen. Mit einer Orangenscheibe und einer Cocktailkirsche garnieren.

4 cl Amarula Wild Fruit Cream

2 cl Wodka

2 cl Curaçao Triple Sec

12 cl Orangensaft

Orange

Cocktailkirsche

African Queen

leichter Drink für den Nachmittag

Alle Zutaten im *Shaker* mit Eiswürfeln gut schütteln und in ein Sourglas abgießen.

4 cl Amarula Wild Fruit Cream

4 cl Kirschsaft

4 cl Milch

Kaffeelikör

D ie Basis für diese hocharomatischen Liköre bildet der Kaffee, der ursprünglich in Äthiopien im Nordosten Afrikas beheimatet ist. Durch die Suche nach neuen Anbauflächen mit günstigen klimatischen Bedingungen gelangte der Kaffee nach Mittel- und Südamerika. Dort ist auch der Ursprung der Kaffeeliköre zu finden. Kaffeelikör wird hergestellt, indem man frisch gerösteten und gemahlenen Kaffee perkoliert, d. h. ständig mit Alkohol (aus Zuckerrohr) übergießt. Dabei werden die Extrakt-, Aroma- und Farb-

stoffe des Kaffees frei. Diesem Perkolat werden Muskat, Zimt oder Vanille und Zucker hinzugefügt. Die Kaffeeliköre der einzelnen Hersteller unterscheiden sich zum Teil erheblich.

Bekannte Marken

Borghetti Espresso Liqueur Borghetti wird seit 1860 hergestellt und wurde nach seinem Erfinder Ugo Borghetti benannt. Seit 1978 ist das Unternehmen im Besitz der weltweit bekannten Fratelli-Branca-Destillerie, dem Hersteller der Bitter Fernet Branca und Brancamenta. Borghetti ist heute mit über 70% Marktanteil die Nummer eins in Italien. Für den Borghetti – »Liquore Caffè Espresso« werden frisch geröstete und gemahlene Arabica- und Robusta-Kaffeebohnen verwendet und keine Farbstoffe oder Aromen zugefügt. Alkoholgehalt 25% vol.

Um einen reintönigen und wohlschmeckenden Kaffeelikör herzustellen, werden nur frisch geröstete Kaffeebohnen verwendet.

Kahlúa Der mexikanische Kahlúa ist die größte Kaffeelikörmarke und – nach Baileys – die zweitgrößte Likörmarke überhaupt. Der Aufstieg des tiefdunklen, hocharomatischen Kahlúa (20% vol) begann nach dem Ende der Prohibition (1933) in den USA, und seit 1963 wird er auch in Deutschland angeboten. Die Hauptzutaten sind ein Kaffeeextrakt und Neutralalkohol, dazu kommen Zucker, Wasser und Auszüge von Vanille und weiteren aromatischen Pflanzen. Die oft aufgestellte Behauptung, Kahlúa werde mit Tequila hergestellt, ist falsch.

Tia Maria Tia Maria ist ein Kaffeelikör mit internationalem aus Jamaika und zählt nach dem Rum zu einem der bedeutendsten Exportartikeln des Landes. Das Rezept ist schon über 200 Jahre alt, die Herstellung in größerem Umfang begann aber erst 1947. Der wichtigste Bestandteil ist der berühmte »Jamaica Blue Mountain Coffee«. Aus diesem wird mit aus Zuckerrohr destilliertem Alkohol ein Extrakt gewonnen, das mit weiteren Zutaten (Vanille, Kakao) abgerundet wird. Dazu kommt weiterer Alkohol, Zucker und Wasser. Alkoholgehalt 20% vol.

Kaffeeliköre trinkt man pur, »on the rocks«, als Digestif zum Kaffee und verwendet ihn vielfach zum Mixen.

Jamaican Hop

aromatischer Drink zur Cocktail-Hour

Im *Shaker* mit Eiswürfeln schütteln und in eine Cocktailschale abgießen.

3 cl Tia Maria
3 cl Crème de Cacao weiß
4 cl Sahne

White Russian

passt immer zwischendurch

Im *Rührglas* mit Eiswürfeln gut verrühren und in ein kleines Stielglas abgießen. Die Sahne als Haube darauf setzen.

2 (3) cl Kahlúa
4 (3) cl Wodka
leicht geschlagene Sahne

Caribbean Coffee

für den kühlen Abend

Ein Stielglas mit heißem Wasser erwärmen. Kaffeelikör, Rum und Zucker dazugeben und gut verrühren. Mit Kaffee aufgießen und die Sahne als Haube darauf setzen.

2 cl Kahlúa oder Tia Maria
2 cl brauner Rum
1 TL brauner Rohrzucker
1 Tasse heißer Kaffee
leicht geschlagene Sahne

Sombrero

4 cl Kahlúa
leicht geschlagene Sahne

feine Sache zum Kaffee

Kahlúa im *Rührglas* mit Eiswürfeln kühlen. In ein kleines Stielglas abgießen und einen Fingerbreit Sahne darüber geben.

Kahlúa Colada

4 cl Kahlúa
2 cl weißer Rum
2 cl Kokossirup
2 cl Sahne
10 cl Ananassaft
Ananas
Cocktailkirsche

für den heißen Sommertag

Im *Shaker* mit Eiswürfeln schütteln, in Longdrinkglas auf Eiswürfel abgießen. Ein Ananasstück mit einer Cocktailkirsche an den Glasrand stecken.

Black Russian

2 (3) cl Kahlúa
4 (3) cl Wodka

klassischer After-Dinner-Drink

Im *Rührglas* mit Eiswürfeln gut verrühren und in ein vorgekühltes Cocktailglas abgießen.

Kahlúa Alexander

Sahnedrink für den frühen Abend

Im *Shaker* mit Eiswürfeln schütteln und in eine Cocktailschale abgießen.

2 cl Kahlúa
4 cl Cognac
4 cl Sahne

B 52

ein Likörpotpourri zum Kaffee

Die Liköre in einem kleinen Stielglas so in Schichten aufeinander setzen, dass sie sich nicht vermischen.

2 cl Kaffeelikör (Kahlúa oder Tía Maria)
2 cl Irish Cream Liqueur (Baileys)
2 cl Grand Marnier

Tia Banana

fruchtiger Drink für den Nachmittag

Im *Shaker* mit Eiswürfeln schütteln, in ein großes Becherglas auf Eiswürfel abgießen. Einen Spieß mit Bananenscheiben und einer Erdbeere auf den Glasrand legen.

3 cl Tia Maria
1 cl Cognac
1 cl Crème de Banane
4 cl Orangensaft
8 cl Bananennektar
Banane
Erdbeere

Kakao- und Nusslikör

D er »Crème de Cacao« ist ein häufig verwendeter Mixlikör. Er wird braun und weiß angeboten. Der braune schmeckt etwas herber und kräftiger nach Kakao, der weiße, wasserhelle etwas süßer. Der weiße Kakaolikör ist in der Regel ein Destillats-

erzeugnis, der braune dagegen eine Mischung aus Destillat und Mazerat. Kakaoliköre werden aus Kakaobohnen, Zucker und Neutralalkohol hergestellt und mit Gewürzauszügen abgerundet. »Crème de Cacao« weist einen höheren Zuckergehalt als einfache Kakaoliköre auf. Die Basis von Nusslikören bilden Hasel- oder Walnüsse. Sie werden auf dem Weg der Mazeration hergestellt und mit Aromastoffen wie Arrak und Bittermandelöl, abgerundet.

Bekannte Marken

Bols Der internationale Likörproduzent Bols hat die Likörklassiker »Cacao Brown« und »Cacao White« im Programm. Beide 24% vol.

De Kuyper Zwei Sorten werden von De Kuyper angeboten: »Crème de Cacao Braun« und »Crème de Cacao Weiß« mit jeweils 24% vol Alkohol.

Kakaoliköre sind große Klassiker, und alle großen Likörsortimentsproduzenten haben seit jeher Kakaoliköre im Programm.

Marie Brizard Die beiden Varianten »Crème de Cacao Brown« und »Crème de Cacao White« haben 25% vol Alkoholgehalt.

Frangelico Der Haselnusslikör Frangelico mit einem Alkoholgehalt von 24% vol ist die weitaus größte Nusslikörmarke. Er wird von der 1891 in Canale/Piemont gegründeten Barbera S.p.A. hergestellt und in über 50 Länder exportiert.

Toschi Nocello Die Destillerie Toschi (siehe Fruchtlikör, Likörspezialitäten Amaretto, Sambuca) ist Hersteller des Walnusslikörs Nocello. Er ist die größte Marke ihrer Art und wird in über 45 Länder

Aus Italien kommen die größten Walnuss- und Haselnuss-Likörmarken. Frangelico und Nocello werden in rund 50 Länder exportiert.

exportiert. Toschi Nocello ist kraftvoll und schmeckt deutlich nach Walnüssen. Ein nettes Anhängsel gibt es zusätzlich: An jeder Flasche hängt ein zweiter Verschluss, der aus einer echten Walnuss und einem angeklebten Korken gefertigt wird. Alkoholgehalt 24% vol.

Roner Nusseler Die Obstbrennerei Roner in Tramin/Südtirol ist weit über die Grenzen des Landes für ihre Qualität bekannt (siehe Obstbrände, Grappa, Fruchtlikör, Likörspezialitäten). Eine besondere Spezialität ist der Walnusslikör Nusseler, der mit 21% vol angeboten wird.

Barbara

aromatisch-süßer Sahnedrink

Alle Zutaten im *Shaker* mit Eiswürfeln gut schütteln und in eine Cocktailschale abgießen. Fein geriebene Muskatnuss darüber streuen.

2 cl Crème de Cacao weiß
4 cl Wodka
4 cl Sahne
Muskatnuss

White Cloud

süßer After-Dinner-Drink

Zutaten im *Shaker* mit Eiswürfeln gut schütteln und in eine Cocktailschale abgießen. Mit Kokosraspeln bestreuen.

2 cl Crème de Cacao weiß
4 cl Wodka
2 cl Sahne
1 cl Cream of Coconut
Kokosraspel

Fifth Avenue

süßer After-Dinner-Drink

Zutaten im *Shaker* mit Eiswürfeln gut schütteln und in eine Cocktailschale abgießen. Mit Schokoladenraspeln bestreuen.

3 cl Crème de Cacao braun
3 cl Apricot Brandy
3 cl Sahne
Schokoladenraspel

Whiskylikör

*D*ie ältesten Whiskylikörmarken stammen aus Schottland und Irland, wo sie aus alten Hausrezepten entstanden. Ihr charakteristisches Merkmal ist durchwegs die Süßung mit Honig, außerdem werden Kräuterauszüge zugesetzt. Des Weiteren gibt es Whiskycreamliköre auf Sahnebasis (Baileys, Carolans). Weitere bekannte Marken sind der Whiskylikör Lochan Ora von Chivas und der Cream von Glenfiddich. Alle Whiskyliköre sind hervorragende Digestifs und auch bestens zum Mixen geeignet.

Bekannte Marken

Drambuie Eng miteinander verknüpft ist die reale Geschichte des schottischen Freiheitkampfs mit der Legende um die Entstehung des Drambuie. Diese berichtet, dass Bonnie Prince Charlie, der Thronanwärter Prince Charles Edward III. Stuart, das Rezept des Drambuie einem Mitstreiter namens Mackinnon als Dank für die Rettung nach der verlorenen Schlacht schenkte. »Prince Charles Edward's Liqueur« steht bis heute auf dem Etikett, aber auch »The Isle of Skye Liqueur«. Auf diese wild zerklüftete Insel flohen Mackinnon und der Prinz nach der verlorenen Schlacht von Culloden im Jahre 1745, und dort lernte der Prinz den Likör kennen. Im Laufe der Jahrzehnte bildete sich daraus die Legende, und die Familie Mackinnon hat dieser mit Sicherheit nicht widersprochen. Wahrscheinlich ist, dass der Drambuie aus alten Hausrezepten entstanden ist. Diese waren der Ursprung für die später aus Whisky, Honig und aromatischen Kräutern geschaffenen

Der Name »Drambuie« kommt vom gälischen Ausdruck »An Dram Buidheach« und bedeutet »das Getränk, das zufrieden macht«.

Liköre. Im Jahr 1906 verließen die Nachfahren der Familie die Insel Skye und begannen in Edinburgh mit der kommerziellen Nutzung. Drambuie ist die größte Likörmarke Großbritanniens und wird mit 40% vol Alkoholgehalt angeboten.

Glayva Dieser schottische Whiskylikör wurde 1947 erstmals vorgestellt. Seine Zutaten sind schottischer Whisky, Heidehonig und Kräuterauszüge, darunter Ingwer und Anis. Der Name stammt vom altgälischen »Gle'mhath«, was »sehr gut« bedeutet. Alkoholgehalt 35% vol.

Irish Mist Der Whiskylikör Irish Mist (mist = Nebel) wird unter Verwendung von irischem Whiskey, Heidehonig und Kräutern des irischen Hochlands hergestellt. Irish Mist hat seinen Ursprung in alten gälischen Rezepturen, nach denen für den Hausgebrauch Liköre hergestellt wurden. Die Fertigung im größeren Ausmaß wurde erst 1947 aufgenommen. Dieser klassische irische Likör wird heute in über 100 Länder exportiert. Alkoholgehalt 35% vol.

Bekannte US-Whiskey-liköre sind »Wild Turkey Liqueur« und »Southern Mist«. Sie werden von berühmten Whiskey-destillerien hergestellt.

Rusty Nail

starker schottischer Edeldigestif

Alle Zutaten im *Rührglas* mit Eiswürfeln gut verrühren und in ein vorgekühltes Cocktailglas abgießen.

2 (3) cl Drambuie
4 (3) cl Scotch Whisky

Rose of Skye

fruchtiger Drink zur Cocktail-Hour

Alle Zutaten im *Shaker* mit Eiswürfeln gut schütteln und in einen Sektkelch abgießen. Eine Erdbeere an den Glasrand stecken.

3 cl Drambuie
3 cl Wodka
2 cl Zitronensaft
2 cl Orangensaft
1 cl Grenadine
Erdbeere

Corcovado

erfrischender Sommerdrink

In ein großes Becherglas auf Eiswürfel geben und verrühren. Mit Sprite auffüllen und je eine Orangen- und Zitronenscheibe an den Glasrand stecken.

2 cl Drambuie
2 cl Curaçao Blue
2 cl weißer Tequila
kaltes Sprite
Orange
Zitrone

Sparkling Honey

2 cl **Whiskylikör**
2 cl **Gin**
4 cl **Orangensaft**
1 **Spritzer**
Angostura
kalter Sekt oder
Champagner
Orange
Cocktailkirsche

spritzig-aromatischer Partydrink

Im *Shaker* mit Eiswürfeln schütteln, in Champagnertulpe abgießen. Mit Sekt/Champagner auffüllen. Mit Orangenscheibe und Cocktailkirsche garnieren.

Drambuie Sour

4 cl **Drambuie**
2 cl **Zitronensaft**
4 cl **Orangensaft**
Orange
Cocktailkirsche

aromatisch-milder Shortdrink

Im *Shaker* mit Eiswürfeln schütteln, in ein Sourglas abgießen. Spieß mit halber Orangenscheibe und Cocktailkirsche über den Glasrand legen.

Highland Dream

4 cl **Whiskylikör**
2 cl **Scotch**
Whisky
6 cl **Maracuja-**
nektar
Cocktailkirschen

Shortdrink für den frühen Abend

Im *Shaker* mit Eiswürfeln schütteln, in einen Tumbler auf Eiswürfel abgießen. Einige Cocktailkirschen dazugeben.

The Caledonian

erfrischender Partydrink

Im *Shaker* mit Eiswürfeln schütteln, in Longdrinkglas auf Eis abgießen. Mit Bitter Lemon auffüllen. Mit Orangen-, Limettenscheibe, Erdbeere garnieren.

2 cl Whiskylikör
3 cl Scotch Whisky
I cl Zitronensaft
4 cl Orangensaft
kaltes Bitter Lemon
Orange, Limette, Erdbeere

Drambuie Punch

fruchtiger Drink zur Happy-Hour

Im *Shaker* mit Eiswürfeln schütteln, in ein großes Becherglas auf Eiswürfel abgießen. Eine halbe Orangenscheibe dazugeben.

4 cl Drambuie
2 cl Zitronensaft
10 cl Orangensaft
Orange

Old Nick

wer nickt, bekommt noch einen

Im *Shaker* mit Eiswürfeln schütteln, in ein Sourglas abgießen. Eine halbe Orangenscheibe dazugeben.

3 cl Drambuie
3 cl Scotch Whisky
2 cl Zitronensaft
2 cl Orangensaft
2 Spritzer Angostura, Orange

Likör-
spezialitäten

K lassiker und Bestseller, regionale Spezialitäten
und Neuheiten sind in diesem Kapitel zu finden.
Obwohl sie alle einer bestimmten Gattung zugeordnet werden könnten, sind sie aufgrund ihrer
außergewöhnlichen Zutaten oder ihrer Einzelstellung hier beschrieben.

Bekannte Likörspezialitäten

Advocaat Advocaat ist ein Phantasiename für Eierlikör. Die Bezeichnung leitet sich von der Avocadofrucht ab, die ursprünglich in Südamerika beheimatet war und nach Indonesien und Indien gebracht wurde. Die Niederländer stellten in ihren Kolonien aus Avocado, Alkohol und Gewürzen einen Likör her, dessen Hauptzutat, die Avocado, in Mitteleuropa jedoch nicht wuchs, so dass man sie durch Eigelb ersetzte. Eierliköre bestehen aus Alkohol, Zucker und Eigelb, wobei ein Liter Likör (Mindestalkoholgehalt 14% vol) mindestens 140 Gramm Eigelb enthält.

Alle Spirituosen sind der Gattung Likör zuzuordnen, wenn ihr Zuckergehalt mehr als 100 Gramm/Liter im Fertigerzeugnis beträgt.

Allasch Unter Verwendung von Kümmeldestillat wird der Kümmellikör Allasch hergestellt. Die früher weit verbreitete, heute fast vergessene Spezialität verdankt den seltsamen Namen ihrem Ursprungsort, einem Gut in der Nähe von Riga.

Bärenfang Dieser berühmte Honiglikör, der früher aus Ostpreußen kam, enthält 25 Kilogramm Bienenhonig auf 100 Liter fertigen Likör.

Cordial Medoc Dieser französische Weinbrandlikör wird aus Weinbrand in Kombination mit Bordeauxweinen (Medoc) oder schweren, aromatischen Weinen anderer Regionen hergestellt. Manche Produzenten verwenden in erster Linie Fruchtextrakte und angeblich keinen Wein. Das allen Cordial-Medoc-Likören gemeinsame Veilchenaroma entsteht durch die Beigabe von Iriswurzeln. Feiner Cordial Medoc schmeckt stark nach Wein oder Weinbrand und zählt zu den edelsten Likören. Der Begriff »Cordial« bedeutet »herzstärkend« und wird in den USA allgemein für Liköre verwendet.

Trotz der Unterteilung der Liköre in diesem Buch in fast 20 Gruppen gibt es schwer zuzuordnende Spezialitäten.

Danziger Goldwasser Bereits 1598 soll in Danzig das erste »Goldwasser« hergestellt worden sein. Der heute angebotene farblose, süße Gewürzlikör (Alkoholgehalt 38% vol) wird aus Neutralalkohol mit Gewürzen wie Kardamom, Koriander, Wacholderbeeren, Macis, Kümmel, Lavendel, Selleriesamen, Nelken, Zimt sowie Pomeranzen- und Zitronenschalen zubereitet. Orangenblüten- und Rosenwasser ergänzen den Geschmack. Das besondere Kennzeichen dieses Likörs sind aber die in der Flasche schwebenden echten Blattgoldteilchen, die in einer Stärke von 1/8000 Millimeter zugesetzt werden.

Wie viele Erfindungen wurde auch der Likör wahrscheinlich von verschiedenen Leuten an mehreren Orten zugleich »erfunden«.

Limoncello Der »Liquori di Limoni« Limoncello oder auch Lemoncello ist ein traditioneller Likör der Region Neapel und der Amalfiküste. Seit einigen Jahren erfährt dieser schon lange im Hausgebrauch hergestellte Likör eine unerwartete Aufmerksamkeit. Für den Limoncello sind die großen Zitronen der Region die Basis. Diese werden geschält und die Schalen dann in Alkohol mazeriert. Mit Zucker wird der Likör trinkfertig gemacht und meist auf 30 bis 35% vol Alkoholgehalt eingestellt. Man trinkt ihn eiskalt aus kleinen Gläsern als Digestif (Siehe Toschi und Roner bei »Bekannte Marken«).

Pacharan Die Pacharan-Liköre sind eine regionale Spezialität in der Region Navarra und heute in ganz Spanien verbreitet. Pacharan wird hergestellt, indem man Schlehen in Anislikör mazeriert. Mindestens 250 Gramm Schlehen müssen dabei je Liter reinen Alkohol verwendet werden. Die rotbraune Farbe stammt von den Schlehen, denn es dürfen keine künstlichen Aromen oder Farbstoffe verwendet werden.

Pacharan trinkt man gut gekühlt und gerne als Digestif. Sein Alkoholgehalt liegt zwischen 25 und 30% vol.

Parfait Amour Der lilafarbene Parfait Amour (auf Deutsch = vollkommene Liebe) ist ein mit Zitronen, Koriander, Orangen, Anis, verschiedenen Blüten wie beispielsweise Veilchen und anderen Zutaten aromatisierter Likör. Zwar haben alle großen Likörproduzenten den Fruchtaromalikör Parfait Amour im Programm, er ist jedoch schwer zu finden.

Bekannte Marken

Bols Advocaat Bei Bols ist der Advokaat einer der klassischen Liköre des Sortiments und in Deutschland der meistverkaufte Eierlikör niederländischer Produktion. Alkoholgehalt 20% vol.

Charleston Follies Dieser leichte und fruchtige Likör ist die Novität des Hauses Marie Brizard. Er wird unter Verwendung von Aprikosen, Pfirsichen, Ananas, Mangos, Guaven und Passionsfrüchten hergestellt und mit 20% vol Alkohol angeboten.

Eine Novität stellte Marie Brizard mit dem Charleston Follies und seiner Shakerflasche in den 1990er Jahren vor.

Coeur du Breuil – Liqueur au Calvados Im Herzen der Normandie hat die Destillerie Château du Breuil im gleichnamigen Schloss ihren Sitz. Berühmt ist das über 700 Jahre alte Château für seine lange gereiften Calvadosqualitäten. Zu Beginn des Jahres 2000 stellte Château du Breuil mit dem Coeur du Breuil – Liqueur au Calvados (24% vol) einen Calvadoslikör vor. Dieser aus Calvados, Apfelsaft und Zucker hergestellte Likör ist in jeder Hinsicht eine Novität.

Coeur du Breuil war die erste Likörkreation des neuen Jahrtausends. Er wird seit 2000 auch in Deutschland angeboten.

Cuarenta y Tres (Licor 43) Um den Ursprung des Cuarenta y Tres ranken sich viele Geschichten, doch seine Herkunft liegt im Dunkel der Zeit, und auch über seine Zusammensetzung ist nicht viel bekannt. Hersteller des Licor 43 ist die in Cartagena ansässige Firma Diego Zamora. Von dieser ist zu erfahren, dass ausschließlich natürliche Zutaten der spanischen Mittelmeerregion (es sollen 43 sein, daher der Name) verwendet werden. Alkoholgehalt 31% vol.

Licor 43 ist sehr anpassungsfähig und bringt bei jedem Mixgetränk seinen interessanten Geschmack ein.

Kiki Seit 2004 gibt es diesen fruchtig-frischen Kirschdrink und Kiki genießt mit seinen Zutaten eine absolute Einzelstellung unter den Fruchtdrinks. Kiki besteht zu 40 Prozent aus qualitativ hochwertigem Kirschpüree, dazu kommt Kirschwasser der berühmten Schweizer Kirschdestillerie Dettling.

Auch als Zugabe zu Speiseeis und Desserts ist Kiki ein Genuss. Mixgetränke jeder Art verfeinert Kiki mit feinem Kirschgeschmack.

Monin Original Lime – Citron Vert Liqueur
Das Flaggschiff von Monin auf den internationalen Märkten ist der Limettenlikör Monin Original Lime – Citron Vert Liqueur. Alkoholgehalt 33% vol.

Pimm's N° 1 Cup Der Gin »Pimm's N° 1 Cup« wurde 1841 von James Pimm erfunden. Es handelt sich um einen mit Kräuterauszügen aromatisierten Gin.

Hauptbestandteil des »Original Citron Vert Liqueur« ist ein durch dreifachen Brand gewonnenes Destillat aus der grünen Limette.

Einige Jahre war Pimm's vor allem für den Markt in den USA mit den Bezeichnungen von N° 1 bis N° 6 erhältlich; N° 2 war auf Scotchbasis hergestellt, N° 3 auf Brandybasis, N° 4 auf Rum- und Brandybasis, bei N° 5 bildete American Whiskey das Ausgangsprodukt und bei N° 6 Wodka. Die Produktion der Sorten

Pimm's ist einmalig. Die beste Art, ihn zu genießen ist mit Sprite, Seven up, Tonic Water oder Ginger Ale (siehe Seite 239).

2 bis 6 stellte man jedoch schnell wieder ein, nachdem der Umsatz fast ausschließlich mit Pimm's N° 1 gemacht wurde. Alkoholgehalt 25% vol.

Roner Limoncello Die in Tramin/Südtirol beheimatete Obstbrennerei Roner (siehe Fruchtlikör, Obstbrand, Grappa) stellt einige Likörspezialitäten, darunter mit ihrem Limoncello (30% vol) auch den berühmten Zitronenlikör her.

Southern Comfort Southern Comfort – »The Grand Old Drink of the South« – ist eine der größten Likörmarken und zählt international zu den erfolgreichsten Spirituosen der letzten Jahre. Southern Comfort wurde um 1860 in New Orleans erstmals vorgestellt und ist seit langer Zeit die größte Likörmarke in den USA. Die Basis des trockenen und alkoholstarken Likör (40% vol) ist Neutralalkohol. Dieser wird mit Extrakten von Pfirsichen, Orangen und Kräutern aromatisiert.

Nach Baileys, Kahlúa, und Malibu ist Southern Comfort die viertgrößte Likörmarke der Welt, und die größte in den USA.

Toschi Lemoncello Die Firma Toschi (siehe Fruchtliköre) bietet auch den berühmten italienischen Zitronenlikör an. Alkoholgehalt 32% vol.

XUXU XUXU, der fruchtig-frische Erdbeerdrink mit hochwertigem Wodka, zählt seit Jahren zu den absoluten Trenddrinks und ist eine oft verwendete Zutat für Cocktails und Mixgetränke. XUXU schmeckt am besten pur und eisgekühlt oder als fruchtiger Bestandteil in Mixgetränken.

Florida Comfort

komfortabler Longdrink

Im *Shaker* mit Eiswürfeln gut schütteln und in ein Longdrinkglas auf Eiswürfel abgießen. Mit einer Orangenscheibe garnieren.

5 cl **Southern Comfort**
2 cl **Zitronensaft**
2 cl **Grenadine**
10 cl **Orangensaft**
Orange

Xuxu Margarita

milder Drink für die Happy-Hour

Im *Shaker* mit Eiswürfeln schütteln, in Cocktailschale mit Zuckerrand abgießen. Erdbeere an Glasrand stecken.

4 cl **weißer Tequila**
6 cl **Xuxu Erdbeer-Limes**
1 cl **Zitronensaft**
1 cl **Zuckersirup**
Erdbeere, Zucker

Gabriela

aromatisch-kräftiger Champagnerdrink

Im *Rührglas* mit Eiswürfeln verrühren, in Cocktailschale abgießen. Mit Champagner auffüllen, mit Zitronenschale abspritzen, Cocktailkirsche dazugeben.

2 cl **Monin Limonenlikör**
1 cl **Tawny Port**
1 cl **Calvados**
Champagner
Zitrone
Cocktailkirsche

Gluttony

2 cl Parfait Amour

2 cl weißer Tequila

l cl Rose's Lemon Squash

5 cl roter Johannisbeer-nektar

Erdbeere

Kreation vom Feinsten

Im *Shaker* mit Eiswürfeln gut schütteln und in ein Sourglas abgießen. Eine Erdbeere an den Glasrand stecken.

Honolulu Juicer

4 cl Southern Comfort

4 cl brauner Rum

2 cl Rose's Lime Juice

2 cl Zitronensaft

4 cl Ananassaft

Ananas

Cocktailkirsche

kräftiger, aromatischer Longdrink

Im *Shaker* mit Eiswürfeln schütteln, in ein großes Becherglas auf Eiswürfel abgießen. Mit Ananasstück und Cocktailkirsche garnieren.

Hawaii Follies

6 cl Charleston Follies

2 cl Kokossirup

4 cl Ananassaft

8 cl Grape-fruitsaft

Ananas

Cocktailkirsche

Longdrink für den Sommerabend

Im *Shaker* mit Eiswürfeln schütteln und in ein Longdrinkglas auf Eiswürfel abgießen. Mit Ananasstück und Cocktailkirsche garnieren.

Pimm's N° I Cup

erfrischender Drink für Sommertage

In ein großes Becherglas Eiswürfel geben und Pimm's dazugießen. Mit Sprite auffüllen. Orangen- und Zitronenscheibe, Kirschen oder Gurken- und Apfelschale dazugeben.

5 cl Pimm's
kaltes Sprite
Orange
Zitrone
Cocktailkirschen

Scarlett O'Hara

herber Shortdrink für Experten

Im *Shaker* mit Eiswürfeln gut schütteln und in eine Cocktailschale abgießen.

5 cl Southern Comfort
3 cl Preiselbeer-nektar
2 cl Limettensaft

Comfort Cooler

fruchtiger Longdrink für die Party

Im *Shaker* mit Eiswürfeln gut schütteln und in ein Longdrinkglas auf Eiswürfel abgießen. Mit Limettenscheibe und Cocktailkirsche garnieren.

6 cl Southern Comfort
2 cl Limettensaft
12 cl Ananassaft
Limette
Cocktailkirsche

Obstbrand

Obstbrände haben im deutschen Spirituosensortiment immer mehr an Bedeutung gewonnen. Ihren Ursprung haben sie in den obstreichen Gebieten Süd- und Südwestdeutschlands, vornehmlich im Schwarzwald. »Schwarzwälder Kirschwasser« z. B. ist weltweit ein Begriff. Man unterscheidet bei den Obstbränden zwischen Wässern und Geisten: Wässer sind Brände aus Kern- und Steinobst wie Kirschen, Zwetschen, Mirabellen, Pflaumen, Birnen, Äpfeln und mehr. Bei der Herstellung der Wässer werden die sortenreinen Früchte in Fässern oder Tanks vergoren. Dabei wandelt sich der natürliche Fruchtzucker in Alkohol um. Nach der Gärung wird die Maische

Die ideale Trinktemperatur für Obstbrände liegt bei 16 °C. Das geeignetste Glas ist ein kleines tulpenförmiges Stielglas.

ohne Zugabe von weiterem Alkohol zunächst zum so genannten Rohbrand destilliert; darauf folgt ein zweiter Destillationsprozess, der Feinbrand. Die Kunst des Brennens liegt darin, Vor- und Nachlauf sorgfältig zu trennen und nur den rein schmeckenden Mittellauf – das »Herz« des Brandes – abzunehmen. Geiste dagegen werden aus zuckerarmem Obst, vor allem aus Beeren, hergestellt. Diese Früchte, vornehmlich Himbeeren, Brombeeren, Vogelbeeren und Schlehen, aber auch Johannisbeeren und Holunderbeeren, haben von Natur aus zu wenig Zucker, um genügend eigenen Gärungsalkohol zu bilden. Damit das Aroma dennoch voll erhalten bleibt, werden diese Früchte zuerst in Alkohol eingelegt und später dem gleichen Destillationsprozess unterworfen wie die Wässer. Sobald einer dieser Brände die Brennblase verlassen hat, darf er nicht mehr verändert werden – erlaubt ist lediglich, den Alkoholgehalt auf Trinkstärke herabzusetzen. Kernobstbrände aus Äpfeln und Birnen heißen weder »Wasser« noch

Die mitunter beachtlichen Preisunterschiede der einzelnen Produkte sind letztlich auch auf die Dauer ihrer Lagerzeiten zurückzuführen.

»Geist«, sondern einfach »Brand« – wie z. B. der Apfelbrand oder das berühmte Destillat aus der Williamsbirne. Als »Obstwasser« (Obstler) darf ein Kernobstbrand nur bezeichnet werden, wenn ein deutlich lesbarer Zusatz auf dem Etikett darauf hinweist, dass dieses Produkt nur aus Birnen und/oder Äpfeln oder deren Säften hergestellt wurde. Die aus der Brennerei kommenden hochprozentigen Wässer und Geiste werden in Eschenholzfässern, Glas- oder Steingutbehältern gelagert, bis sie die entsprechende Reife erreicht haben. Ein gutes Kirschwasser sollte mindestens zwei Jahre gelagert worden sein. Neben den großen gewerblichen, den Verschlussbrennereien, gibt es in Deutschland immerhin rund 33 000 bäuerliche Kleinbrennereien. Allein die Hälfte davon befindet sich in der Schwarzwaldregion. Während bei den Verschlussbrennereien die Erzeugung mengenmäßig nicht begrenzt ist, dürfen die Kleinbrenner höchstens 300 Liter im Jahr produzieren. Die Vermarktung der in den kleinen Brenner-

Für Obstbrände ist ein Mindestalkoholgehalt von 37,5% vol, mit der Bezeichnung »Schwarzwälder« sind 40% vol vorgeschrieben.

eien hergestellten Wässer erfolgt nach sorgfältiger Auswahl der Destillate durch die größeren Brennereien. Die strenge Herkunftsbezeichnung für Schwarzwälder Obstbrände ist gesetzlich geregelt. Außerhalb Süddeutschlands werden hochwertige Obstbrände hauptsächlich in klimatisch günstigen Lagen in Frankreich, der Schweiz, in Italien, Österreich, dem ehemaligen Jugoslawien und in Ungarn hergestellt. Die französischen Eau-de-vies, Schweizer Kirsch und William, österreichischer Marillenbrand, jugoslawischer Slivovitz und der ungarische Barack Pálinka genießen Weltruf. »Eau-de-vie« (»Wasser des Lebens«) ist die französische Bezeichnung für die destillierten Spirituosen Frankreichs. Die elsässischen Klassiker sind »Eau-de-vie de Kirsch«, »de Framboise« (Himbeere), »de Poire William« u. a. Bei den nachfolgend aufgeführten, weniger bekannten Sorten bedeutet der bei Früchten oft gebrauchte Zusatz »Sauvage«, dass wild wachsende Früchte verwendet wurden.

Wie beim Wein gibt es auch beim Obst Jahre, die aufgrund der Qualität der Früchte besonders feine Destillate hervorbringen.

Die bekanntesten Obstbrände

Barack Pálinka Der ungarische Aprikosenbrand Barack Pálinka ist neben dem Slivovitz der meistgetrunkene Obstbrand Osteuropas. Im Süden Ungarns liegt das Obstanbaugebiet um die Stadt Kecskemét. Die saftigen Aprikosen dieser sonnenreichen Region gelten als die besten der Welt.

Himbeergeist Neben dem Kirschwasser ist der Himbeergeist der bekannteste deutsche Obstbrand. Er wird nicht, wie sonst bei den Wässern üblich, aus vergorener Maische, sondern durch Destillation unvergorener, mit Alkohol angesetzter Früchte gewonnen. Dabei nutzt man nicht den nur in geringen Mengen vorhandenen Zucker, sondern löst das feine Fruchtaroma der Waldhimbeeren. Außer der Herabsetzung auf Trinkstärke darf nach der Destillation keine Veränderung vorgenommen werden. Sein Alkoholgehalt beträgt 37,5% vol. Neben dem Himbeergeist ist besonders auch der elsässische »Framboise« auf dem Markt von Bedeutung.

Zur Herstellung der Geiste müssen auf 20 Liter reinen Alkohol mindestens 100 Kilogramm Früchte eingesetzt werden.

Kirschwasser Auf der Beliebtheitsskala der Obstbrände steht das Kirschwasser an erster Stelle. Die bekanntesten Kirschwässer kommen aus dem Schwarzwald, dem Elsass, aus der Schweiz und auch aus Südtirol. Für diese Kirschwässer werden verschiedene Süßkirschensorten mit besonders hohem Zuckergehalt verwendet.

Mirabelle Aus Lothringen, dem Anbaugebiet der bekanntermaßen feinsten Mirabellen, kommt das »Eau-de-vie de Mirabelle«. Die Destillation erfolgt mit einem geringen Steinzusatz, anschließend reift der Obstbrand in Glasgefäßen. Der Mindestalkoholgehalt von Mirabellenbrand beträgt 37,5% vol.

Außerhalb Lothringens werden Schnäpse aus Mirabellen hauptsächlich noch in Österreich, Baden und der Schweiz gebrannt.

Slivovitz Der edelste Slivovitz wird aus der Pocegaca-Pflaume destilliert – einer besonders fleischigen, saft- und aromareichen Pflaumensorte. »Slivovitz« kommt vom serbischen »silva« (= Pflaume). Allein der Name weist also schon auf das Gebiet des ehemaligen Jugoslawien als Ursprungsland des gebrannten Zwetschgenwassers hin. Im Übrigen darf jeder Brenner sein Zwetschgenwasser so nennen, wenn er gewisse Vorschriften für die Schreibweise einhält: So kann in Deutschland hergestelltes Pflaumen- oder Zwetschgenwasser unter der Bezeichnung »Slibowitz« in den Handel gebracht werden. Nach zweimaliger Destillation lagert der Slivovitz in großen Eichenholzfässern. Dabei zieht er Farbstoffe aus dem Holz und färbt sich goldfarben. Guter Slivovitz ist mindestens acht Jahre alt. Erst dann besitzt er den vollen Fruchtgeschmack. Sein Mindestalkoholgehalt muss 37,5% vol betragen.

William Unter der Bezeichnung »William« kennt man die weltbekannten Obstbrände aus der Williamsbirne (französisch: Poire William). Ursprünglich ein Produkt aus dem Schweizer Rhônetal, wird heute Williamsbirnenbrand in mehreren Regionen Frankreichs (Elsass, Loire, Vogesen), im Süden Deutschlands, in Südtirol und Österreich hergestellt. Zum Teil ist Williamsbirnenbrand auch mit den attraktiven, in die Flasche hineingewachsenen Birnen erhältlich.

Um die Birnen in die Flaschen zu bekommen, werden diese im Mai über die befruchteten Blüten gesteckt und Ende August abgehängt.

Zibartenbrand Die Zibarte ist eine hauptsächlich im Schwarzwald wild wachsende Pflaumenart. Aus dieser Frucht lässt sich ein besonders hochwertiger Pflaumenbrand herstellen. Die Firma Schladerer bietet ihn als »Zibärtle« an (42% vol Alkohol).

Zwetschgenwasser Die weit verbreitete aromatische, süße Herbstzwetschge wird in vielen Sorten angebaut und destilliert – hauptsächlich im süddeutschen Raum, aber auch im Elsass, in der Schweiz (Pflümliwasser), in Österreich und in Jugoslawien.

Für wirklich gutes Zwetschgenwasser dürfen die Zwetschgen nur von Bäumen stammen, die mindestens 20 Jahre alt sind.

Schwarzwälder »Schwarzwälder« ist eine Herkunftsbezeichnung für im Schwarzwald hergestellte Produkte. Für Kirschwasser dürfen auch Kirschen aus dem Schwarzwälder Vorland verwendet werden, die Grenzen der Gebiete sind allerdings präzise festgelegt. Brennereien außerhalb des Schwarzwaldes, die bereits vor 1963 Kirschwasser aus Schwarzwälder Kirschen produziert haben, dürfen ihr Produkt jedoch weiterhin als »Schwarzwälder Kirschwasser« verkaufen.

Bekannte Marken

Bailoni / Österreich

Bon Père / Schweiz

Cœur du Breuil / Frankreich

Dettling / Schweiz

Etter / Schweiz

Fassbind / Schweiz

Freihof / Vorarlberg

Kammer-Kirsch / Baden

Lantenhammer / Bayern

Massenez / Elsass

Metté / Elsass

Meyer / Elsass

Morand / Schweiz

Nusbaumer / Elsass

Pascall / Elsass

Roner / Südtirol

Rouyer / Elsass

Schladerer / Baden

St. Georg Spirits / Kalifornien

Val de Loire / Loire

Rose Cocktail

3 cl Kirschwasser
3 cl Vermouth Dry
1 Barlöffel Grenadine
Cocktailkirsche

klassischer Obstbrandaperitif

Im *Rührglas* mit Eiswürfeln gut verrühren und in ein vorgekühltes Cocktailglas abgießen. Eine Cocktailkirsche
dazugeben.

Pinky

2 cl Himbeergeist
2 cl Campari
10 cl Grapefruit-saft
kaltes Tonic Water
Himbeeren

Longdrink für Sommertage

Im *Shaker* mit Eiswürfeln schütteln, in
Longdrinkglas auf Eiswürfel abgießen.
Mit Tonic Water auffüllen. Mit Him-
beeren garnieren.

Sommertraum

4 cl Himbeergeist
1 cl Grenadine
kaltes Bitter Lemon
Himbeeren

erfrischender Drink für Sommertage

In ein großes Becherglas mit Eiswürfeln geben und mit Bitter Lemon auffüllen. Einige Himbeeren dazugeben.

VW

aromatischer Before-Dinner-Drink

Im *Rührglas* mit Eiswürfeln gut verrühren und in ein vorgekühltes Cocktailglas abgießen. Eine Cocktailkirsche dazugeben.

2 cl Vermouth Dry
3 cl Williamsbirnenbrand
Cocktailkirsche

Imperial

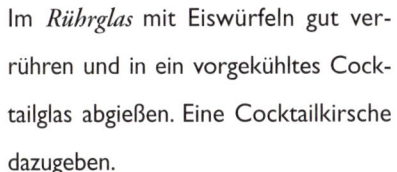

fruchtiger Partydrink

Im *Shaker* mit Eiswürfeln schütteln und in ein großes Becherglas auf Eiswürfel abgießen. Mit Melonenstück, Himbeere und Minze garnieren.

2 cl Himbeergeist
3 cl Crème de Cassis
1 cl Grenadine
6 cl Orangensaft
4 cl Ananassaft
Melone, Himbeere
Minze

Swiss Shake

ein Digestif wie Kirschschokolade

Alle Zuaten im *Shaker* mit Eiswürfeln gut schütteln und in ein kleines Stielglas abgießen.

3 cl Kirschwasser
3 cl DuChalet Schokoladen Likör
4 cl Sahne

Pisco

*D*ie Heimat des Pisco ist die südlich von Perus Hauptstadt gelegene Hafenstadt gleichen Namens. Im nahen Icatal wachsen Muskatellertrauben, aus denen der dem Trester ähnliche Brand destilliert wird. Er bleibt durch die Lagerung in porösen, mit Wachs abgedichteten Tontöpfen hell und klar. Im Nachbarstaat Chile sitzen heute die großen Produzenten der nach Cachaça und Rum am dritthäufigsten konsumierten Spirituose Südamerikas. Der chilenische Pisco ist ein Destillat aus Muskatellertrauben, und er reift nur rund sechs Monate im Holzfass. Für Pisco gelten die

Bezeichnungen »Selection« (30% vol), »Special« (35% vol) und »Reserved« (40% vol). »Premium Pisco« muss mindestens 42% vol aufweisen. Der klassische »Pisco Sour« erfreut sich großer Beliebtheit in kalifornischen Bars. Es ist nur eine Frage der Zeit, bis der Pisco auch bei uns bekannter wird.

Bekannte Marken

Pisco Capel Dieser große Produzent von Pisco in Chile exportiert zwei Sorten nach Deutschland: »Capel Especial« mit 35% vol und »Gran Pisco Alto del Carmen« mit 46% vol. Außerdem gibt es den klassischen Pisco-Mixdrink »Pisco Sour« fertig zubereitet in der Flasche mit 22% vol Alkoholgehalt.

Pisco Sour: 5 cl Pisco, 3 cl Zitronensaft und 2 cl Zuckersirup im Shaker mit Eiswürfeln schütteln. Spieß mit einer halben Orangenscheibe und einer Cocktailkirsche über den Glasrand legen.

Pisco Control ist der größte Piscoproduzent Chiles. Pisco Control wird von der gleichnamigen Cooperativa in der für ihren Muskatellerwein berühmten Region Valle del Elqui hergestellt. Zurzeit wird nur der leicht goldgetönte »Gran Pisco« (43% vol) nach Deutschland importiert.

Portwein

Die Vorläufer des heutigen Portweins trugen einmal andere Namen und waren schon in der
Römerzeit bekannt. Die wirkliche Geschichte des
Portweins begann aber erst in der zweiten Hälfte des
17. Jahrhunderts. Der Durchbruch kam, nachdem im

Jahre 1703 mit England ein Abkommen geschlossen wurde, das den Weinhandel erleichterte. Noch heute zeugen die vielen englischen Namen der Portweinhäuser von der Entwicklung dieser Zeit.

Die gezielte Vermarktung des Portweins geht auf das Jahr 1726 zurück, als die erste Vereinigung der Oporto-Weinhändler – nach dem portugiesischen Namen der Stadt Porto – gegründet wurde.

Das Dourotal umfasst 240 000 Hektar, davon werden etwa ein Zehntel für Weinbau genutzt. Hier sind 25 000 Weinbauern ansässig.

Bereits seit dem Ende des 17. Jahrhunderts versuchten englische Weinkaufleute, den Wein dem Geschmack englischer Käufer anzupassen, indem sie den einfachen portugiesischen Dourowein mit Weinbrand verstärkten. Die Händler ahnten jedoch nicht, dass die Zugabe von Alkohol die Weinentwicklung hemmt und dass dadurch eine völlig andere Art von Wein entsteht. 1756 wurde die Dourowein-Companie gegründet. Sie legte die Grenzen des Portweinanbaugebietes im Norden Portugals gesetzlich fest – es war die erste bekannte Abgrenzung eines Weinbaugebiets überhaupt. Die Herstellungsmethoden für Portwein wurden ebenfalls erstmals geregelt. Zwar hat man diese Bestimmungen Ende des 19. Jahrhunderts noch einmal modifiziert, doch seitdem sind sie weitgehend gleich geblieben.

Portwein stammt ausschließlich aus einem geografisch streng abgegrenzten Gebiet, der Alto-Douro-Region am Oberlauf des Douroflusses in Portugal. Nach Vila Nova de Gaia, gegenüber von Oporto an der Mündung des Douro, wo die Produzenten ihre Lager und Kellereien unterhalten, dürfen nur Winzer verkaufen, die Mitglied der »Casa do Douro« sind. Die Landschaft des Alto-Douro ist ein einzig-

Dem Most wird (etwa ein Fünftel seines Volumens) Weinbrand mit 20% vol zugegeben, wodurch die Gärung angehalten wird. artiges Weinbaugebiet. Hier werden auf steilen Terrassen unter schwierigsten Bedingungen Reben gepflanzt. Die Weinlese beginnt etwa Ende September. Nach der Kelterung setzt dann der Gärprozess ein, der durch das Beifügen von Alkohol gestoppt wird. Der Zeitpunkt der Alkoholzugabe hängt von der erwünschten Güte des Weins ab. Je früher der Alkohol beigefügt wird, desto süßer wird der Wein, je später, desto trockener. Anschließend ruht der Wein in großen Bottichen und bleibt bis zum Frühjahr im Anbaugebiet. Danach füllt man ihn in große Fässer um, gibt nochmals Alkohol zu und transportiert den Port zu den Lagerhäusern – den Lodges – der Firmen in Vila Nova de Gaia. Jede Portweinfirma kauft verschiedene Weine auf und stellt sie in riesigen Verschnittfässern zu den von ihr gewünschten Kompositionen zusammen. Seine endgültige Reife erhält der Port dann in kleinen Eichenholzfässern. Über 40 verschiedene rote und weiße Rebsorten sind seit eh und je zur Portweinproduktion zugelassen, so dass es rote und weiße Portweine gibt. Die Portweine bekommen fast ohne Ausnahme ihre endgültige Reife in Fässern, daher heißen sie generell »Wood Port«. Nur wenige Ports – es sind die kostbarsten, die »Vintage Ports« – reifen in Flaschen. Innerhalb der roten und weißen Ports gibt es verschiedene Farbabstufungen, die zwar grundsätzlich nichts über die Qualität eines Ports aussagen, aber

»Vinho de Porto« ist eine allgemeine Herkunftsbezeichnung und besagt, dass der Portwein von der Stadt Porto aus exportiert wird.

eine gewisse Auskunft über sein Alter geben. Roter Portwein verblasst mit den Jahren, der weiße gewinnt dagegen einen immer kräftigeren Ton. Eine Oxidation der natürlichen Farbstoffe bewirkt den sichtbaren Wandel. Vintage Ports werden nach zweijähriger Fasslagerung auf Flaschen gezogen und reifen dann dort weiter. Sie verlieren wesentlich

Die in Fässern gealterten Weine sind im Allgemeinen Verschnittweine aus verschiedenen Lagen, Rebsorten und Jahrgängen. langsamer an Farbe. Wood Port verbringt seine komplette Reifezeit im Holz. Dabei verändert er seine Farbe, und von dieser hängt die Sortenbezeichnung ab.

Die Färbung reicht von Purpur (als junger Wein) bis zum reinen Rot (= »Ruby«) und von Rot bis zu Orange (= »Tawny«). Ruby Port ist wohl der bekannteste: Er reift mindestens drei Jahre, gute Rubys bleiben jedoch bis zu acht Jahre im Fass. Der Ruby ist immer ein recht robuster Wein, kräftig in der Farbe und voll im Duft, er hat eine leichte Frische im Geschmack. Ruby Ports sollten möglichst bald nach der Abfüllung getrunken werden. Tawny Port reift ungefähr acht Jahre, bessere Tawnys bis zu zwölf Jahre. In dieser Zeit verliert er seine dunkle Farbe und wird rötlichbraun bis golden. Im Geschmack ist der Tawny weicher und milder als der Ruby, er hat ein leichtes, aber volles, ein wenig nussartiges Aroma. Vintage Ports produziert man nur nach hervorragenden Ernten. Während die jungen Weine heranreifen, werden die allerbesten Fässer aussortiert und nach zwei Jahren Fasslagerung auf Flaschen abgefüllt. In vielleicht drei von zehn Jahren sind die Bedingungen so optimal, dass Vintage Ports möglich sind: Weine also, die nur aus Weinen des gleichen Jahrgangs verschnitten sind und die nach der Abfüllung über Jahre in der Flasche reifen. 30, 40 oder mehr Jahre alte Vintage Ports haben einen unvergleichlichen Charakter und zählen zu den besten Weinen der Welt. Der erste große Vintage Port war Jahrgang 1775. Gesetzlich zugelassen sind auch die Bezeichnungen »Typ Vintage«, »Vintage Stil« und »Vintage Character«. Weine, die einen dieser Zusätze auf dem Etikett tragen, sind jedoch

»Vintage« und »Vintage Character« sind aus Weinen eines einzigen Erntejahres und altern in der Flasche einige Jahre lang.

keine »echten« Vintages, sie dürfen keine Jahrgangs-angabe besitzen. Die Vintage Ports haben meist viel Depot. Die Flaschen sollten daher vor dem Öffnen einen Tag stehen und einige Zeit vor dem Servieren in eine Glaskaraffe dekantiert werden. Das Depot ist geschmacklich absolut neutral, trübt aber den Wein. Crusted Ports sind Weine, die aus verschie-denen Jahrgängen stammen. Sie reifen in Flaschen, nachdem sie vier oder fünf Jahre lang in Fässern gelagert haben. Während dieser Fassreife bildet der Wein eine hauchdünne »Kruste«, die bei der Fla-schenabfüllung entfernt wird. Weil Wein im Holz weit schneller altert als in der Flasche, erreichen Crusted Ports ihre Reife früher als Vintage Ports. Crusted Port ähnelt dem Late Bottled Vintage. Diese sind Jahrgangsweine, die vier bis fünf Jahre im Fass gela-gert und dann auf Flaschen gefüllt wurden. Sie haben bereits bei der Abfüllung etwas an Farbe ver-loren und im Fass die festen Bestandteile abgesetzt, die beispielsweise im Vintage noch vorhanden sind.

»Late Bottled Vintage« (L.B.V.): Dieser Portwein lagert fünf und mehr Jahre im Fass, bevor er auf Flaschen gezogen wird.

Late Bottled Vintages sind eine Spur heller als normale Jahrgangsweine, sehen jedoch aus, als wären sie viel älter. Es werden auch »Portwines with the Date of Harvest« angeboten. Dazu zählen die Colheitas. Im Unterschied zum Vintage Port wird ein Colheita nicht jung, sondern spät auf Flaschen gefüllt. Colheitas sind fein und viel leichter als die schwereren, berühmteren Vintage Ports. Colheita Port wird vor der Abfüllung gefiltert. Auf den Colheita-Etiketten sind jeweils der Jahrgang sowie das Jahr der Flaschenfüllung angegeben. Colheita Port reift oft Jahrzehnte im Fass. White Port wird aus weißen Trauben wie ein Tawny Port hergestellt. Es gibt süße weiße Ports, deren Gärung frühzeitig gestoppt wurde; sie reifen im Fass wie die roten. Des Weiteren gibt es trockene weiße Ports (Dry White Port). Diese sollten gekühlt serviert werden. Der Alkoholgehalt der Portweine liegt durch die Alkoholzugabe meist zwischen 19 und 21% vol und damit weit über dem der »normalen« Weine.

Die englischen Namen vieler Portweinhäuser zeugen auch heute noch von der Pioniertätigkeit der Engländer im Portweinhandel.

Bekannte Marken

Burmester Die Firma Burmester wurde 1730 von zwei Partnern gegründet: Der Engländer John Nash und der Deutsche Henry Burmester schlossen sich unter dem Namen Burmester, Nash & Co. zusammen. Das heutige Unternehmen J. M. Burmester Ca. Lda. zählt zu den kleineren, jedoch renommierten Firmen.

Burmester ist auf den internationalen Märkten mit allen klassischen Sorten sowie Colheitas und Vintage Ports vertreten.

Cockburn's Cockburn, Smithes & Co. Lda. wurde 1815 in Oporto als Familienunternehmen gegründet. Seit den 1960er Jahren ist Cockburn's eine Tochtergesellschaft des Sherryhauses Harvey. Die bekanntesten Sorten sind »Fine Ruby«, »Special Reserve«, »Late Bottled Vintage«, »10 Years Old Tawny« und »20 Years Old Tawny«. Außerdem werden exzellente Vintages angeboten.

Delaforce Der Engländer John Delaforce war seit 1834 in Portugal im Portweingeschäft tätig. Sein Sohn George Henry gründete dann 1868 das Haus Delaforce, das rasch und erfolgreich expandierte. In Deutschland werden von Delaforce angeboten:

»Fine White«, »Fine Ruby«, »Late Bottled Vintage«,
»His Eminence's Choice Tawny Port, 10 Years Old«
(eine der ältesten Portweinmarken, die 1930 erst-
mals produziert wurde) und »Curious &
Ancient Tawny Port, 20 Years Old«. Des
Weiteren mehrere Vintage Ports, darunter
Delaforce Corte von der Corte-Einzellage,
deren Vintage Ports zu den renommiertesten zählen.

Alle Portweine von Delaforce werden in Flaschen angeboten, die Repliken einer berühmten Flasche von 1896 sind.

Ferreira Das Haus Ferreira wurde 1751 gegründet und ist damit eines der ganz wenigen noch
bestehenden alten Familienunternehmen. Ferreira
ist im Besitz großer Weinlagen und zählt heute zu
den größten und bekanntesten Portweinproduzen-
ten. Das Haus bietet alle klassischen Qualitäten an;
außerdem »Doña Antonia Personal Reserve«,
»Duque de Bragança 20 Years Old« und eine große
Zahl von Vintage Ports. In den Lagerhäusern von Vila
Nova de Gaia reifen unglaubliche Weinreserven und
eine einzigartige Sammlung von Ferreira-Vintage-
Ports. Bis 1815 zurück sind alle großen Jahrgänge
vertreten.

Fonseca Guimaraens wurde 1822 von Manoel Pedro Guimaraens gegründet, nachdem er die Firma von Fonseca & Monteiro übernommen hatte. Eine der Kaufbedingungen war, dass der Name Fonseca beibehalten werden musste. Bis heute ist Fonseca Guimaraens in Familienbesitz und wird von den direkten Nachkommen geleitet. Fonseca zählt zu den führenden Anbietern, und seine hervorragenden Ports werden hauptsächlich aus Weinen der eigenen Weinberge produziert. Die Sorten: »Siroco – White Port«, »Ruby Port«, »Port Bin No. 27 – Finest Reserve«, »Tawny – 10 Years Old«, »Late Bottled Vintage« sowie eine große Zahl an Fonseca Vintage und Guimarens Vintage Ports.

In neuerer Zeit – seit 1952 – gab es 18 Guimaraens und 10 Fonseca Vintage Ports, zuletzt 1994, 1997, 2000, 2001 und 2003.

Graham's Graham's wurde 1820 von den Brüdern William und John Graham gegründet. Heute ist Graham's im Besitz der Familie Symington, die seit vier Generationen im Portweingeschäft tätig ist. Mit ihrer hervorragenden und konstanten Qualität zählt Graham's-Port seit Jahrzehnten auch auf den

Exportmärkten zu den renommiertesten Marken.
Neben den klassischen Sorten »Ruby«, »Tawny«
und »White Port« ist der »Six Grapes« eine Beson-
derheit. Das Symbol der sechs Weintrauben auf dem
Etikett markierte stets die Fässer mit Weinen aus den
Spitzenlagen. Angeboten werden verschiedene Late
Bottled Vintage und eine große Zahl an Vintage Ports.
Darunter Malvedos Vintage, aus Weinen der zu Gra-
ham's gehörenden Spitzenlage »Quinta dos Malve-
dos«, die das Herz aller Graham's-Portweine ist.

Osborne Osborne in Puerto de Santa Maria ist
eine der angesehensten Weinfirmen Andalusiens.
Die Sherrys und Brandys genießen Weltruf und
sind zudem weltbekannt durch ihr Symbol, den
»schwarzen Stier« (siehe Sherry, Brandy).
Das Unternehmen wurde 1772 von dem
Engländer Thomas Osborne gegründet
und ist bis heute im Besitz der Familie.
Des Weiteren genießt Osborne einen guten Ruf als
Portweinproduzent. Die vielfach ausgezeichneten
und prämierten Osborne-Portweine zählen seit

**Osborne in Andalusien
ist das erfolgreichste
Sherryhaus und seit
1990 der größte Wein-
und Spirituosenerzeu-
ger Spaniens.**

Jahrzehnten zu den besten und konstantesten Qualitäten. Exportiert werden »Tawny«, »White«, »Late Bottled Vintage«, »10 Years Old«, »20 Years Old«, sowie eine Reihe von »Vintage Ports«.

Ramos-Pinto Dieses renommierte Haus befindet sich seit 1989 im Besitz von Jean-Claude Rouzard, dem Inhaber des weltberühmten Champagnerhauses Louis Roederer. Ramos-Pinto bietet in Deutschland ein umfangreiches Sortiment aller Qualitätsstufen an. Die Sorten: »Ruby«, »Tawny«, »Adriano – Tawny Reserva«, »White«, »Reserva Port Collector – Ruby Port Unfiltered«, »Quinta da Ervamoira Single Quinta Tawny – 10 Years Old« und »Single Quinta Vintage«, »Quinta do Bom-Retiro – Single Quinta Tawny – 20 Years Old«, »Tawny Port 30 Years Old, Late Bottled Vintage« – und zahlreiche »Vintage Ports«.

Bereits im 19. Jahrhundert erwarb Adriano Ramos-Pinto die erste Quinta. Heute gehören fünf Weingüter zum Haus Ramos-Pinto.

Royal Oporto Real Companhia Velha ist eines der ältesten Portweinhäuser und hat die Geschichte des Portweins maßgeblich mitgestaltet. Das moderne, leistungsfähige Familienunternehmen bietet auf

den internationalen Märkten ein reichhaltiges Port-
weinsortiment an. Nach Deutschland werden exportiert: »Tawny«, »Extra Dry White«, »White«,
»10-«, »20-« und »40 Years Old Port« sowie Vintage
Ports der 90er Jahre.

Sandeman Das zu Pernod Ricard gehörende
Haus Sandeman zählt zu den großen
Sherry-, Port-, Madeira- und Brandyproduzenten. Die Firma geht auf den
Schotten Georg Sandeman zurück, der
ein 1790 in London gegründetes Weinhandelsunter-
nehmen schon bald auf die Herstellung von Port
und Sherry ausweitete. Nach Deutschland werden
»Tawny«, »White« und der »Founder's Reserve«
exportiert (siehe auch Sherry und Brandy).

**Das bekannte Sande-
man-Markenzeichen,
die Don-Figur, wurde
um 1920 eingeführt
und ziert bis heute alle
Sandeman-Etiketten.**

Souza Souza Port stammt aus einem der ältesten
Portweinhäuser. Seinen Namen erhielt er von einem
der bekanntesten Weinexperten Portugals, Alcino
Vieira de Souza, dessen Namen noch heute die
Marke trägt. Angeboten werden: »Old Tawny
10 Jahre alt«, »Fine Ruby« und »Dry White«.

Ginger Rogers

3 cl Tawny Port
3 cl Cognac

aromatischer Aperitif und Digestif

Zutaten im *Rührglas* mit Eiswürfeln gut verrühren und in ein vorgekühltes Cocktailglas abgießen.

Porto Flip

4 cl Tawny Port
I cl Cognac
I cl Zuckersirup
2 cl Sahne
I Eigelb
Muskatnuss

milder Drink für den Vormittag

Alle Zutaten im *Shaker* mit Eiswürfeln gut schütteln und in ein Stielglas abgießen. Fein geriebene Muskatnuss darüber streuen.

Siesta

4 cl Tawny Port
I cl Cognac
I cl Cointreau
I cl Grenadine
6 cl Orangensaft
einige Tropfen
Zitronensaft
Orange

fruchtiger Drink für den Nachmittag

Alle Zutaten im *Shaker* mit Eiswürfeln gut schütteln und in einen Tumbler auf Eiswürfel abgießen. Eine Orangenschalenspirale dazugeben.

Port in a Storm

kleine Sangria für den Nachmittag

Alle Zutaten in ein Longdrinkglas auf Eiswürfel geben. Halbe Orangen- und halbe Zitronenscheibe dazugeben.

5 cl Tawny Port
2 cl Cognac
12 cl leichter Rotwein
Orange
Zitrone

Portofino

spritziger Drink für den frühen Abend

Alle Zutaten im *Shaker* mit Eiswürfeln gut schütteln und in eine Champagnertulpe abgießen. Mit Sekt oder Champagner auffüllen.

4 cl Tawny Port
1 cl Erdbeersirup
4 cl Maracuja-nektar
kalter Sekt oder Champagner

Porto Flip Normand

milder Drink für Vor- und Nachmittag

Alle Zutaten im *Shaker* mit Eiswürfeln gut schütteln und in ein Stielglas abgießen. Fein geriebene Muskatnuss darüber streuen.

3 cl Tawny Port
3 cl Calvados
2 cl Sahne
1 cl Zuckersirup
1 Eigelb
Muskatnuss

Rum

Zuckerrohr ist eine der ältesten Kulturpflanzen der Erde. Es kam aus Asien zunächst nach Europa, von wo aus Kolumbus das Gewächs in die Neue Welt brachte. Bereits zwei Jahre nach der Entdeckung Amerikas erreichten die ersten Zuckerrohrpflanzen die Antilleninsel Hispaniola. Von hier aus verbreitete sich die Zuckerrohrkultur schnell über die karibische Inselwelt und das amerikanische Festland. Zuckerrohr wird ausschließlich zur Zuckergewinnung und zur Rumproduktion angebaut. Rum wird heute hauptsächlich auf den karibischen Inseln, auf dem südamerikanischen Festland in Mittelamerika, auf Tahiti, den Philippinen und auch Madagaskar hergestellt.

Noch in 100 000facher Verdünnung kann man Rum schmecken: in einer Mischung von 1 Kubikzentimeter Rum auf 100 Liter Wasser.

Wer ihn erfunden hat, ist nicht bekannt, doch über die Rumherstellung wird schon aus der Zeit vor 1650 berichtet. Als sich die Holländer auf den West-indischen Inseln und im nördlichen Südamerika nie-derließen, brachten sie die Rumfabrikation wohl als Erste in Schwung. Der Vorläufer des heutigen Rums wurde Tafia (Taffia) genannt, wahrscheinlich eine Bezeichnung aus einer der karibischen Sprachen. Der Name Rum soll von »Rumbullion« (Krawall, Aufruhr) abgeleitet sein – wohl ein Hinweis darauf, dass manchen Trinkgelagen ein entsprechender Tumult folgte. Nach Deutschland wird hauptsächlich Rum aus der Karibik importiert, wobei ein großer Teil von der berühmten Rum- und Zuckerinsel Jamaika kommt. So unterschiedlich die Endprodukte auch sind, eines haben die Rumsorten aller Länder gemeinsam: den Grundstoff Zucker. Bei der Gewin-nung von Rohrzucker entsteht als Nebenprodukt die braune, zähflüssige Melasse. Sie bildet die Grund-lage für Rum. Die Melasse ist so süß, dass sie mit

Auch die Ableitung vom lateinischen »saccharum« könnte als Ursprung für das Wort Rum gelten, das sich ab etwa 1660 einbürgerte.

Wasser verdünnt werden muss, um überhaupt zu
vergären. Dieser Mischung setzt man »Skimming«
und »Dunder« zu. Skimming ist ein bei der Zuckerherstellung entstehender Schaum, der für das spätere Rumaroma wichtig ist, Dunder ein
alkoholfreier Rückstand aus einem früheren Brennvorgang. Er enthält Säuren, aus
denen die so genannten Ester entstehen.
Sie sind für die Bildung des Rumgeschmacks ausschlaggebend. Die Mischung aus Melasse, Wasser,
Skimming und Dunder ergibt die Maische, die zum
Gären in riesige, bis zu 80000 Liter fassende Botti-
che aus Holz, Metall oder Beton geleitet wird. Die
Gärung beginnt, nachdem der Maische entsprechende Fermente, also Hefe- und Bakterienkulturen,
zugesetzt worden sind. Sie spalten den Zucker in
Alkohol und Kohlendioxid. Letzteres verfliegt, und
nach rund zehn Tagen, je nach Außentemperatur, ist
die stürmisch verlaufende Gärung beendet. Einige
Tage später kann die Destillation beginnen. Dazu
werden verschiedene Destilliergeräte benutzt.

Nach dem Gärvorgang bilden sich während einer kurzen Ruhezeit so genannte Esterstoffe, die dem Rum seinen Geschmack verleihen.

Für die Erzeugung schwerer Rumsorten, »Heavy Bodied Rums« oder auch »German Flavoured Rums« genannt, verwendet man Blasendestilliergeräte (Pot Still), da sich bei diesen Anlagen die aromastarken Begleitstoffe nur zum Teil abtrennen lassen. Diese Rums haben beim Verlassen der Destillierblase einen Alkoholgehalt zwischen 75 und 80% vol.

Die leichteren und mittelschweren Rumsorten destilliert man in viel genauer arbeitenden Destillierkolonnen (»kontinuierliche Destillation«). Da auch die Begleitstoffe unterschiedliche Siedepunkte haben, lassen sich bei diesem Verfahren die unerwünschten Stoffe nahezu exakt abtrennen, und man erhält Rum mit 85 bis 95% vol Alkohol. Nach der Destillation muss der Rum einige Zeit lagern. Er reift in Eichenholzfässern oder Tanks aus rostfreiem Stahl. Die normale Lagerzeit für leichten Rum beträgt drei bis sechs Monate. Manche schweren Sorten bleiben aber auch mehrere Jahre in zum Teil ausgebrannten Fässern. Während dieser Zeit zieht

Die Mindestlagerzeit für leichten Rum liegt zwischen drei und sechs Monaten, schwerer Rum braucht manchmal Jahre zur Reife.

der Rum Geschmacksstoffe aus dem Holz und nimmt eine bräunliche Färbung an. Soll er weiß bleiben, muss er anschließend über Aktivkohle gereinigt werden. Weil dabei Aromastoffe verloren gehen, produziert man inzwischen von vornherein weißen Rum: Er wird in Stahlbehältern gelagert, die so konstruiert sind, dass jederzeit eine gute Sauerstoffzufuhr gewährleistet ist. Die Farbe des braunen Rums stammt nur zu einem geringen Teil aus dem Holz. Dieser wird, damit er einen stets gleichen Farbton erhält, nach der Fasslagerung gemischt und mit Zuckercouleur eingefärbt. Die deutschen Bestimmungen unterscheiden drei Rumqualitäten:

Eine spezifisch deutsche Rumqualität ist der Rum-Verschnitt, der durch das 1887 erlassene Gesetz für Einfuhrzoll entstand.

1. **Original Rum:** Als Original Rum darf nur ein Erzeugnis bezeichnet werden, das aus dem Ausland eingeführt ist und im Inland keinerlei Veränderungen erfahren hat.

2. **Echter Rum:** Er ist ein Original Rum, der im Importland auf Trinkstärke herabgesetzt wurde. Sein Mindestalkoholgehalt beträgt 37,5% vol.

3. Rum-Verschnitt: Das ist eine Mischung von Rum mit Alkohol anderer Art, dabei müssen aber wenigstens fünf Prozent des trinkfertigen Rum-Verschnitts aus hochestrigem Original Rum (»German Flavoured Rum«) stammen. Der Mindestalkoholgehalt von Rum-Verschnitt beträgt ebenfalls 37,5% vol.

Die bekanntesten Herstellerländer

Barbados Die östlichste der Westindischen Inseln ist Barbados. Sie gilt allgemein als Geburtsstätte des Rums, nachdem es hier schon 1640 die erste Destillerie gab. Von den milden, aromatischen Barbados-Rums haben »Cockspur« und »Mount Gay« internationales Ansehen erworben.

Für alle Rumqualitäten gilt ausnahmslos sowohl in Deutschland als auch in der EU ein Mindestalkoholgehalt von 37,5% vol.

Guyana Die ehemalige britische Kolonie in Südamerika stellt sehr dunkle, mittelschwere, hochprozentige (meist 151 proof = 75,5% vol) Rums her, die nach dem Fluss Demerara benannt sind.

Jamaika Aus Jamaika kommen traditionell schwere Rums; in den neuen Anlagen werden jedoch auch leichtere Sorten produziert. Auf Jamaika entstanden die verschiedenartigsten Typen. Bekannt sind der aromatische »High Continental« oder der »German Flavoured Rum«.

Kuba Auf Kuba, der größten Antilleninsel, werden leichte, trockene Rumsorten hergestellt. Kubarum hatte früher, besonders in den USA, große Bedeutung. Aufgrund der politischen Situation konnte Kuba seinen Rum in der westlichen Welt jedoch kaum mehr absetzen. Dessen ungeachtet gibt es seit 1982 den berühmten Kubarum »Havana Club« in Deutschland, und seit 2004 wird mit dem Ron Varadero (siehe dort) eine weitere der großen kubanischen Rummarken nach Deutschland importiert. Die weltbekannte Firma Bacardi hatte ihren Sitz früher ebenfalls auf Kuba, stellt aber seit 1960 ihren Rum auf anderen Antilleninseln und in Südamerika her.

Da Zuckerrohr nur in tropischen Gebieten gedeihen kann, ist in diesen Ländern die Rumherstellung beheimatet.

Martinique/Guadeloupe Die zu Frankreich gehörenden Inseln wurden von Präsident de Gaulle zu Départements erklärt und sind somit zollpolitisch ein Teil der EU, was sich auf die Einfuhr von Rums aus diesen Ländern sehr günstig auswirkte. Die Rums dieser Inseln sind sehr aromatisch.

Rum, der einst raue Trank der Freibeuter, ist heute mild und aromatisch und ein wichtiges Element im Sortiment jeder Bar.

Puerto Rico Seit 1952 ist Puerto Rico ein mit den USA assoziierter Staat und genießt daher innerhalb der USA-Zollgrenzen besondere Vorteile. Fast die gesamte Rumproduktion von Puerto Rico wird heute vom amerikanischen Markt abgenommen.

Trinidad An der Mündung des Orinoco vor Venezuela liegt die Insel Trinidad, deren Rum, ähnlich wie der von Barbados, sehr aromatisch und mild ist.

Venezuela Venezolanische Rums sind meist weich, aromatisch und goldfarben, auch lange gelagerte Qualitäten werden auf dem Markt angeboten.

Virgin Islands (Jungferninseln) Die beiden ehemals dänischen, östlich von Puerto Rico liegenden Inseln St. Thomas und St. Croix (St. Cruz) wurden im Jahr 1917 von den USA erworben. Beide Inseln beliefern mit ihrem mittelschweren Rum ausschließlich die Vereinigten Staaten.

Bekannte Marken

Appleton Die J. Wray and Nephew Distilling Ltd., Kingston/Jamaika, wurde im Jahr 1825 gegründet und besitzt als ältester und größter Rumproduzent der Insel die modernsten Destillieranlagen der Karibik. Die Firma exportiert heute in über 60 Länder der Welt. In Deutschland werden folgende Sorten angeboten: »White Classic«, »Special Gold« und »Dark« mit 40% vol, die braunen Rums »Estate V/X« mit 40% vol, »Reserve« – 8 Years Old, »Estate Extra« – Aged 12 Years und »Estate« – 21 Years Old. Außerdem der »Wray & Nephew White Overproof« mit einem Alkoholgehalt von 62,8% vol. Dieser »Overproof« ist eine Rarität auf den europäischen Märkten.

Appleton ist Jamaikarum vom Feinsten und bietet das größte Jamaikarumsortiment, das von einem Hersteller angeboten wird.

Bacardi In Santiago auf Kuba entstand 1862 die Firma Bacardi. Ihr Gründer, der Weinhändler Facundo Bacardi, war 1830 aus Spanien in den karibischen Raum gekommen. Seine Nachfahren leiten in bis heute ununterbrochener Folge das Unternehmen als Eigentümer. Als Fidel Castro 1960 die kubanischen Bacardi-Brennereien verstaatlichte, wurde die Bacardi-Produktion in verschiedene andere Länder der Karibik ausgelagert. Facundo Bacardi war der Erste, der Rum von hohem Reinheitsgrad destillierte. Sein Qualitätsprodukt wurde sehr schnell über Mittelamerika hinaus bekannt. Heute stellt Bacardi mit 250 Millionen verkauften Flaschen pro Jahr weltweit die Nummer eins unter den Spirituosen dar. Die Hauptmarke »Carta Blanca«, 37,5% vol, ist die bekannteste Rummarke der Welt und das »Herz« der Bacardi-Familie. Der milde und duftige Bacardi »Black«, 37,5% vol, wurde 1987 in Deutschland eingeführt. Bacardi »Oro«, 37,5 und 40% vol, war früher als »Gold« bekannt und schließt die Lücke in Farbe und Geschmack zwischen »Carta Blanca« und »Black«. Seit 1998 wird der neu komponierte, acht Jahre gereifte »8 Años«, Reserva Superior, 40%, vol angeboten. Dazu kam 2004 der international etablierte Bacardi »151°«,

Um die Kontinuität der Destillate zu gewährleisten, wird für den Bacardi-Rum seit 1862 stets die gleiche Hefekultur verwendet.

ein Puerto-Rican-Rum mit 75,5% vol. Mitte der 1990er Jahre wurde Bacardi »Limón«, 32% vol, ein mit Zitronenauszügen aromatisierter Bacardi vorgestellt. Zu diesem gesellte sich 2004 der Bacardi »Razz«, ein alkoholisches Getränk mit Bacardi und Himbeergeschmack.

Captain Morgan Captain Morgan ist ein hochwertiger, lange in Holzfässern gereifter Jamaikarum. Er erhielt seinen Namen von dem englischen Freibeuter und späteren Gouverneur der Insel Jamaika, der um 1680 auf der Insel lebte. Captain Morgan ist weltweit eine der bekanntesten Rummarken, und kein anderer trug mehr zum Ruhm des Jamaikarums bei. Seit neuerer Zeit wird in Deutschland nur noch die 40prozentige Abfüllung angeboten, und an Stelle des 73prozentigen gibt es nun den »Spiced Gold«. Für diesen »Flavoured«, 35% vol, wird Captain-Morgan-Rum mit Gewürzen aromatisiert.

Der hocharomatische und charaktervolle Captain-Morgan-Rum würzt besonders Fruchtdrinks mit seinem kräftigen Geschmack.

Cockspur Seit 1884 wird Cockspur-Rum auf der Antilleninsel Barbados produziert. Als Firmenemblem dient in Anlehnung an den Namen ein vielfarbiger Hahn, der jedes Etikett ziert. Von den zahlreichen Cockspur-Sorten ist der goldfarbene »Five Star« Fine Rum die bekannteste Sorte.

Havana Club Kuba verdankt seinen Rang als Rumproduzent der Französischen Revolution. Das Kuba benachbarte Haiti war unter der französischen Kolonialherrschaft zum größten Zuckerproduzenten der Welt geworden. Als 1791 dort ein Aufstand ausbrach, kam die Zuckerproduktion fast zum Erliegen. Diese Marktlücke nutzten die kubanischen Pflanzer. Mit Hilfe der spanischen Krone vervielfachten sie in wenigen Jahren die Zuckerproduktion Kubas. Mehr Zucker bedeutete aber auch mehr Rum. Es wurden immer mehr Zuckermühlen und Rumdestillerien gebaut. 1848 gab es bereits in Havanna, Matanzas und Cárdenas Anlagen, die mit den besten Brennereien in den USA konkurrieren konnten. In diesen Jahren entstand der leichte, trockene, weiße kubanische Rum – und die Marke

Etwa 200 Euro muss man für einen Havana Club »Gran Reserva 15 Años« ausgeben, aber es lohnt – ein unglaubliches Geschmackserlebnis.

Havana Club. Diesen Rum gibt es seit 1878 mit dem Markenzeichen der »La Giraldilla«, einer weiblichen Statue, die am Hafen von Havanna steht. Hergestellt wird Havana Club in der größten Rumbrennerei der Welt in Santa Cruz/La Habana. Aufgrund der Wirtschaftssanktionen gegen Kuba gab es knapp 20 Jahre lang kaum kubanischen Rum in der westlichen Welt. Doch seit 1982 wird der drei Jahre in Eichenholzfässern gereifte Havana Club wieder in Deutschland angeboten. Dieser helle, klare Kubarum mit seinem leicht grünlichen Schimmer und dem trockenen, aromatischen Geschmack ist weltweit einzigartig. Das Angebot wurde 1988 um die sieben Jahre gelagerte Qualität erweitert. Seit einigen Jahren vervollständigen die Sorten »Añejo Blanco«, »Añejo Especial« und »Gran Reserva 15 Años« das Angebot (»Blanco« 37,5, alle anderen 40% vol).

Ob weiß, golden oder braun, die Havana-Club-Rums sind die Repräsentanten der großen kubanischen Rumtradition.

Lemon Hart Lemon Hart ist eine der großen alten, international bekannten Jamaikarummarken. Ihren Ursprung hatte die Marke in dem Engländer

Lemon Hart, der im späten 18. Jahrhundert einer der ersten Rumlieferanten für die British Royal Navy war. 1804 gilt als Gründungsjahr der Firma. Damals verlegte Lemon Hart seinen Firmensitz von Jamaika nach London, um die Geschäfte vom Mittelpunkt des Welthandels aus zu leiten. Bis Mitte des Jahres 2005 war Lemon Hart im Besitz des Spirituosenmultis Allied Domecq und wird nun wohl von Pernod Ricard übernommen. Zum Zeitpunkt der Drucklegung dieses Buches war nicht bekannt, ob Lemon Hart wie bisher mit 42 und 73% vol in Deutschland angeboten wird.

Rum wird insbesondere auf den Inseln der Antillen, dem amerikanischen Festland sowie auf einigen afrikanischen Inseln erzeugt.

Mount Gay Die Mount-Gay-Destillerie auf Barbados/Westindien wurde bereits 1663 erstmals erwähnt – damit handelt es sich um die älteste bekannte Rumdestillerie der Insel. Für die neuere Geschichte wird das Gründungsjahr mit 1703 angegeben. Von den bekannten Mount-Gay-Rumsorten wird die populärste, der goldfarbene, aromatische »Eclipse«, mit 40% vol Alkohol, nach Deutschland exportiert.

Myers's Rum In Kingston/Jamaika wird der tief-dunkle, weiche und sehr aromatische Myers's Rum »Planter's Punch Brand« (40% vol) hergestellt. Produzent ist die im Jahr 1879 gegründete Firma Fred L. Myers & Sons, die sich heute im Besitz des Spirituosenmultis Diageo befindet.

Old Pascas Die große und mittlerweile in Deutschland etablierte Rummarke Old Pascas bietet seit 2005 völlig neue Sorten und Qualitäten an. Je zwei der Old-Pascas-Rums stammen nun von den Ruminseln Barbados und Jamaika, und zusammen decken sie die wichtigsten Geschmacksrichtungen ab. Barbados, die östlichste der Westindischen Inseln, gilt als die Geburtsstätte des Rums, und die Insel ist bekannt für ihren besonders leichten und milden Rum. Jamaika hingegen ist der Inbegriff für den typisch schweren und aromatischen Rum der Karibik. Die Old-Pascas-Sorten: Old Pascas »Ron Barbados« 37,5% vol, präsentiert sich wasserklar mit einem angenehm dezenten Rumgeschmack. Old

Old Pascas präsentiert sich seit 2005 mit vier Sorten Rum in höchster Qualität und unterschiedlichen Geschmacksrichtungen.

Pascas »Ron Negro Barbados« 37,5% vol, wird im so genannten traditionellen Barbados-Verfahren in einer Kombination aus Pot Still und Column Still destilliert; er ist dunkelgolden und sehr duftig. Old Pascas »Jamaica 40% vol«, ist ein idealer Rum für alle Cocktailklassiker, die eine aromatische Rumnote erhalten sollen. Old Pascas »Jamaica 73% vol«, prägt jeden Cocktail schon in geringer Menge mit der Jamaila-typischen kräftigen Rumnote.

Pampero Pampero-Rum wurde 1938 geschaffen und ist neben Cacique der berühmteste venezuelanische Rum. Von Pampero, der heute zum Spirituo-

Der im Eichenholzfass gereifte Rum »Añejo Pampero Especial« bereichert seit dem Jahr 2005 das Rumangebot in Deutschland.

senmulti Diageo gehört, gibt es vier Abfüllungen: Den weißen Pampero »Blanco«, den goldfarbenen »Especial« und den dunkelbraunen »Selección 1938«. Die beiden Letztgenannten erleben ihre Reifung in alten Bourbon-Eichenholzfässern. Außergewöhnlich ist der »Añejo Aniversario Pampero«. Dieser alte, gut gereifte Rum wird in Kugelflaschen, die in Ledersäckchen verpackt sind, angeboten.

Robinson Seine Entstehung verdankt Robinson Rum dem Kaufmann Carl J. Meier, der im Jahr 1938 das Bremer Rum Contor gründete. Sein Ziel war, Rum in Flaschen als Markenartikel auf den Markt zu bringen. Dazu muss man wissen, dass Jamaika-Rum-Verschnitt, also die Mischung hocharomatischer Jamaikarums mit deutschem Agraralkohol, damals der einzig erhältliche Rumtyp auf dem deutschen Markt war. Carl J. Meier wählte den Namen »Robinson«, weil dieser eine Assoziation mit der Seefahrt, den Tropen und einer Insel und somit letztlich auch mit dem Rum herstellte. Schon kurz nach der Unternehmensgründung kamen die ersten Flaschen Jamaika-Rum-Verschnitt mit 48% vol auf den Markt. Ab dem Jahr 1948 wuchs die Marke dann schnell über ihre frühere regionale Bedeutung hinaus, und man erweiterte das Sortiment um einen »Echten Robinson Rum« aus Jamaika und später um einen Westindien-Rum. Im Oktober 2005 erfolgte ein völliger Wechsel in Qualität und Flaschenausstattung. Seit-

Die Sorten bei Robinson tragen die Bezeichnungen »Cask Velvety« (41% vol), »Cask Smooth« (55% vol) und »Cask Strenght« (73% vol).

her werden ausschließlich Jamaikarums angeboten. Diese gibt es nun als »Echter Jamaica Rum« dunkelgold mit 41% vol und hellgold mit 55% vol, sowie wasserklar als »Original Jamaica Rum Cask Strength« mit 73% vol. Eine neue Flaschenform, neue Etiketten und ein goldenes Netz an jeder Flasche sind die äußerlichen Merkmale des »neuen« Robinson.

Ronrico Das Unternehmen Ronrico geht zurück auf eine Vereinigung, die 1855 gegründet wurde und fünf Jahre später in der Puerto Rico Rum Distilling Company aufging. Daraus wurde 1906 die heutige Ronrico Rum Company mit Sitz in Arecibo. Ronrico-Rum wurde 1935 erstmals in den USA vorgestellt. Heute verfügt Ronrico über eine der sechs Destillierlizenzen auf Puerto Rico und ein Lager mit rund 100 000 Fässern Rum (ungefähr fünf Millionen Gallonen, das sind fast 20 Millionen Liter). Ronrico ist die Nummer zwei auf dem US-Markt: Die hergestellten Sorten heißen Ronrico »White«, Ronrico »Gold« und Ronrico »Purple«.

Während der Prohibition durfte Ronrico als einzige Destillerie die Geschäfte weiterführen und Industriealkohol herstellen.

Ron Varadero Ron Varadero, ist benannt nach dem einstmals mondänen, etwa 100 Kilometer östlich von Havana liegenden Küstenort, in dem die Destillerie ihren Sitz hat. Sie ist eine der ältesten Destillerien Kubas (seit 1862), und Ron Varadero wird bis heute dort hergestellt und gelagert. Bestes kubanisches Zuckerrohr, das besonders feuchtwarme Mikroklima und die Reifung in Eichenholzfässern geben diesem »Ron Superior« sein feines, exzellentes Aroma. Seine Qualität wird von Kennern auf der ganzen Welt geschätzt, und diese hält höchsten Genussansprüchen stand. Ron Varadero wird in fünf Qualitäten angeboten: »Blanco 3 Años«, »Oro 5 Años«, »Añejo 7 Años« und »Añejo Reserva«, ein Blend aus verschiedenen Altersstufen, werden mit 40% vol angeboten. Das Highlight ist der »Gran Reserva Añejo 15 Años«, ein 15 Jahre im Eichenfass gereifter, dunkelbernsteinfarbener Rum. Er wird mit 38% vol angeboten. Dieser Rum mit seiner weichen Geschmacksnote sollte pur und handwarm genossen werden.

Mit dem Ron Varadero wird nun eine weitere große kubanische Rummarke angeboten und die Vielfalt des kubanischen Rums aufgezeigt.

Cuba Libre

4–6 cl weißer
Rum
kaltes Cola
Limette

für heiße Tage und lange Nächte

In ein Longdrinkglas auf Eiswürfel
geben. Ein Limettenachtel dazugeben.

Planter's Punch

3 cl weißer Rum
3 cl brauner Rum
3 cl Orangensaft
3 cl Ananassaft
3 cl Grapefruit-
saft
I cl Grenadine
Ananas, Cocktail-
kirsche

der Rum-Punch-Klassiker

Im *Shaker* mit Eiswürfeln schütteln, in
Longdrinkglas auf Eiswürfel abgießen.
Ananasstück mit Cocktailkirsche an
den Glasrand stecken.

Strawberry Daiquiri

5 cl weißer Rum
3 cl Limettensaft
2 cl Zuckersirup
(oder I cl Zucker-
sirup und I cl
Erdbeersirup)
3–5 mittelgroße
Erdbeeren

Daiquiri-Variante für die Happy-Hour

Im *Elektromixer* durchmixen, so viel
crushed ice dazugeben, dass ein sämiger Drink entsteht. Nochmals mixen,
in eine Cocktailschale abgießen.

Banana Daiquiri

Daiquiri-Variante für die Happy-Hour

Im *Elektromixer* durchmixen und so viel crushed ice dazugeben, dass ein sämiger Drink entsteht.

5 cl weißer Rum
3 cl Limettensaft
**2 cl Zuckersirup
(oder I cl Zucker-
sirup und I cl
Bananensirup)**
I/3 Banane

Frozen Daiquiri

eiskalte Daiquiri-Variante

Im *Elektromixer* mit viel crushed ice mixen, in Cocktailschale abgießen.

5 cl weißer Rum
3 cl Limettensaft
2 cl Zuckersirup

Mai Tai

hocharomatischer Rumklassiker

Im *Shaker* mit Eiswürfeln schütteln. Im Tumbler eine geviertelte Limette mit Holzstößel ausdrücken und crushed ice dazugeben. Die Mischung dazugießen und umrühren. Mit Ananasstück, Kirsche und Minze garnieren.

**6 cl alter brauner
Rum**
**2 cl Cointreau
oder Curaçao
Triple Sec**
2 cl Limettensaft
I cl Zuckersirup
I cl Mandelsirup
I Limette
**Ananas, Cocktail-
kirsche, Minze**

Daiquiri

5 cl weißer Rum
3 cl Limettensaft
2 cl Zuckersirup
Limette

süßsaurer Rumdrink aus Kuba

Im *Shaker* mit Eiswürfeln schütteln, in eine Cocktailschale abgießen. Limettenscheibe dazugeben.

El Presidente

4 cl weißer Rum
1 cl Curaçao
Triple Sec
1 cl Vermouth
Dry
1 cl Grenadine
1 cl Limettensaft

ein El Presidente zur Happy-Hour

Im *Rührglas* mit Eiswürfeln verrühren. In vorgekühltes Cocktailglas abgießen.

Piña Colada

6 cl weißer Rum
10 cl Ananassaft
2 cl Sahne
2–4 cl Cream of
Coconut
Ananas, Cock-
tailkirsche

Karibikklassiker mit Kokosnuss

Im *Elektromixer* mit crushed ice mixen. In Longdrinkglas auf crushed ice abgießen. Ananasstück mit Cocktailkirsche an den Glasrand stecken.

Bacardi Cocktail

Bacardi-Klassiker für die Happy-Hour

Im *Rührglas* mit Eiswürfeln verrühren.

In vorgekühltes Cocktailglas abgießen.

5 cl Bacardi
Light Dry

2 cl Limetten-
oder Zitronensaft

I cl Grenadine

Pharisäer

Rum in guter Tarnung

In erwärmtes Stielglas Rum, Zucker,
Kaffee eingießen. Sahne darauf setzen.

4 cl brauner Rum

I Tasse heißer
Kaffee

I Barlöffel
Zucker

leicht geschla-
gene Sahne

Mojito

Kubaklassiker für heiße Tage

In großem Becherglas Zucker und
Sodawasser verrühren. Limettenstücke

dazugeben, mit Holzstößel ausdrücken.
Minzezweige dazugeben, Stiele mit
Holzstößel zerdrücken. Crushed ice in
Glas füllen, Rum und Sodawasser
dazugießen. Mit Barlöffel verrühren.

6 cl weißer Rum

I/2–I Limette

I Barlöffel feiner
weißer Rohr-
zucker oder
Puderzucker

Sodawasser

Minzezweige

Caipirissima

1–2 Limetten
1–2 cl Rohr-zuckersirup oder 1–2 Barlöffel weißer oder brauner Rohr-zucker
6 cl Bacardi Limón

Caipirinha-Variante für den Nachmittag

In großen Tumbler Limettenviertel geben, mit Holzstößel ausdrücken. Zucker und Bacardi Limón dazugeben und umrühren. Etwas crushed ice dazugeben, nochmals umrühren.

Blue Hawaii

2 cl weißer Rum
2 cl Cointreau
2 cl Curaçao Blue
4–6 cl Sahne

Damendrink zur Cocktailstunde

Im *Shaker* mit Eiswürfeln schütteln und in eine Cocktailschale abgießen.

Pink Elephant

4 cl brauner Rum
2 cl Crème de Banane
6 cl Grapefruit-, 1 cl Zitronensaft
6 cl Maracuja-nektar
1 cl Grenadine
Orange, Cocktail-kirsche

fruchtiger Partydrink

Im *Shaker* mit Eiswürfeln schütteln, in Longdrinkglas auf Eiswürfel abgießen. Mit Orangenscheibe und Cocktailkir-sche garnieren.

Rum Alexander

aromatischer Digestif

Im *Shaker* mit Eiswürfeln schütteln, in Cocktailschale abgießen. Fein geriebene Muskatnuss darüber streuen.

4 cl brauner Rum
2 cl Crème de Cacao braun
4 cl Sahne
Muskatnuss

Blue Hawaiian

mild-aromatischer Sommerdrink

Im *Shaker* mit Eiswürfeln schütteln, in ein großes Becherglas auf Eiswürfel abgießen. Ananasstück mit Cocktailkirsche an den Glasrand stecken.

4 cl weißer Rum
2 cl Curaçao Blue
8 cl Ananassaft
2 cl Cream of Coconut
Ananas, Cocktailkirsche

Strawberry Colada

aromatische Piña-Colada-Variante

Im *Elektromixer* mit crushed ice mixen. In Longdrinkglas auf crushed ice abgießen. Erdbeere an Glasrand stecken.

6 cl weißer Rum
10 cl Ananassaft
2 cl Zitronensaft
1 cl Erdbeersirup
2 cl Cream of Coconut
3–5 Erdbeeren

Bahama Mama

2 cl brauner Rum
1 cl brauner Rum 73% vol
2 cl Malibu Coconut Liqueur
1 cl Kahlúa Coffee Liqueur
12 cl Ananas-, 2 cl Zitronensaft

fruchtiger Partydrink

Im *Shaker* mit Eiswürfeln schütteln, in Longdrinkglas auf Eiswürfel abgießen.

Orangenpunch

4 cl brauner Rum
2 cl Cointreau
4 cl Zimtsirup
6 cl Orangensaft
1 Tasse heißer Tee
einige Nelken
Orange

ein heißer Drink vom Feinsten

Stielglas mit heißem Wasser erwärmen. Zutaten erhitzen, in das Glas geben, mit Tee aufgießen. Mit Nelken gespickte Orangenscheibe dazugeben.

Zombie

4 cl brauner, 4 cl weißer Rum
2 cl Rum 73% vol.
2 cl Curaçao Triple Sec
4 cl Ananas-, 4 cl Orangen-, 2 cl Zitronensaft
1 cl Grenadine, 1 cl Maracuja-sirup
Ananas, Cocktailkirsche

stärkster Rumdrink – Vorsicht!

Im *Shaker* mit Eiswürfeln schütteln, in Longdrinkglas auf Eiswürfel abgießen. Ananas mit Kirsche an Glas stecken.

Cubanito

Variante des Katerkillers Bloody Mary

In großes Becherglas Eiswürfel, Zitronensaft, Gewürze und Rum geben. Mit Tomatensaft aufgießen, umrühren. Zitronenscheibe an den Glasrand stecken.

5 cl weißer Rum
l cl Zitronensaft
Pfeffer, Selleriesalz
2 Spritzer Tabasco
3 Spritzer Worcestershiresauce
12 cl Tomatensaft
Zitrone

Island Queen

milder Rumdrink für Sommertage

Im *Shaker* mit Eiswürfeln schütteln, in Longdrinkglas auf Eiswürfel abgießen. Mit einer Erdbeere garnieren.

4 cl brauner Rum
2 cl Crème de Banane
6 cl Orangen-, l cl Zitronensaft
6 cl Maracujanektar
l cl Erdbeersirup
Erdbeere

Hot Chocolate

für den Nachmittag oder für kalte Tage

Stielglas mit heißem Wasser erwärmen. Rum und heiße Schokolade in das Glas geben, Sahne als Haube darauf setzen. Mit Schokoladenraspeln bestreuen.

4 cl brauner Rum
l Tasse heiße Schokolade
leicht geschlagene Sahne
Schokoladenraspel

Sekt

Sekt ist die in Deutschland übliche Bezeichnung für Schaumwein, und nirgendwo auf der Welt wird so viel davon getrunken wie bei uns. Die Deutschen sind Schaumweinweltmeister – eine Position, die weder Wirtschaftskrisen noch die hohe Sektsteuer bisher ernsthaft erschüttern konnte. Rund fünf Liter trinken die Deutschen pro Kopf und Jahr.

Wo und wann der erste Schaumwein im Glas perlte, ist nicht sicher auszumachen; aber alle Zeugnisse deuten auf Südfrankreich als Entstehungsort, wo 1544 der »Blanquette de Limoux« erwähnt wird. Er gilt als erster französischer Schaumwein. Gut hundert Jahre später wurde dann der Champagner »ent-

Obwohl das Wort Sekt schon im 19. Jahrhundert für Schaumwein gebräuchlich war, wurde es erst 1925 gesetzlich verankert.

deckt«, dessen Herstellung sich im 19. Jahrhundert zu einem blühenden Wirtschaftszweig entwickelte. Die erste deutsche Sektkellerei gründete am 1. Juli 1826 der in Frankreich ausgebildete Georg Christian Kessler. Um die Entstehung des Wortes »Sekt« ranken sich zahlreiche Legenden. Gesichert ist jedoch, dass die Bezeichnung ihren Ursprung im spanischen »vino seco« (= trockener Wein) hat. Ende des 19. Jahrhunderts hatte sich der Begriff »Sekt« für schäumenden Wein in Deutschland durchgesetzt. Ganz genau müssen nur die Juristen sein, denn Sekt ist zwar rechtlich gesehen immer Schaumwein, aber nicht jeder Schaumwein ist zugleich Sekt. Unter

Zur Einleitung der zweiten Gärung erhalten die Weine die »Fülldosage« – in Wein gelöster Kristallzucker und Reinhefe. Schaumwein versteht man, wie der Name schon sagt, ein schäumendes Weinerzeugnis. Seine Qualität hängt ab von der Güte des Rohstoffs, also dem Wein oder den Trauben.

Aus minderwertigen Grundweinen lässt sich trotz aller technischer Finessen kein guter Sekt herstellen. Nicht jede Rebsorte eignet sich zur Sektproduktion. Für einen guten Sekt braucht man Trauben mit viel

Säure. Deutscher Riesling liefert die besten Grund-
weine, er verfügt über alle Eigenschaften (Säure,
Rasse, Eleganz), die einen Spitzensekt garantieren.
Aber deutscher Riesling ist rar und teuer, weshalb
sich die Sektproduzenten nach ausländischen Quellen umsahen. Frankreich und vor allem **Beim Transvasierver-**
Italien wurden die billigen Zulieferer. **fahren reift der Sekt**
ebenfalls in Flaschen,
Schaumwein kann in unterschiedlichen **doch es entfallen der**
Rüttelprozess und die
Verfahren hergestellt werden. Das klassi- **manuelle Enthefung.**
sche Schaumweinverfahren ist die Produktion durch
zweite Gärung. Dem vergorenen Grundwein wird
dabei Fülldosage aus Hefe und Traubenmost zugesetzt. In der geschlossenen Flasche oder im Druck-
tank lösen die Hefepilze dann die zweite Gärung
aus, wobei der zugefügte Zucker in Kohlendioxid
und Alkohol aufgespalten wird. Ist die Gärung beendet und die Lagerung abgeschlossen, entfernt man
durch Filtern oder Degorgieren Hefe und Trüb-
stoffe. Nach Zugabe der Versanddosage, die den
Geschmack bestimmt, ist der Sekt fertig. Dabei sind
drei verschiedene Methoden zur Durchführung der

zweiten Gärung gebräuchlich: Es gibt die klassische Flaschengärung (Rüttelmethode), die Flaschengärung mit Filterenthefung, die auch Transvasiertechnik genannt wird, und die Großraum- oder Tankgärung. Nur noch wenige Sektkellereien halten bis heute an der traditionellen Methode des Rüttelverfahrens fest. Die Filterenthefung ist eine Übergangsform zur Großraumgärung, bei der die zweite Gärung und die Reifelagerung noch in Flaschen stattfinden, aber in Großbehältern gefiltert wird. Das Großraumgärverfahren, bei dem der komplette Produktionsprozess in druckfesten Großtanks abläuft,

Die »Versanddosage« gleicht den nach der zweiten Gärung herben und trockenen Sekt unseren Geschmacksvorstellungen an.

stellt die wirtschaftlich wichtigste Methode dar. Allen drei Verfahren gemeinsam ist der erste Produktionsschritt, die Zusammenstellung der Cuvée zum harmonischen Rohstoff. Verschiedene Weine werden verschnitten, um Sektmarken gleich bleibender Qualität – unabhängig vom Erntejahrgang – herstellen zu können. Die Güte der Cuvée bestimmt wesentlich die Qualität des fertigen Produkts. Der

Streit zwischen Traditionalisten und Neuerern um die klassische Flaschen- und die moderne Tank-gärung ist bis heute im Gange, doch erscheint er fast müßig: Die Tankgärung ist in den letzten Jahren entscheidend vervollkommnet worden. Ausschlaggebend sind allein die Qualität der Grundweine und die Zeit der Hefe-lagerung. Stimmen beide Faktoren, erhält man ein gutes Endprodukt – unabhängig davon, ob die Gärung in der Flasche oder im Tank stattgefun-den hat. Für den Gesetzgeber ist »Schaumwein« der Oberbegriff für alle Erzeugnisse, die durch erste oder zweite Gärung aus Trauben, Traubenmost, Tafelwein oder Qualitätswein hergestellt werden und die in geschlossenen Behältnissen bei 20 °C durch ausschließlich aus der Gärung stammende Kohlensäure einen Überdruck von mindestens drei Atmosphären aufweisen. Der Unterschied zwischen »Schaumwein« und »Qualitätsschaumwein« wird durch Alkoholgehalt, Mindestlagerzeit und zulässige Schwefelmenge bestimmt. Die Cuvée für Qualitäts-

Sekt (= Qualitäts-schaumwein) kommt erst dann auf den Markt, wenn er eine amtliche Prüfnummer erhalten hat.

schaumwein muss mindestens zehn Prozent Alkohol enthalten, die schwefelige Säure darf 185 Milligramm je Liter nicht übersteigen, und die Herstellungsdauer einschließlich Alterung muss von Beginn der Gärung an mindestens sechs Monate bei Tankgärsekt, neun Monate bei Flaschengärsekt betragen. Deklarierungspflichtig ist der Restzuckergehalt, der die Süße des Schaumweins bestimmt: 0 bis 6 Gramm bedeutet »Extra Herb/Extra Brut«. Ein »Brut«-Sekt muss weniger als 15 Gramm Restzucker je Liter haben, beim »Extra Dry« liegt der Restzuckergehalt zwischen 12 und 20 Gramm je Liter, bei »Trocken« zwischen 17 und 35 Gramm, beim »Halbtrocken« zwischen 33 und 50 Gramm. Beträgt der Restzuckergehalt mehr als 50 Gramm, ist der Sekt »mild«. Angeboten werden heute »Schaumwein« und »Sekt« (= Qualitätsschaumwein); zu der zweiten Gruppe zählen auch »Sekte bestimmter Anbaugebiete« sowie nicht zuletzt Sekte mit Rebsorten- und Jahrgangsangaben.

Im Jahre 1902 wurde zur Finanzierung der Kaiserlichen Flotte die Sektsteuer eingeführt. Pro Flasche beträgt diese 1,02 Euro.

Deutscher Sekt – bekannte Marken

Bernard-Massard In Trier wurde im Jahr 1919 von dem Konsul und Sektfachmann Jean Bernard-Massard die gleichnamige Sektkellerei gegründet. Firmensitz war und ist das Palais Pillishof, ein bis auf das Jahr 1270 zurückgehendes kunsthistorisch bedeutendes Haus der Rokozeit. Ein weiterer Firmenzweig kam 1921 im luxemburgischen Grenzort Grevenmacher hinzu. Die Spitzencuvées des Trierer Hauses werden im traditionellen Flaschengärverfahren aus den Weinen von Mosel, Saar und Ruwer hergestellt. Das große Sortiment bietet Sekte für jeden Geschmack, darunter mehrere sortenreine Spezialitäten. Auch die Luxemburger Sekte erfüllen die höchsten Ansprüche und werden im Flaschengärverfahren ausgebaut.

Rund 20 Sektsorten werden von Bernard-Massard angeboten, darunter Riesling, Elbling, Chardonnay, Weiß- und Spätburgunder.

Cantor (alkoholfrei) Die Marke Cantor geht auf die 1880 von den Brüdern Eduard und Friedrich Cantor gegründete Sektkellerei zurück. Die Sektkellereien Henkell & Söhnlein erweckten 1989 den

Namen wieder zu neuem Leben und bieten mit Cantor eine alkoholfreie Besonderheit an. Cantor ist laut neuester Formulierung des Gesetzgebers ein »schäumendes Getränk aus alkoholfreiem Wein«. Er hat deutlich weniger als 0,1% vol Alkoholgehalt und ist damit alkoholfrei (0,5% vol ist für alkoholfrei die Obergrenze). Aufgrund des Alkoholentzugs hat Cantor auch etwa 2/3 weniger Kalorien als Sekt. Bei der Herstellung wird der Weincuvée auf schonende Weise in einem Unterdruckbehälter (Vakuum) der Alkohol entzogen. Anschließend wird dem Wein dann Gärungskohlensäure zugesetzt. Cantor ist halbtrocken und die alkoholfreie Alternative zu Sekt.

Weine eines Jahrgangs und eine lange Reifezeit bestimmen seine Qualität, seine Ausgewogenheit und den feintrockenen Geschmack.

Carstens SC 1958 wurde Carstens SC als erster Sekt in der Mittelpreisklasse eingeführt, und 1976 erfolgte die Neupositionierung als Jahrgangssekt. Seither dominiert Carstens SC im oberen Mittelpreissegment. Mit einer Dosage von 26 g/l liegt Carstens SC ideal im Mittelbereich eines trockenen Sektes.

Deinhard Die Sektgeschichte des Weinhauses Deinhard beginnt 1833, als man den ersten Großversuch zur Herstellung »Rheinischen Champagners« unternahm. Der »Sparkling Moselle No 1« erfreute sich vor allem bei den Engländern großer Beliebtheit. 1888 kam die Marke Deinhard »Cabinet« auf den Markt. Im Jahr 1910 wurde die Spitzenmarke Deinhard »Lila« kreiert. Dieser erlesene

Seit 1997 ist Deinhard im Besitz von Henkell & Söhnlein und damit unter dem Dach des größten Sektproduzenten der Welt.

Sekt wird aus Rieslingweinen der besten deutschen Anbaugebiete hergestellt. Es gibt ihn in den Geschmacksrichtungen »Brut«, »Trocken« und »Halbtrocken«.

Die weiteren Sorten des Hauses sind der Klassiker Deinhard »Cabinet« – Traditions-Cuvée – Trocken, die volumenstärkste Marke des Sortiments, sowie Deinhard »Medium Dry« – Halbtrocken, Deinhard »Rosé de Blanc et Noir« – Halbtrocken, und der Rotsekt Deinhard »Rubin« – Halbtrocken.

Fürst von Metternich Am 1. Juli 1816 übernahm der Haus-, Hof- und Staatskanzler Clemens

Wenzeslaus Fürst von Metternich-Winneburg den Besitz Schloss Johannisberg als Geschenk von Kaiser Franz I. von Österreich. Die damalige firmeninterne Anordnung aus dem Jahr 1847, Wein nur noch aus Rieslingreben zu gewinnen, ist auf Metternichs Aktivitäten zurückzuführen. Er legte den Grundstein für den unverwechselbaren Charakter der Rheingauer Weine und zugleich für den Sekt Fürst von Metternich. Fürst von Metternich gibt es in drei unterschiedlichen Riesling-Cuvées: Fürst von Metternich »Trocken« mit 24 g/l Dosage, Fürst von Metternich »Extra Trocken« mit 18 g/l Dosage und Fürst von Metternich »Brut« mit Jahrgang und 12 g/l Dosage. Die Cuvée »Brut« wird ausschließlich aus Riesling-Weinen des Bereichs Johannisberg im Rheingau nach der Methode der traditionellen Flaschengärung hergestellt.

Eine neue Flaschenform in den 1960er Jahren unterstützte den Weg des Fürst von Metternich zum meistverkauften Sekt der Oberklasse.

Geldermann Die seit 1925 im Breisach ansässige Kellerei geht zurück auf die Gründung des Champagnerhauses Deutz durch die beiden

Deutschen William Deutz und Peter Geldermann im Jahre 1838. Die gemeinsame wechselvolle Geschichte der beiden Familien endete 1988, als das Champagnerhaus von Roederer übernommen wurde. Die Privat-Sektkellerei Geldermann bietet unterschiedliche Abfüllungen an, die alle im traditionellen Flaschengärverfahren hergestellt werden und zu den besten Sektmarken zählen. Die Sorten: Geldermann »Carte Blanche Trocken«, der beliebteste Sekt des Hauses, Geldermann »Carte Noire Halbtrocken«, Geldermann »Carte Bleue Trocken«, ein ausgeprägt trockener Sekt, und Geldermann »Rosé Trocken«, aus französischen und Kaiserstühler Rotwein.

Die renommierte Sektkellerei Geldermann in Breisach/Baden wurde im Jahr 2003 von der Sektkellerei Rotkäppchen übernommen.

Henkell Adam Henkell hatte, als er 31-jährig 1832 in Mainz sein Weingeschäft gründete, bereits Lehr- und Wanderjahre in Frankreich hinter sich. Er war mit der »Champagnisierung« des Weines vertraut und entschied sich trotz des unternehmerischen Risikos für das Wagnis der Sektherstellung. Als er

1866 starb, hinterließ er seinem Sohn Rudolf ein Haus mit respektablem Ruf. Der Durchbruch beim Sektgeschäft gelang Otto Henkell mit dem »Henkell Trocken«. Die über ganz Mainz verteilten 50 Keller reichten Anfang des 20. Jahrhunderts bald nicht

Die richtige Trink-temperatur liegt für weißen Sekt bei 5 bis 7 °C, für Rosé bei 6 bis 8 °C, für roten Sekt bei 9 bis 11 °C.

mehr aus, so dass er 1907 bis 1909 einen repräsentativen Firmensitz in Wiesba-den-Biebrich errichtete. In diesem sind bis heute alle Aktivitäten des Unterneh-mens zusammengefasst. Der Urenkel des Firmen-gründers, wiederum ein Otto Henkell, übernahm 1945 mit 22 Jahren die Leitung des Hauses und führte dieses durch die Wirren der Nachkriegszeit zu neuer Blüte. In den 1980er Jahren wurde Henkell mit dem Haus Söhnlein vereint. Neben der bekann-testen Sektmarke Deutschlands, dem Henkell Trocken, der auch als Rosé und für Diabetiker geeignet angeboten wird, gibt es die im traditio-nellen Flaschengärverfahren hergestellten Spitzen-cuvées »Adam Henkell Chardonnay – Brut« und »Adam Henkell Gamay – Brut – Rosé«. Weitere

Spitzensorten sind der Henkell »Brut« und der 2004 eingeführte Henkell »Blanc de Blancs – Trocken«. Zusammen mit seinen Tochterfirmen ist das Unternehmen Henkell & Söhnlein der mit Abstand größte Sektproduzent der Welt.

Kessler Georg Christian Kessler, der Gründer der ältesten deutschen Sektkellerei, wurde 1787 in Heilbronn geboren. Nach 16-jährigem Wirken bei der Witwe Clicquot in Reims begann er 1826 in Esslingen mit der Sektherstellung. Seine Nachfahren leiten nun in fünfter Generation das Unternehmen. Die Qualität der Kessler-Sekte ist unbestritten. Kessler bietet zwölf unterschiedliche Qualitäten an: »Cabinet« Extra Dry, die wohl älteste Sektmarke Deutschlands, »Gold Dry«, »Nostalgie« Trocken, »Brut«, »Hochgewächs Brut« – die Spitzencuvée mit großem Chardonnayanteil, »Hochgewächs Extra Brut«, »Chardonnay Brut«, »Riesling Jägergrün Extra Dry«, »Esslinger Neckarhalde Riesling Brut«, »Rosé Extra Dry« und »Cabinet Rot Extra Dry«.

Alle Kessler-Sekte entstehen im traditionellen Flaschengärverfahren, und die Spitzencuvée »Hochgewächs« steht für Sektkultur.

Kupferberg Die Geschichte der Sektkellerei Kupferberg in Mainz beginnt im Jahr 1850. Auf dem Boden des einstigen römischen Castrums errichtete Christian Adalbert Kupferberg sein erstes Gebäude und begann mit der »Fabrication moussierender Weine«. Aus römischer Zeit stammt auch ein Teil der heutigen Kellereianlagen. Diesen alten Kellern fügte man neue hinzu, und heute gehören zu Kupferberg mehr als 60 große Gewölbekeller in sieben Schichten unter der Erde. Diese einzigartigen Reiferäume sind die tiefsten Kellereianlagen der Welt. Die große Traditionsmarke Kupferberg »Gold« wurde bereits zwei Jahre nach Gründung des Unternehmens eingeführt. Sie zählt zu den ältesten deutschen Sektmarken. Kupferberg »Gold« gibt es »Trocken«, »Rot Halbtrocken«, und »Rosé Trocken«.

Kupferberg wurde 1978 vom Spirituosenunternehmen Racke übernommen und ist seit 2005 unter dem Dach von Henkell & Söhnlein.

Lutter & Wegner Im Jahre 1811 wurde in Berlin am Gendarmenmarkt die Weinstube Lutter & Wegner eröffnet. Schon bald wurde sie zum Treffpunkt bedeutender Künstler und Literaten und war ein

Zentrum Berliner Gastlichkeit. Auch der Kammer-
schauspieler Ludwig Devrient schätzte die hohe
Qualität des Angebots und fand sich regelmäßig
bei Lutter & Wegner ein. Als Devrient
nach einer Aufführung von Shakespeares
»Heinrich IV.« – noch ganz unter dem
Eindruck seiner Rolle als Falstaff stehend
– eines Tages dem Kellner zurief »Bring er mir Sect,
Schurke!«, brachte dieser wie gewohnt Champagner. Damit begann sich der Begriff »Sekt«, von
Lutter & Wegner ausgehend, in Deutschland einzu-
bürgern. Lutter-&-Wegner-Sekte werden von Henkell & Söhnlein in Wiesbaden hergestellt. Die Sorten:
Lutter & Wegner »Gendarmenmarkt« gibt es als
Trocken und als halbtrockenen Rotsekt, des Wei-
teren Lutter & Wegner »Riesling Extra Trocken«.

Matheus Müller Die Sektkellerei Matheus
Müller wurde 1811 von Matheus Müller in Eltville
im Rheingau als Weinhandlung gegründet, und 1837
begann die Sektproduktion. Schon um 1850 standen
die Initialen des Firmengründers auf den Etiketten,

**Lutter & Wegner am
Berliner Gendarmen-
markt ist heute wieder
ein Nobeletablissement
wie in den damaligen
»guten Zeiten«.**

und 1894 wurden diese in die kaiserliche Patentrolle eingetragen. Die Marke »MM Extra« wurde um 1890 geschaffen und ist heute eines der ältesten noch benutzten Markenzeichen. 1984 wurde Matheus Müller von Seagram übernommen und 2001 an die Sektkellerei Rotkäppchen verkauft. Bis heute gehört MM zu den erfolgreichsten deutschen Sektmarken, und neben dem Klassiker »MM Extra« – Trocken gibt es seit 1996 auch die etwas lieblichere Geschmacksrichtung »MM Extra« – Halbtrocken.

Menger-Krug Mit Menger-Krug bei Deidesheim in der Rheinpfalz entstand seit 1981 eine heute zur absoluten Spitzengruppe des deutschen Sektes zählende Marke. Urheber waren die Eheleute Menger-Krug. Beide stammen aus Winzerfamilien, studierten Weinbau und brachten Weinberge in ihren gemeinsamen Betrieb ein. Sie verfügen über 160 Hektar Anbaufläche, die in den besten Lagen Deutschlands liegen. Ihr Anspruch war, aus deutschen Weinen mit klassischer Flaschengärung einen Sekt herzustellen,

Regine und Klaus Menger-Krug hatten die Vision eines Sektes, der über einen unverwechselbar eigenen Charakter verfügt.

der in Geschmack und Struktur neue Maßstäbe set-
zen sollte. Mit konsequenter Umsetzung höchster
Qualitätskriterien wurde dieses Ziel erreicht, und
Menger-Krug-Sekte zählen heute unstrittig zu den
Spitzenprodukten unter den deutschen Sektmarken.
Das Angebot: »Riesling Brut«, »Pinot Brut«, »Rosé
Brut«, »Chardonnay Brut« und »Cuvée Zero«.

Mumm Der Ursprung von Mumm geht zurück auf
die bereits Ende des 18. Jahrhunderts in Frankreich
ansässige deutsche Weinhändlerfamilie **»Jules Mumm« Medium**
Dry zeichnet sich durch
Mumm. Diese gründete 1827 in Reims die **spritzige Frische und**
später weltbekannte Champagnerkellerei **fruchtige Eleganz aus.**
Ein Sekt mit jugend-
Mumm. Nach deren Verlust nach dem **lichem Temperament.**
Ersten Weltkrieg gründete der letzte deutsche Inha-
ber Godefroy H. von Mumm 1922 in Frankfurt am
Main die Firma G.H. von Mumm & Co. In jahrelangen
Prozessen mit den Franzosen, die der deutschen
Firma die Verwendung des Namens Mumm verbie-
ten wollten, obsiegte schließlich das neue deut-
sche Unternehmen. Die einzige Auflage war: Mumm
Deutschland durfte nur die Farben Schwarz und

Weiß bei der Flaschenausstattung verwenden. Mumm in Reims und Mumm in Deutschland legten größten Wert darauf, nicht verwechselt zu werden. Der spätere Inhaber Seagram verkaufte Mumm (und MM) im Jahr 2001 an die Sektkellerei Rotkäppchen: Angeboten werden die Mumm-Klassiker »Dry« und »Extra Dry«. Dazu kam 1998 die dem Sohn des Gründers gewidmete Marke »Jules Mumm Medium Dry« – in deren Cuvée besonders leichte und fruchtig-frische Weine Verwendung finden. Ein Jahr später folgte dann die trockenere Variante »Jules Mumm Dry«.

»Jules Mumm« Dry besitzt ein harmonisch-weiniges Bouquet, ein feinperliges Mousseux und einen trockenen und fruchtigen Charakter.

Rotkäppchen Im Süden von Sachsen-Anhalt, im idyllischen Städtchen Freyburg, hat die Sektkellerei Rotkäppchen ihren Sitz. Sie wurde 1856 von den Brüdern Kloss und deren Freund Foerster gegründet und erlebt seit der Wiedervereinigung einen nicht für möglich gehaltenen Aufstieg zur meistverkauften Sektmarke Deutschlands. Zum Unternehmen gehören inzwischen auch die renommierten Sektfirmen MM, Mumm und Geldermann (siehe dort). Für die Traditionsmarken von Rotkäppchen werden klassische Grundweine aus europäischen Weinbaugebieten verwendet und mit heimischen Weinen der Saale-Unstrut-Region abge- rundet. Außer der klassischen Linie, in der Rotkäppchen »Trocken«, »Halbtrocken«, »Mild«, »Rubin« (rot) und Diabetikersekt »Trocken« angeboten werden, gibt es im Flaschen- gär-Sortiment die Qualitäten »Brut«, »Extra Tro- cken« und »Riesling Trocken«, des Weiteren den Weißburgunder »Extra Trocken Saale-Unstrut Sekt«.

Der Rotkäppchen »Weißburgunder Saale-Unstrut-Sekt« wird nur in sehr begrenzten Mengen hergestellt und limitiert angeboten.

Söhnlein Im Jahre 1864 gründete Johann Jacob Söhnlein in Wiesbaden-Schierstein seine gleichna- mige Sektkellerei. Der ersten Marke seines Hauses verlieh er nach einem Treffen mit Richard Wagner den Namen »Rheingold«. Bereits 1876 erfolgte die Eintragung der Marke beim kaiserlichen Patentamt. Damit ist »Rheingold« das älteste heute noch beste- hende deutsche Sektwarenzeichen. Heute wie damals bietet Söhnlein mit dem »Rheingold« das »Beste vom Besten«. Hergestellt nach dem Verfahren der traditionellen Flaschengärung und ausschließlich aus Rhein-Riesling-Weinen erzeugt, präsentiert sich der »Rheingold« mit Riesling-typischem, rundem, vollem Geschmack. 100 Jahre nach der Gründung wurde im Jubiläumsjahr 1964 die Marke Söhnlein »Brillant« vorgestellt. Sie zählt heute zu den bekanntesten Sektmarken und ist Marktführer im Mittelpreissegment des trockenen Jahrgangssektes. Die Söhnlein-»Brillant«-Jahrgangssekte gibt es als »Trocken«, »Medium Dry« in einer transparenten Flasche sowie »Rot Halbtrocken«, außerdem »Trocken«, der für Diabetiker geeignet ist.

**Söhnlein Rheingold –
diese feine Rhein-Riesling-Rarität deutscher
Sektkultur steht nur in
limitierter Selektion
zur Verfügung.**

VAUX Die Geschichte der Sektmanufaktur Schloss Vaux beginnt 1868 in Berlin. Es entsteht ein deutsches »Champagner-Haus«, dessen Produktionsbasis auf Château Vaux in der Nähe von Metz liegt. Fünfzig Jahre später müssen die Eigentümer das französisch gewordene Domizil – als Folge des Ersten Weltkrieges – aufgeben, und 1920 nimmt man die Tätigkeit in Eltville im Rheingau wieder auf.

Bei Schloss Vaux hat man sich auf die Versektung von Spitzenweinen des Rheingaus spezialisiert und stellt vorwiegend Lagensekte aus Weinen renommierter Weingüter her. Alle Schloss-Vaux-Sekte werden nach der traditionellen Methode der Flaschengärung erzeugt. Als besonderes Merkmal sind die Lagensekte mit Kellertafeln ausgestattet, auf denen alle Informationen über die Rebsorte, die Weinqualität, die Lage, die Sektbereitung und Charakteristik sowie die hergestellte Flaschenzahl vermerkt sind. Das Angebot: »Cuvée Vaux Brut« aus Weiß- und Spätburgunder, »Vaux Riesling Brut« mit Jahrgang, »Vaux Rosé Brut« aus Schwarzriesling und Portugieser. Die limitierten Lagensekte: »Rheingauer Riesling Brut«, »Erbacher Marcobrunn Riesling Brut«, »Steinberger Riesling Brut«, »Schloss Reichartshausen Riesling Brut«, »Assmannshäuser Höllenberg Spätburgunder Blanc de Noirs Brut« und »Assmannshäuser Höllenberg Spätburgunder Brut«, alle mit Jahrgang.

Alle Schloss-Vaux-Sekte sind Brut. So bleiben die einzigartigen Charaktere ihrer Rebsorten und Lagenherkünfte erkennbar.

Sparkling Strawberry

2 cl Erdbeersirup
1 cl Apricot Brandy
2 cl Cognac
4 cl Ananassaft
kalter Sekt
Erdbeere

spritzig-fruchtiger Nachmittagsdrink

Im *Shaker* mit Eiswürfeln schütteln, in Sektkelch abgießen. Mit Sekt auffüllen. Erdbeere an den Glasrand stecken.

Summer Delight

1 cl Cointreau
1 cl Crème de Banane
4 cl Pfirsich-nektar
kalter Sekt
Pfirsich

erfrischender Sommerdrink

Im *Shaker* mit Eiswürfeln schütteln, in Sektkelch abgießen. Mit Sekt auffüllen. Pfirsichstück an den Glasrand stecken.

Caribbean

2 cl weißer Rum
2 cl Crème de Banane
4 cl Bananen-nektar
einige Tropfen Zuckersirup
kalter Sekt
Kiwi, Cocktail-kirsche

spritziger Drink für den Nachmittag

Im *Shaker* mit Eiswürfeln schütteln, in Longdrinkglas auf Eiswürfel abgießen. Mit Sekt auffüllen. Eine Kiwischeibe mit Cocktailkirsche an den Glasrand stecken.

Mimosa

leichter Drink für jede Gelegenheit

Sekt in Sektkelch geben, den Orangensaft dazugießen. Eine halbe Orangenscheibe dazugeben.

2/3 kalter Sekt
1/3 kalter Orangensaft
Orange

Fiesta Trinidad

aromatischer Partydrink

In einen Sektkelch einen Eiswürfel und die Liköre geben. Mit Sekt auffüllen. Halbe Orangenscheibe dazugeben.

2 cl Curaçao Triple Sec
1 cl Crème de Banane
kalter Sekt
Orange

Vulcano

gefährlich heiß und stark

Himbeergeist und Curaçao in Cocktailschale geben. Unter Umrühren anzünden. Mit einer großen Orangenschale abspritzen. Mit Sekt aufgießen und zwei Cocktailkirschen dazugeben.

3 cl ungekühlter Himbeergeist
2 cl Curaçao Blue
Orange
kalter Sekt
Cocktailkirschen

Spanischer Sekt

Im Herzen Kataloniens, 50 Kilometer südwestlich von Barcelona, liegt die hügelige Landschaft Penedès, das Zentrum der spanischen Sektherstellung. Dort wird seit den 1860er Jahren der spanische Schaumwein produziert. Er wird im traditionellen Flaschengärverfahren hergestellt und nennt sich »Cava«. Etwa 150 Millionen Flaschen werden jährlich erzeugt, das entspricht 90 Prozent der gesamten Schaumweinproduktion des Landes. Spanien ist nach Frankreich das größte Erzeugerland von Schaumweinen nach der traditionellen Flaschengärung. Die gesetzlichen Bestimmungen für den Cava besagen, dass der Wein neun Monate in der Flasche und auf der Hefe verbracht haben muss. Dem Cava verleiht die Macabeotrau-

Bei der Cavaproduktion ist nur die Flaschengärung erlaubt, und die gesamte Herstellung unterliegt strengen Vorschriften.

be Fruchtigkeit und Frische, die Xarel.lo Festigkeit und Säure und die Parelada Milde, Duftigkeit und Finesse. Seit einigen Jahren ist die Chardonnaytraube erlaubt, aber auch Riesling und Gewürztraminer werden angebaut. Die Cava werden in den Geschmacksrichtungen »Extra Brut« (Brut de Brut), »Brut Zero«, »Brut Nature«, »Brut« und auch »Semi Seco« (Demi-Sec) angeboten.

Bekannte Marken

Castillo Perelada Das Unternehmen Cavas de Castillo de Perelada hat seinen Sitz in Villafranca del Penedès. Das attraktive Städtchen Perelada mit seiner einzigartigen Kombination historischer Viertel, kultureller Veranstaltungen und einem vom Wein gezeichneten Charakter wird überragt vom Castillo. Dieses 600 Jahre alte Schloss mit seinem Weinmuseum, seiner Bibliothek, der Spielbank, dem 5-Sterne-Hotel, dem Golfclub und dem Park mit 600 Baumarten ist das Wahrzeichen der Stadt und auch der

Die frisch-fruchtigen Aromen und delikaten Zitrusnoten der Castillo-Perelada-Cavas trugen viel zum Ruf des Hauses bei.

Marke. In den historischen, schon im 15. Jahrhundert von den Karmelitermönchen zur Weinerzeugung genutzten Kellergewölben von Castillo Perelada reift heute die Spitzenmarke »Gran Claustro« Cava Brut Nature. Die anderen werden in einer 1970 gebauten Kellerei außerhalb des Schlosses verarbeitet. Die Sorten: »Reserva Brut«, »Rosado Brut«, »Cuvee Especial Brut Nature« mit Jahrgang, und »Torre Galeta Rosado Brut«.

Seit der Hochzeit von Maria Anna Codorníu im Jahre 1659 mit Miguel Raventós heißt die Eigentümerfamilie nun Raventos.

Codorníu In Sant Sadurní d'Anoia befindet sich »La Casa Grande«, das »Große Haus« der Codorníu, ein Nationalmonument mit den größten unterirdischen Weinkellereien der Welt. In fünf Stockwerken ziehen sich die Gewölbegänge über 25 Kilometer. Hier reifen mehr als 100 Millionen Flaschen Codorníu-Cava. 1872 gelang es José Raventos als erstem Spanier, Sekt nach der aufwändigen Champagnermethode herzustellen. Das Haus Codorníu mit seiner bis ins 16. Jahrhundert zurückreichenden Geschichte ist heute der bedeutendste Cavahersteller.

Freixenet (sprich: Freschenet) in Sant Sadurní/ Penedès ist der größte Cavaproduzent. 1889 wurde der Grundstein gelegt, und die Nachfahren des Gründers bauten das Haus zum größten Cavaproduzenten Spaniens und einem der weltweit größten Schaumweinunternehmen aus. Die in Deutschland angebotenen Sorten: »Carta Nevada Semi Seco« und »Seco«, »Cordon Negro Brut« und Freixenet »Rosado Seco«. Neu eingeführt wurde die »Cuvée Especial XXI« – veintiuno – in den Abfüllungen »Brut« und »Seco«.

Roger Goulart Das zu den kleineren Häusern zählende Unternehmen begann 1882 mit der Schaumweinherstellung und ist einer der hoch angesehenen Cavaproduzenten im Penedès. Heute beträgt die Jahresproduktion rund 500 000 Flaschen, und etwa zwei Millionen Flaschen lagern zur Reifung in den Kellern. Die bekannten Sorten sind »Reserva Brut«, »Brut Extra« mit Jahrgang und die »Grande Cuvée Brut de Bruts« mit Jahrgang.

Bei Roger Goulart erbringt der hohe Xarel.lo-Anteil bei den Cavas mit langer Hefelagerung Körperreichtum und Beständigkeit.

Italienischer Sekt

Auch in Italien erfreut sich Sekt, der dort »Spumante« genannt wird, großer Beliebtheit. Rund 185 Millionen Flaschen werden jährlich getrunken. Über die
Hälfte davon entfällt auf den süßen Asti Spumante
aus der im Piemont heimischen Moscatotraube. Im

**Den süßen Asti
Spumante aus dem
Piemont trinkt man
sehr kühl, mit etwa
5 bis 8 °C, aus breiten
Gläsern oder Schalen.**
Unterschied zum Sekt stammt die Süße
des Asti vom Most. Dieser wird in Druck-
tanks gefüllt und gärt nur einmal. Aus dem
Most wird nicht erst Wein, sondern schon

Asti. Die Gärzeit ist relativ kurz, und ein großer Teil
der natürlichen Mostsüße bleibt erhalten.

Daneben gibt es aber auch eine große Zahl trockener Weine, aus denen Sekt hergestellt wird. Sie stammen zumeist aus Trauben der Pinot-Familie, die in den Anbaugebieten des Nordens, in den Regionen Piemont, Lombardei, Trentino und Veneto, gelesen werden. Auch Chardonnay wird zunehmend verwendet. Rund 90 Prozent dieser Spumantes entstehen durch Tankgärung, die besten jedoch im Flaschengärungsverfahren (»Metodo Classico«). Relativ unbekannt war bis in die späten 1980er Jahre der Prosecco. Die weiße Proseccotraube wird vor allem nördlich von Venedig angebaut. Nur den Weinen, die aus dem rund 3000 Hektar großen Weinbaugebiet um Conegliano und Valdobbiadene stammen, steht die Ursprungsbezeichnung »D.O.C.« zu. Prosecco Frizzante weist eine kürzere Gärzeit und weniger Kohlensäure auf und ist so sektsteuerfrei. Im Gegensatz zum Prosecco Spumante werden die Frizzanteflaschen wie Wein verkorkt und die Korken mit Schnüren, dem »Spagno«-Verschluss, gesichert.

Rund 90 Prozent der Proseccoweine werden im Tankgärverfahren zu Spumante (Schaumwein) oder Frizzante (Perlwein) verarbeitet.

Die wichtigsten Marken

Canella Die Sektkellerei Canella in San Doná die Piave bei Venedig gilt als einer der Erzeuger der am höchsten bewerteten Prosecchi Spumante. Angeboten werden der Canella Prosecco Spumante und Canella Prosecco Frizzante mit dem »Spagno«-Verschluss. Berühmtheit erlangte Canella auch durch ihre fertig gemischten Cocktailklassiker Bellini, Rossini und Mimosa. Diese fruchtigen Aperitifs werden aus Prosecco und dem Fruchtmark weißer Pfirsiche mit etwas Waldhimbeere (Bellini), mit dem Fruchtfleisch frischer Erdbeeren (Rossini) und dem herbfruchtigen Saft sizilianischer Orangen (Mimosa) hergestellt.

Der Asti des Hauses Cinzano ist mit einem Anteil von über 50 Prozent der führende Asti auf dem deutschen Markt.

Cinzano Das für seinen Vermouth (siehe Weinaperitif) weltbekannte Unternehmen ist auch ein traditionsreicher Hersteller von schäumenden Weinen. Berühmt ist das Unternehmen seit jeher für seinen Asti. Neu ist, dem Trend der Zeit entsprechend, der Prosecco Spumante.

Ferrari Im Jahr 1902 brachte Giulio Ferrari die Chardonnaytraube aus Frankreich ins Trentino. Er gilt als Wegbereiter der italienischen Sekterzeugung im traditionellen Flaschengärverfahren.

Frescobaldi Der Name Frescobaldi lässt sich in der italienischen Geschichte bis ins 12. Jahrhundert zurückverfolgen. Auf acht Weingütern in der Toskana stellt die Familie mit neuesten Produktionstechniken Weine her, die nur aus eigenen Lagen stammen. Mit dem Frescobaldi »Extra Brut« mit Jahrgang wird aus Chardonnay ein nach der klassischen Methode produzierter Spitzen-Spumante angeboten (siehe Grappa Luce und Castel Giocondo).

Martini Das für seinen Vermouth weltbekannte Haus Martini & Rosso ist in vielen Bereichen der Getränkeherstellung tätig. Berühmte italienische Schaumweine von Martini sind der Sekt Martini »Brut« und der Prosecco »Frizzante«. Außer dem Vermouth bietet Martini auch den Kräuterlikör »China Martini« an (siehe Weinaperitif und Bitter).

Das Haus Martini & Rosso bürgt schon allein mit seinem Namen für ein typisch italienisches Erzeugnis der Spitzenklasse.

Österreichischer Sekt

Österreich war das dritte Land, das im 19. Jahrhundert in die Riege der Schaumwein produzierenden Nationen eintrat. Robert Schlumberger begann dort 1842 nach jahrelanger Tätigkeit in der Champagne als Erster mit der Schaumweinbereitung. Heute ist Österreich ein Erzeugerland mit einer relativ großen Markenvielfalt. Rund 50 Hersteller füllen etwa 20 Millionen Flaschen jährlich ab. Der Großteil entfällt auf einige wenige, überregional bekannte Firmen. Die meisten Marken stammen von Klein- und Kleinstherstellern, die erst seit den 1980er Jahren produzieren, als die Nachfrage auch in Österreich anstieg. Sie verwenden fast ausschließlich einheimische Weine der Sorten Welschsriesling, Grüner Veltliner, Weißburgunder, Neuburger und Rheinriesling.

Österreichischer Sekt ist in Österreich teuer, da er mit der Getränkesteuer, der Sektsteuer und mit Alkoholsteuer belegt ist.

Bekannte Marken

Schlumberger Der Schwabe Robert Schlumberger gründete 1842 die erste österreichische Sektkellerei. Bereits 1845 bekam sein »Moussierender Wein nach Art des Champagners« höchste Auszeichnungen verliehen. Bis heute ist das seit 1973 zu Underberg gehörende Unternehmen mit rund drei Millionen jährlich verkauften Flaschen der führende Hersteller in Österreich. Alle Schlumberger-Sekte sind Jahrgangssekte mit der Dosage Brut, und alle werden im traditionellen Flaschengärverfahren hergestellt. Die Sorten: »Sparkling Brut« aus Welschriesling, »Chardonnay«, »Rosé« aus Pinot Noir und der »DOM«, kreiert von österreichischen Topwinzern, aus Chardonnay und Pinot Noir im Eichenfass im Schlumberger DOM-Keller gereift. Des Weiteren gibt es Schlumberger Sparkling »Brut« als »Cuvée Klimt«. Mit den Schlumberger Longs »Bellini« und »Testarossa« werden Pfirsich- und Himbeerfruchtmark zur Bereitung von Aperitifs angeboten.

> Seit fast 20 Jahren wird die »Schlumberger-Methode« angewendet, um einen besonders bekömmlichen Sekt zu erzeugen.

Internationaler Sekt

Frankreich, dem ersten Herstellerland von schäumendem Wein, folgten 1826 Deutschland und 1842 Österreich. In Italien begann um 1870 die Astiproduktion, und 1872 trat Spanien dann in den Kreis der Schaumweinerzeuger ein. Heute produzieren fast alle Weinländer auch Schaumwein. Seit den 1980er Jahren nimmt mit der Nachfrage auch die Zahl der Schaumwein herstellenden Länder stetig zu.

»Crémant« bei französischem Sekt bedeutet Flaschengärung. Bis 1992 verstand man darunter einen Champagner mit wenig Kohlensäure.

Beste Qualitäten bieten die Sekte und »Crémant's« Frankreichs und die kalifornischen »Sparklings«.

Bekannte Marken

Blanc Foussy Die Sektkellerei Blanc Foussy befindet sich in Rochecorbon, östlich von Tours, am Ufer der Loire. Westlich davon liegt die Region Touraine, aus der die für den Blanc Foussy verwendeten Weine stammen. Diese sind zu 90 Prozent Chenin Blanc – die Hauptsorte der Touraine – und zu 10 Prozent Chardonnay. Es werden ausgesuchte Moste von Vertragswinzern angekauft, die Vinifikation erfolgt in den eigenen Kellereien. Für die anschließende Flaschengärung bieten Kalksandsteinkeller aus dem 16./17. Jahrhundert die idealen Reifebedingungen.

Der wichtigste Markt von Blanc Foussy ist Frankreich. Dort ist er der meistverkaufte Sekt der »Appelation Touraine Contrôlée«.

Alle Foussy-Sekte werden nach der »Méthode Traditionnelle« hergestellt, und Blanc Foussy ist Marktführer im Segment »Appellation Touraine Contrôlée«. Nach Deutschland werden drei Sorten exportiert: die beiden »Appellation Touraine Contrôlée«, Blanc Foussy »Tête de Cuvée Brut« und »Rosé Brut«, ferner der Appellation Crémant de Loire Contrôlée »Crémant de Loire Brut«.

Gratien & Meyer Die Sektkellerei Gratien & Meyer wurde im Jahre 1854 in Saumur an der Loire gegründet und zählt zu den ältesten Sektkellereien Frankreichs. Seither haben sich fünf Generationen des Familienbetriebs der Herstellung von Sekt, Champagner (siehe Alfred Gratien) und Weinen auf höchstem Niveau gewidmet. Die Hauptmarke, der »Crémant de Loire Brut«, erfährt dabei die außergewöhnlich lange Reifezeit von 18 Monaten in den Tuffsteinkellern der Kellerei. Ausschließlich aus eigenem Traubengut hergestellt werden die »Cuvée Flamme Brut« und »Cuvée Flamme Brut Rosé«.

Die Gratien & Meyer Sekte werden nach den höchsten Qualitätskriterien und im traditionellen Flaschengärverfahren hergestellt.

Krimskoye Krimsekt zählt seit jeher zu den Spitzenprodukten der Sektindustrie der ehemaligen UdSSR. Der berühmteste und größte Produzent in der Ukraine ist Krimskoye. Gegenüber anderen Sektsorten der Ukraine unterliegt der Krimsekt, und somit auch Krimskoye, einem dreijährigen Produktionsprozess und wird ausschließlich nach dem traditionellen Flaschengärverfahren hergestellt.

Krimskoye-Krimsekt gibt es weiß als »Halbtrocken« und »Trocken«, größere Bekanntheit genießt aber der berühmte rot-milde »Krimsekt«.

Kriter Der Ursprung von Kriter geht auf eine kleine, traditionsreiche Sektkellerei in Beaune / Burgund zurück. 1959 wurde die Firma neu gegründet, und heute ist Kriter einer der größten Sekthersteller Frankreichs.

Es werden angeboten: Kriter »Brut« und »Demi Sec«, beide Blanc de Blancs, sowie »Brut Prestige« Chardonnay mit Jahrgang.

Roederer Quartet Zu Beginn der 1980er Jahre kaufte der Inhaber des Champagnerhauses Roederer im kalifornischen Anderson Valley 150 Hektar Rebfläche, um dort mit den Rebsorten der Champagne, Pinot Noir und Chardonnay, edle Schaumweine herzustellen. Seinen Namen verdankt der Roederer Quartet den vier Weinbergen des Gutes. Angeboten werden »Roederer Quartet Brut« und »Roederer Quartet Brut Rosé«. Beide werden im traditionellen Flaschengärverfahren hergestellt und zählen zu den besten »Sparklings« der USA. Modernste technische Erkenntnisse und die Champagnererfahrung unterstützten dieses Vorhaben.

Sherry

*S*chon im Mittelalter schätzte man den Sherry – und heute ist er einer der berühmtesten Weine der Welt. Sherry kommt aus einem eng begrenzten Anbaugebiet in Andalusien um das Städtedreieck Jerez de la Frontera, Sanlúcar de Barrameda

und Puerto de Santa María in der Provinz Cádiz.
Jerez de la Frontera geht wahrscheinlich auf einen
phönizischen Handelsplatz zurück, der etwa 1100
v. Chr. errichtet wurde und damals Shera hieß. Als
die Araber die Stadt besetzten, änder-
ten sie den Namen in Scheris. Davon lei-
teten sich die spanischen Bezeichnungen
»Xeris« und »Xerex« ab, woraus wiederum das moderne »Jerez« entstand. Für die Engländer war das harte spanische »Jerez« (sprich: Che-
res) schwer auszusprechen, sie wandelten es daher
in das weicher klingende »Sherry« (sprich: Scherry)

**Glühende Sommer-
sonne, frischer Wind
vom Atlantik und
milder Winterregen
prägen den Charakter
der Sherryweine.**

um. Den Zusatz »de la Frontera« bekam die Stadt, weil sie durch Jahrhunderte an der Grenze (»frontera«) zwischen christlichem und islamischem Einflussgebiet lag. Vor gut 400 Jahren brachten britische Seefahrer den Sherry nach England. Die Begeisterung für das neue Getränk wuchs außerordentlich schnell, und im 19. Jahrhundert war dieser edle Wein bereits im gesamten britischen Weltreich bekannt. Die wichtigsten Faktoren bei der Sherryherstellung sind Boden, Trauben und Klima. Man unterscheidet bei den Weinbergböden drei Arten: Der »Albariza« genannte Boden ist aus ausgespülten Ablagerungen von Lehm und tertiärem Kalkstein entstanden, unter dem »Barro« versteht man einen hauptsächlich aus Ton bestehenden, mit Kreide und Sand vermischten Boden, und beim »Arena«-Boden überwiegt der Sandanteil. Die hier wachsenden Weine erreichen nicht die Finoqualität. Die Albariza- und die Barroböden können das Wasser der Herbst- und Winterregen bis zum heißen

In der sich stetig verändernden Getränkewelt ist der Sherry seit den 1970er Jahren auch in Deutschland eine feste Größe.

Sommer speichern. Der berühmte weiße Kalkbo-
den, der die Sonne wie ein Spiegel reflektiert, dazu
fast 300 Sonnentage im Jahr, starke Winterregen und
Wind vom Atlantik prägen den Charakter
der Sherryweine. Für Sherry verwendet
man ausschließlich weiße Trauben. Die
wichtigste und meistangebaute ist die
Palomino Fino. Die Nummer zwei bildet die Sorte
Pedro Ximénez; sie bringt exzellente, süße Weine,
die man zum Mischen einsetzt. Zwar werden einige
weitere Sorten gepflanzt, doch haben diese keine
große Bedeutung. Die Weinlese beginnt Anfang September und dauert etwa einen Monat. Die Trauben
werden sofort zu den Kelterhäusern gebracht. Je
nach gewünschter Süße reifen die Trauben noch für
einige Stunden oder Tage – auf Matten ausgebreitet
– nach. Danach werden sie gekeltert. Die Gärung
des Mosts dauert etwa 20 bis 25 Tage. Wenn die
Gärung aufhört, hat der junge Wein einen Alkoholgehalt von 12 bis 13 Prozent. In diesem Stadium,
noch vor der Fassfüllung, findet bereits die erste

**Sherry gibt es in un-
glaublicher Geschmacks-
vielfalt. Von extrem
trocken bis edelsüß
bietet sich Sherry für
jeden Anlass an.**

Klassifizierung statt. Die Jungweine heißen jetzt »Sin Marca« (Finos) oder »Raya« (Olorosos). Alle Weine, die den Anforderungen nicht genügen, kommen in die Alkoholdestillation. Die Sin-Marca- und Raya-

Sherryweine reifen nicht in Weinkellern, sondern in den ebenerdigen, gut belüfteten hohen Lagerhallen, den so genannten Bodegas. Weine werden bei der Abfüllung in Fässer entweder auf 15,5 Prozent (Fino) oder auf 18 bis 19 Prozent (Oloroso) Alkohol verstärkt. Zu diesem Zeitpunkt beginnt das eigentliche »Leben« des Sherry. Er kommt in das Añada-System (von spanisch: año = Jahr), in dem er nun reift und kontrolliert wird. Sherryfässer sind immer nur zu 80 Prozent gefüllt, damit die Oberfläche, die mit der Luft in Verbindung kommt, möglichst groß ist. Nach einem Jahr hat sich auf den Finos ein Hefefilm, der »Flor«, entwickelt. Vom Wachstum dieser Hefe hängt der Charakter des späteren Fino weitgehend ab. Unter günstigen Voraussetzungen gedeiht der Hefepilz mehrere Jahre. Er wächst jedoch nicht bei einem Alkoholgehalt von mehr als 17 Prozent. Da die Rayas (Olorosos) einen Alkoholgehalt von 18 bis 19 Prozent aufweisen, bilden sie dementsprechend keinen Flor. Der Wein im Fass hat direkte Berührung mit dem Sauerstoff. Schon bald nach der Fassfüllung verändert er seine Farbe vom ursprünglichen hellen in einen goldenen Ton. Der Geruch ist sehr voll, daher der Name »Oloroso« (von spanisch: olor = Geruch). Innerhalb dieses Añada-Systems findet eine zweite Klassifizierung statt. Der Wein hat sich inzwischen mit dem Holz des Fasses verbunden, hat im Fall der Finos Flor entwickelt und trotz des zugegebenen Alkohols eine zweite, leichte Folge von Gärungen erlebt, die seine Entwicklung beeinflussen. Die Rayas werden untereinander klassifiziert in »Palos Cortados« – das sind die Weine mit vollem Körper und reinem Duft –, in »Olorosos« – die mit vollem Körper und akzeptablem Duft – und in »Rayas« – Weine, die sich kaum weiterentwickelt haben, aber zum Verschneiden gebraucht werden können. Die Sin-Marca-Weine, die jetzt im Vergleich untereinander einen volleren Körper haben, werden als

Der Amontillado ist benannt nach den Weinen von Montilla in der Provinz Cordoba, da er diesen in Art und Charakter ähnelt.

»Amontillado Fino« markiert. Sollten in der Folge-
zeit weitere ihrer typischen Finomerkmale ver-
schwinden, wird der Wein auf 17 oder 18 Prozent
Alkohol verstärkt und zum »Amontillado«. Der Reifeprozess, der im Añada-System begann, wird im
für den Sherry typischen Solera-System fortgesetzt.
Die Soleras (Fassreihen in bestimmter Anordnung)
befinden sich in hohen, gut belüfteten Gebäuden,
den Bodegas. Von diesen meist riesengroßen Lager-

Beim Solera-System werden stets ältere Weine mit jüngeren gemischt, so dass Typ und Art einer Marke immer gleich bleiben. hallen stehen rund 700 in Jerez, 300 in
Sanlúcar und 200 in Puerto de Santa
María. Sinn des Solera-Systems ist es,
über die Jahre hinweg einen in Alter und
Charakter gleich bleibenden Sherry zu erhalten.
Jede Solera besteht aus vielen Fässern von je etwa
520 Liter Inhalt, die in Dreier- oder Viererreihen
übereinander gestapelt sind. Dabei hat jeder Sherry,
ob Fino, Amontillado, Oloroso etc., seine eigene
Solera-Reihe. Die Anzahl der Fässer in einer Reihe
kann bei 50 und mehr liegen, wobei manche Solera-
Reihen schon weit vor der Jahrhundertwende ange-

legt wurden. Jedes Jahr füllt man nun Wein aus der unteren Fassreihe ab, und zwar von jedem Fass die gleiche Menge. Dies geschieht meist in zwei oder drei zeitlich voneinander getrennten Aktionen, die Entnahme soll ein Drittel des Fassinhalts aber nicht übersteigen. Die abgefüllte Menge wird durch Wein aus der zweiten, darüber liegenden Fassreihe ersetzt. Diese Prozedur wiederholt sich bis zur oberen Fassreihe, die immer den jüngsten Wein enthält. Das kontinuierliche Umfüllen und Vermischen gewährleistet die stets gleich bleibende Qualität der jeweiligen Geschmacksrichtung. Der abgezogene junge Wein in der obersten Fassreihe wird aus dem Añada-System nachgefüllt. Beim Verlassen der Solera sind die Sherrys vollkommen »trocken«, sie werden anschließend mit Süßwein und Colorwein verschnitten. Die Herstellung der Süßweine für den Verschnitt unterscheidet sich von der sonstigen Weinherstellung, weil die Trauben vor dem Pressen noch bis zu 14 Tage zum Trocknen in der Sonne lie-

Von Ausnahmen abgesehen gilt bei Sherry: Je trockener ein Sherry, desto heller ist sein Farbton, je süßer, desto dunkler.

gen. Erst wenn die richtige Zuckerkonzentration erreicht ist, werden die fast zu Rosinen geschrumpften Trauben ausgepresst; dabei erhält man einen dickflüssigen Sirup, der dann vergoren wird. Der bekannteste und kostbarste so entstandene Wein ist der Pedro Ximénez. Außerdem spielen der meist aus Palominotrauben hergestellte Dulce Corriente und der Moscatel aus Muskatellertrauben eine Rolle.

Fino ist ein trockener Sherry aus Jerez oder Puerto de Santa María, den man an seiner strohgelben bis hellgoldenen Farbe erkennt.

Für den Colorwein, der dem Oloroso- und dem Cream Sherry die volle, dunkle Farbe gibt, wird bei der Herstellung jungem Most ein Drittel konzentrierter Most zugefügt. Durch Aufkochen karamellisiert der enthaltene Zucker und bekommt eine sehr dunkle Farbe. Sherry ist nicht gleich Sherry: Es gibt zahlreiche Variationen und Geschmacksnuancen, darunter Manzanilla – ein sehr trockener und säurereicher Fino von der Küste –, Palo Cortado – eine Zwischenstufe zwischen Amontillado und Oloroso und Pale Cream – aus Fino und hellem Süßwein. Nachfolgend die vier Grundtypen:

Die wichtigsten Sherrygrundtypen

Fino Finos werden immer nur mit Finos verschnitten. Die Finos, häufig auch unter den Bezeichnungen »Dry«, »Very Dry« oder »Very Pale Dry« angeboten, weisen ein delikates, feines Mandelaroma auf. Sie sind säurearm und sollten gut gekühlt serviert werden. Der »Manzanilla-Sherry«, aus nicht ganz vollreifen Trauben hergestellt, ist ein an der Küste gewachsener Fino, dem man einen leichten Salzgeschmack nachsagt und der etwas alkoholärmer und besonders trocken ist. Der Alkoholgehalt aller Fino-Sherrys liegt zwischen 15,5 und 17,5% vol.

Amontillado Nicht ganz so trocken, aber dem Fino geschmacklich eng verwandt ist der Amontillado. Die milden, halbtrockenen Sorten tragen daher oft auch die Bezeichnungen »Medium« oder »Medium Dry«. Amontillado-Sherrys sind dunkler als Finos, weicher, vollmundiger und körperreicher und haben ein Nussaroma. Sie enthalten 17 bis 18% vol Alkohol und sollten leicht gekühlt serviert werden.

Eine weitere wichtige Regel bei Sherry lautet: Je trockener der Sherry ist, desto kühler sollte er getrunken werden.

Oloroso Der trockene Oloroso-Grundwein wird mit einem Süßwein und manchmal auch mit einem Colorwein verschnitten. Als Endprodukt erhält man den klassischen Sherrytyp, der diesen spanischen Wein so berühmt gemacht hat. Der Oloroso (= der Wohlriechende) ist ein trockener bis leicht süßer, würziger Sherry von dunkelgoldener Farbe. Sein Alkoholgehalt beträgt 18 bis 20% vol. Man serviert ihn leicht gekühlt. In Deutschland wird Oloroso meist als halbsüßer Sherry angeboten, in Spanien dagegen bevorzugt man trockenere Olorosos.

Cream Cream Sherry ist ein Verschnitt aus Oloroso, Amontillado, Süß- und Colorweinen. Die wertvolleren Cream Sherrys haben einen hohen Anteil an teurem Pedro-Ximénez-Süßwein und an rarem Palo Cortado. Bei dieser süßen Variante des Oloroso handelt es sich in der Regel um einen ausgesprochen milden, gehaltvollen, dunkel-rubinroten, dickflüssigen Dessertwein mit einem Alkoholgehalt von 18 bis 20% vol. Man serviert ihn am besten nur leicht gekühlt.

Für guten Cream Sherry reifen die Weine getrennt, werden dann erst gemischt und zuletzt als Cream in der Solera ausgebaut.

Bekannte Marken

Domecq Großen Anteil am heutigen Ruf des Sherrys hat das weltbekannte Haus Domecq. Bereits 1816 übernahm der erste Domecq eine Kellerei, die ihren Ursprung im Jahre 1730 hatte. Bis heute genießen die Domecq-Sherrys, darunter der Spitzen-Fino »La Ina«, weltweites Ansehen. Große

Außer für Sherrys ist die Firma Domecq für ihre Brandys (»Fundador«, »Carlos I.«) über die Grenzen Spaniens hinaus bekannt.

Verdienste erwarb man sich auch in der Brandy-herstellung (siehe Brandy). Von den Domecq-Sherrys wird in Deutschland zur Zeit (2005) nur der als perfekter Aperitif geschätzte »La Ina« – Very Pale Dry Fino angeboten.

Dry Sack Die Geschichte des Hauses Williams & Humbert beginnt mit der Gründung durch Alexander Williams und Arthur Humbert im Jahre 1877. Berühmtheit erlangte das in Jerez ansässige Unternehmen mit seinem Medium-Dry-Sherry »Dry Sack«. Bekannt wurde auch der »Canasta Cream«, der früher in einem kleinen geflochtenen Weidenkorb angeboten wurde. Die Namen dieser erfolgreichen Marken rückten den Firmennamen in den Hintergrund. Außer dem »Dry Sack Medium Dry« und dem »Canasta Cream« wird »Dry Sack Fino« und »Dry Sack – Solera Especial – Oloroso – 15 Years Old« angeboten.

Über 20 Sherryabfüllungen von Lustau gibt es in Deutschland – eine Sortenvielfalt, wie sie kein anderer Hersteller bietet.

Emilio Lustau Das 1895 in Jerez gegründete Unternehmen ist auch heute noch unabhängig und befindet sich in Familienbesitz. Der Name Lustau steht für eine Vielfalt an Solera-Reserva- und Almacenista-Sherrys. Das Angebot bei den Solera-Reserva-Sherrys beinhaltet außer den klassischen Abfüllungen auch rare Spezialitäten wie Pedro Ximénez, Palo Cortado und Moscatel. Das Almacenista-(Lagerhalter-)Angebot bietet eine Vielfalt an einmaligen Sherryspezialitäten. Diese – meist nur beschränkt erhältlichen – Sherrys kauft Lustau von verschiedenen Produzenten auf und lagert sie. Auf dem Höhepunkt ihrer Reife werden sie unter Angabe der Sorte und mit Hinweis auf den Hersteller verkauft. Da diese Einzelqualitäten nicht reproduzierbar sind, unterliegt das Almacenista-Angebot einem ständigen Wechsel. Kein Sherryhaus verfügt über ein vergleichbares Sorten- und Markenangebot.

González Byass Gegründet wurde das renommierte Unternehmen im Jahre 1835 von Manuel M. González Angel, und 1855 wurde der Londoner Importeur Robert Blake Byass Teilhaber. Das Haus besitzt über 13 Prozent Rebfläche (1200 Hektar) des gesamten Gebiets, und in den Bodegas reifen Sherrys und Brandys in rund 130 000 Fässern. Bis heute befindet sich González Byass in Familienbesitz, und die Sherrys und Brandys (siehe Soberano und Lepanto) genießen internationales Prestige. Die berühmteste Sherrymarke des Hauses, der »Tio Pepe«, ist auch der weltweit meistverkaufte Fino-Sherry. »Tio Pepe« wurde bereits 1907 als Warenzeichen registriert und ist damit unter den Sherrys die älteste eingetragene Marke. González Byass bietet alle klassischen Sherrytypen und in der Serie »Rare Old Solera Sherrys« außergewöhnliche Qualitäten mit einer Reifezeit von 30 Jahren an. Die Sorten: »Tio

Die von Gonzalez Byass angebotenen 30jährigen Sherrys sind außergewöhnlich und so von keiner anderen Kellerei zu haben.

Pepe – Palomino Fino – Fine Muy Seco«; »Elegante – Amontillado – Medium Dry«; »Solera 1847 – Sweet Cream«; »Nectar P.X. – Pedro Ximénez – Dulce« und »Cristina – Oloroso – Medium«. Von den 30jährigen »Rare Old Solera« gibt es vier Qualitäten: »Del Duque – Amontillado muy viejo«, »Apóstoles – Palo Cortado muy viejo«, »Matusalem – Oloroso dulce muy viejo« und »Noé – Pedro Ximénez muy viejo«.

La Guita La Guita ist einer der berühmtesten Manzanilla-Sherrys aus Sanlúcar de Barrameda. Das Unternehmen wurde 1875 von Domingo Pérez Marin gegründet und ist bis heute in Familienbesitz. Der Erfolg mit seinem Sherry – und wohl auch schlechte Erfahrungen mit den Kunden – veranlassten den Firmengründer zu der unüblichen Praxis, Wein nur gegen Bargeld abzugeben. Dies führte dazu, dass sich für seine Bodega der Name »La Guita« – im lokalen Dialekt die Bezeichnung für Bargeld – einbürgerte. Ein Name, der die Nachfrage

Elegant, frisch und unverfälscht präsentiert sich der Premium Sherry La Guita mit seinem zarten Duft nach reifen Äpfeln.

nach seinem Sherry unterstützte und das Unternehmen zusätzlich bekannt machte. Schließlich
übernahm man für den Wein und die Bodega den
Namen. Das Sherry-Haus besitzt Weinberge in
bester Lage, und La Guita gilt als einer der besten
Manzanilla-Sherrys.

Harveys Das Stammhaus von John Harvey & Sons
wurde 1796 in der englischen Hafenstadt Bristol als
Handelsunternehmen gegründet. In Jerez gehören
hochmodern ausgestattete Bodegas zum Unternehmen, und um Jerez liegen die Weingüter der Firma,
die etwa 500 Hektar Albariza-Böden umfassen. Die
Hauptmarke »Bristol Cream«, der Klassiker von
Harveys, ist einer der meistverkauften
Sherrys und als Cream die führende
Marke. Er wird von einer außergewöhnlichen Mischung aus Fino-, Amontillado
und Oloroso-Sherry geprägt und mit Pedro Ximénez abgestimmt. Seit einigen Jahren wird der »Bristol Cream« in tiefblauen Flaschen angeboten.
Dieses Glas wurde im 18. und 19. Jahrhundert in

**Bristol hat eine jahrhundertealte Tradition
als »Weinhafen«, und
schon vor über 400
Jahren wurde Sherry
nach England gebracht.**

Bristol hergestellt und war als »Bristol Blue Glass« bekannt.

Osborne Osborne in Puerto de Santa María ist eine der angesehensten Weinfirmen Andalusiens. Die Sherrys und Brandys genießen Weltruf und sind zudem weltbekannt durch ihr Symbol, den »schwarzen Stier«. Das Unternehmen wurde 1772 von dem Engländer Thomas Osborne gegründet und ist bis heute im Besitz der Familie. Osborne ist

Das weltbekannte Unternehmen Osborne wird seit jeher vom Oberhaupt der Familie, dem »Conde de Osborne«, geleitet.

das erfolgreichste Sherryhaus und seit 1990 der größte Wein- und Spirituosenerzeuger Spaniens. Außer für seine Sherrys und Brandys genießt Osborne einen guten Ruf als Portweinproduzent (siehe Brandy und Portwein). Die Sorte »Fino Quinta Pale Dry« – ein klassischer, sehr trockener, feinherber Fino-Sherry aus Palomino und Pedro Ximénez – ist der beliebteste Sherry von Osborne und bekräftigt dies auch visuell durch die Flaschenform und das rote Etikett. Des Weiteren gibt es zwei Produktreihen: die klassischen Sorten Osborne »Pale Dry«,

»Medium« und »Rich Golden« sowie die Spitzen-Qualitäten »Coquinero – Fino Amontillado«, »10 RF – Oloroso Medium« und »Santa María Cream«.

Sandeman Das Haus Sandeman zählt zu den größten Firmen unter den Sherry-, Brandy- und Portproduzenten. Das heute zu Pernod Ricard gehörende Unternehmen geht auf den Schotten George Sandeman zurück. Er gründete im Jahr 1790 in London eine Weinhandlung und weitete das Geschäft bald vom Handel auf die Herstellung von Sherry und Port aus. Zum Unternehmen gehören in Jerez de la Frontera großer Weinbergbesitz und riesige Bodegas. Das bekannte Sandeman-Markenzeichen, die Don-Figur, wurde 1928 eingeführt und ist bis heute auf allen Sandeman-Etiketten zu sehen. Die Sorten: »Medium Dry«, »Dry Seco«, »Rich Golden« und »Dry Don«.

Der »Dry Don« Superior Dry von Sandeman ist ein extratrockener Fino-Sherry mit allen Attributen eines Spitzen-Finos.

Valdespino Das Sherryhaus A. R. Valdespino in Jerez ist eine der wenigen Firmen, die bis heute in Familienbesitz sind. Erstmals urkundlich erwähnt wurde Valdespino bereits im 13. Jahrhundert. Seit dem 16. Jahrhundert betrieb die Familie Weinbau, und 1837 wurde das Sherryhaus gegründet. Es besitzt fünf Bodegas in Jerez und zwei in Sanlúcar. Das mittelgroße Unternehmen produziert jährlich rund sechs Millionen Flaschen Sherry. Darunter die bereits 1879 bei der Weltausstellung in Paris vorgestellten Sorten »Tio Diego« und »Inocente«. Alle Sorten sind Sherrys klassischen Stils, wie sie heute nur selten zu finden sind. Die Valdespino-Qualitäten: »Deliciosa« Manzanilla – ein sehr trockener, fruchtiger Manzanilla; »Inocente« Fino – klassischer Fino aus Jerez, ein »Single Vineyard«-Sherry; »Tio Diego« – ein trockener Amontillado; »Isabela« – ein Cream Sherry aus Oloroso und Pedro Ximénez – und »El Candado« – Pedro Ximénez – »The Cream of the Cream Sherry«.

Der »Inocente« kommt noch heute von nur einem einzigen Weinberg, und nur rund 100 000 Flaschen werden jährlich hergestellt.

Williams & Humbert Collection Williams & Humbert, das Sherryhaus mit dem berühmten »Dry Sack«-Sherry, brachte mit der »Collection« ein weiteres Highlight auf den Markt. Hinter dieser verbirgt sich die große, seit 1857 bestehende Sherrymarke »Don Zoilo«. Unter dem neuen Namen werden die »Don Zoilo«-Sherrys nun nicht nur anders benannt, sondern auch in völlig neuen Qualitäten angeboten. Schon immer hatten die Soleras für »Don Zoilo« Amontillado, Oloroso, Cream und Pedro Ximénez ein Alterungssystem von 12 Jahren. Jetzt darf dies auch offiziell auf dem Etikett angegeben werden und das Haus Williams & Humbert garantiert für das Mindestalter von zwölf Jahren. Daher steht der berühmte Name nun auch als Markenname auf dem Etikett.

Die Sherrys der »Williams & Humbert Collection« gehören zweifellos zu den besten der Welt und wurden vielfach prämiert.

Angeboten werden in der »Collection« die sechs bekanntesten Sherrytypen: »Fino Very Dry« und »Manzanilla Very Dry« sind natürlich jünger, um die typische trockene Frische zu erhalten. Diese beiden brauchen etwa sechs Jahre für ihre Reise durch die Solera. Als 12 Years Old gibt es »Oloroso Dry«, »Amontillado Medium Dry«, »Cream Sweet« und »Pedro Ximénez Very Sweet«.

Adonis

4 cl Fino-Sherry
2 cl Vermouth Rosso
2 Spritzer Orangenbitter
Zitrone

leichter Aperitif

Alle Zutaten im *Rührglas* mit Eiswürfeln gut verrühren. In ein vorgekühltes Cocktailglas abgießen. Mit
einer Zitronenschale abspritzen und
diese dazugeben.

Sherry Flip

4 cl Medium Sherry
1 cl Cognac
1 cl Zuckersirup
2 cl Sahne, 1 Eigelb
Muskatnuss

milder Drink für Vor- und Nachmittag

Im *Shaker* mit Eiswürfeln schütteln,
in ein Stielglas abgießen. Fein geriebene Muskatnuss darüber streuen.

Spanish Milkmaid

4 cl Cream Sherry
1 cl Cognac
4 cl Sahne
4 cl Orangensaft
Pistazien

fruchtiger Drink für Vor- und Nachmittag

Im *Shaker* mit Eiswürfeln schütteln,
in eine Cocktailschale abgießen. Mit
ge-hackten Pistazien bestreuen.

Andalusia Cooler

erfrischender Sommerdrink

Im *Shaker* mit Eiswürfeln schütteln, in ein Longdrinkglas auf Eiswürfel gießen. Mit Bitter Lemon auffüllen. Eine Orangenscheibe mit Cocktailkirschen an den Glasrand stecken.

5 cl Cream Sherry
2 cl Cherry Liqueur
5 cl Orangensaft
1 cl Zitronensaft
kaltes Bitter Lemon
Orange
Cocktailkirschen

Bamboo

herber Aperitifklassiker

Im *Rührglas* mit Eiswürfeln gut verrühren und in ein vorgekühltes Cocktailglas abgießen.

3 cl Fino-Sherry
3 cl Vermouth Dry
1 Spritzer Orangenbitter

In the Sack

leichter, aromatischer Partydrink

Im *Shaker* mit Eiswürfeln schütteln, in Longdrinkglas auf Eiswürfel abgießen. Orangenscheibe an Glasrand stecken.

4 cl Cream Sherry
6 cl Aprikosennektar
6 cl Orangensaft
2 cl Zitronensaft
Orange

Sirup/alkohol-
freie Mixgetränke

Sirupe braucht man beim Mixen zum Süßen, zur Geschmacksverbesserung und zum Färben. Sie sind an der Bar das, was der Zucker in der Konditorei ist. Als Sirupe werden konzentrierte, dickflüssige Lösungen von Zucker in Wasser (Zuckersirup)

oder Zucker in Fruchtsäften oder Pflanzenauszügen bezeichnet. Der gebräuchlichste zum Mixen verwendete Sirup, die Grenadine, hat den bis in die 1950er Jahre hauptsächlich verwendeten Himbeersirup aufgrund ihrer schönen Farbe und größeren Geschmacksintensität abgelöst. Grenadine wird meist unter Verwendung von natürlichen Fruchtsäften hergestellt, die in ihrer Zusammensetzung einen Granatapfelgeschmack ergeben. Eine weitere interessante Mixzutat ist »Rose's Lime Juice«. Lime Juice gibt es auch von anderen Herstellern. Erklärungsbedarf besteht auch bei den Produkten aus Mandeln. In Frankreich und den USA heißen die dickflüssigen Mandelextrakte »Orgeat«, in Italien die milchigeren und liquideren Produkte »Orzata« (Latte die Mandorla). Je nach Hersteller haben diese mehr oder weniger Sirupcharakter. Ein weiteres unentbehrliches Konzentrat ist die »Cream of Coconut« (siehe Coco Tara). Das in Dosen angebotene Kokosmark ist unentbehrlich für die klassische Piña Colada.

Die Einführung neuartiger Sirupe ermöglichte das heute breite Angebot an tropischen Drinks und alkoholfreien Mixgetränken.

Bekannte Marken

Bols Der niederländische Likör- und Spirituosen-produzent Bols ist der älteste und bekannteste Anbieter von Grenadine in Deutschland. Bols-Grenadine ist ein hochkonzentrierter Sirup mit fruchtigem Geschmack und leuchtend roter Farbe. Die Fruchtbasis von Grenadine ist Himbeer-, Erdbeer- und Kirschsaft.

Coco Tara Aus der Dominikanischen Republik kommt Coco Tara, ein Produkt, das erstmals 1948 hergestellt wurde. Als es 1974 auch in Deutschland in den Handel kam, ermöglichte es hier erstmals die Zubereitung von Kokosnussdrinks. Im Gegensatz zum Kokossirup ist diese -creme das Produkt der ersten Pressung des Kokosnussfleisches, weshalb sie wesentlich intensiver schmeckt als Kokossirup.

Außer der »Cream of Coconut« gibt es von Coco Tara »Piña Colada« ohne Alkohol – ein Longdrinkmix aus Kokosnussmark und Ananassaft.

De Kuyper Der niederländische Spirituosen- und Likörhersteller (siehe Likör) bietet einen »Grenadine Cocktail Syrup« und den Ready-Mix »Piña Colada« (16% vol Alkoholgehalt) an.

Marie Brizard Der größte Likörproduzent Frankreichs bietet auch »Sirop de Grenadine«, »Lime Juice Cordial« (Limonensirup) und »Sirop de Canne« (Zuckersirup aus Rohrzucker) an.

Monin Der französische Likörproduzent Monin (siehe Fruchtlikör, Likörspezialitäten und bei den Likörgruppen) ist der weltweit größte Siruphersteller und sicher auch die Firma mit dem größten Sortiment.

Riemerschmid in München war Anfang der 1980er Jahre das erste Unternehmen, das ein umfangreiches Fruchtsirupsortiment anbot.

Über 60 Sorten bietet Monin in Deutschland an. Neben allen klassischen Sirupen werden auch viele neu entwickelte Spezialitäten angeboten.

Riemerschmid Das in Erding bei München ansässige Likör- und Spirituosenunternehmen Riemerschmid ist auch der größte Siruphersteller Deutschlands. Die Firma bietet über 30 verschiedene Sirupe an. Das ursprüngliche Sortiment wurde Mitte der 1990er Jahre aufgeteilt in Fruchtsirupe und Barsirupe. Die dickflüssigeren Sirupe finden sich seither in der Reihe der Fruchtsirupe, die liquideren Sorten werden seit der Umstellung als Barsirupe angeboten. Diese weisen einen geringeren Fruchtanteil auf, was jedoch durch eine zusätzliche, natürliche Aromatisierung ausgeglichen wird. Die so genannten Barsirupe ermöglichen seither den Berufsmixern ein schnelleres Arbeiten. Seit kurzem sind die Flaschen zusätzlich mit integriertem Ausgießer ausgestattet.

Rose's Der von Mr. Lauchlan Rose um 1865 entwickelte »Lime Juice« war der erste konservierte Fruit Drink. Die Limette (engl. lime) ist die Zitrone der Tropen. Aus ihrem konzentrierten Saft, Wasser und Zucker schuf er den weltbekannten »Rose's Lime Juice«, der damals zwar Juice genannt wurde, aber mit Saft nichts gemein hat. Ein weiteres Rose's-Produkt ist das »Lemon Squash«. Dies ist ein Zitronensirup aus geschälten und entkernten Zitronen, der noch Fruchtbestandteile enthält. Neu auf dem deutschen Markt ist der »Rose's Cranberry Mixer«, der aus hochkonzentriertem Cranberrysaft hergestellt wird.

Auf britischen Schiffen gab es früher Limetten, um gegen Skorbut vorzubeugen. Dies bewog Mr. Rose zur »Erfindung« des Lime Juice.

Cocoloco

fruchtig und aromatisch

Im *Shaker* mit Eiswürfeln schütteln, in Longdrinkglas auf Eiswürfel abgießen. Spieß mit Kiwischeibe und Zwerg-orangen über den Glasrand legen.

2 cl Kokossirup
2 cl Sahne
6 cl Ananassaft
6 cl Orangensaft
6 cl Maracujanektar
Kiwi, Zwerg-orangen

Cocomint

erfrischender Fruchtdrink

Im *Shaker* mit Eiswürfeln schütteln, in Longdrinkglas auf Eiswürfel gießen. Mit Minzezweig, Cocktailkirsche garnieren.

2 cl Pfefferminz-sirup
2 cl Kokossirup
I cl Zitronensaft
8 cl Orangensaft
8 cl Ananassaft
Minze, Cocktail-kirsche

Cinderella

süß-fruchtiger Nachmittagsdrink

Im *Shaker* mit Eiswürfeln schütteln, in Longdrinkglas auf Eiswürfel abgießen. Spieß mit Bananenscheiben und Cock-tailkirschen über den Glasrand legen.

I cl Grenadine
2 cl Kokossirup
2 cl Sahne
8 cl Orangensaft
8 cl Ananassaft
Banane
Cocktailkirschen

Green Banana

2 cl Curaçao
Blue Sirup
2 cl Bananen-
sirup
16 cl Orangen-
saft
Banane
Cocktailkirschen

fruchtiger Sommerdrink

Im *Shaker* mit Eiswürfeln schütteln, in Longdrinkglas auf Eiswürfel abgießen. Spieß mit Bananenscheiben und Cocktailkirschen über den Glasrand legen.

Strawberry Shake

5 Erdbeeren
1 Kugel Vanilleeis
4 cl Erdbeer-
sauce (Eissauce)
15 cl kalte Milch

ein Genuss zur Erdbeerzeit

Im *Elektromixer* durchmixen und in Longdrinkglas abgießen. Eine Erdbeere an den Glasrand stecken.

Fiesta

2 cl Cassissirup
2 cl Sahne
8 cl Orangensaft
8 cl Maracuja-
nektar
Orange
Johannisbeeren

fruchtiger Softdrink

Im *Shaker* mit Eiswürfeln schütteln und in ein Longdrinkglas auf Eiswürfel abgießen. Mit einer Orangenscheibe und Johannisbeeren garnieren.

Alice

Softdrink für den Nachmittag

Im *Shaker* mit Eiswürfeln schütteln und in ein Longdrinkglas auf Eiswürfel abgießen. Mit einer Orangenscheibe und Cocktailkirsche garnieren.

2 cl Grenadine
2 cl Sahne
8 cl Orangensaft
8 cl Ananassaft
Orange
Cocktailkirsche

Pussy Foot

der Drink »ohne« für jede Tageszeit

Im *Shaker* mit Eiswürfeln schütteln, in ein Longdrinkglas auf Eis abgießen. Mit Ananas und Cocktailkirsche garnieren.

2 cl Grenadine
6 cl Ananassaft
6 cl Orangensaft
6 cl Grapefruitsaft
Ananas
Cocktailkirsche

Orange Velvet

aparter Softdrink für den Nachmittag

Im *Shaker* mit Eiswürfeln schütteln, in ein Longdrinkglas auf Eiswürfel abgießen. Mit einer Orangen- und Kiwischeibe und Cocktailkirsche garnieren.

2 cl Mandelsirup
2 cl Sahne
8 cl Orangensaft
8 cl Maracujasaft
Orange
Kiwi
Cocktailkirsche

Exotic Punch

2 cl Mangosirup
4 cl Maracuja-
nektar
4 cl Ananassaft
4 cl Orangensaft
4 cl Grapefruitsaft

karibischer Softdrink für heiße Tage

Im *Shaker* mit Eiswürfeln schütteln, in
ein Longdrinkglas auf Eiswürfel abgießen. Mit Fruchtstücken garnieren.

Speedy Gonzalez

2 cl Curaçao
Blue Sirup
6 cl Maracuja-
nektar
6 cl Grape-
fruitsaft
6 cl Bananen-
nektar
Karambolen
Erdbeeren

Fruchtdrink für den Sommertag

Im *Shaker* mit Eiswürfeln schütteln
und in ein Longdrinkglas auf Eiswürfel
abgießen. Mit zwei Karambolesternen
und zwei Erdbeeren garnieren.

Caribbean Fruitpunch

2 cl Curaçao Blue
Sirup
2 cl Zitronensaft
2 cl Rose's Lime
Juice
6 cl Maracujanektar
6 cl Ananassaft
Orange
Cocktailkirsche

blauer Drink zur Sommerzeit

Im *Shaker* mit Eiswürfeln schütteln, in
Longdrinkglas auf Eiswürfel abgießen.
Halbe Orangenscheibe verdrehen, zwei
Cocktailkirschen in die Mitte spießen.

Strawberry Kiss

fruchtig-sahniger Exoticdrink

Im *Shaker* mit Eiswürfeln schütteln, in Longdrinkglas auf Eiswürfel abgießen. Erdbeere an den Glasrand stecken.

2 cl Erdbeersirup
2 cl Sahne
6 cl Maracujanektar
6 cl Mangonektar
6 cl Orangensaft
Erdbeere

Sport Flip

alkoholfreier Klassiker der 60er Jahre

Im *Shaker* mit Eiswürfeln schütteln und in ein Weinglas abgießen. Geriebene Muskatnuss darüber streuen.

1 Eigelb
2 cl Sahne
1 cl Grenadine
6 cl Orangensaft
6 cl Ananassaft
Muskatnuss

Baby Piña Colada

der berühmte Kokosdrink

Im *Elektromixer* mit crushed ice durchmixen, in Longdrinkglas auf crushed ice abgießen. Ananasstück mit Cocktailkirsche an den Glasrand stecken.

4 cl Cream of Coconut
2 cl Sahne
16 cl Ananassaft
Ananas
Cocktailkirsche

Tequila

Als die Spanier Anfang des 16. Jahrhunderts nach Mexiko kamen, entdeckten sie bei den Einge-borenen ein berauschendes Getränk: vergorenen Agavensaft mit dem Namen »Octli Poliquhqui«. Die Spanier nannten es »Pulque« und versuchten die Pulque zu destillieren – aber ohne Erfolg. Pulque ist

bis heute ein eigenständiges Getränk, das zwar wie Mezcal und Tequila aus Agaven gewonnen wird, aber nicht deren Basis bildet. Die Agavenpflanzen nannten die Urbewohner »Metl«, die Spanier jedoch »Maguey«, da sie einem Gewächs ähnelten, das sie in der Karibik kennen gelernt hatten. Da es viele Arten der Maguey-Pflanze gab, experimentierte man so lange, bis einige entdeckt waren, deren Saft man fermentieren und dann destillieren konnte. Dieses Getränk nannte man »Mezcal«, seine Herstellung verbreitete sich später in ganz Mexiko. Während des späten 18. und des frühen 19. Jahrhunderts begann der in dem Dorf Tequila hergestellte Mezcal bekannt zu werden. Man stellte fest, dass die Hochebenen von Zentralmexiko, die das Dorf umgeben, ideal für das Wachstum der Maguey-Pflanze waren, und entdeckte außerdem, dass der in Tequila hergestellte Mezcal von einer einzigen Art der Maguey-Pflan-

Wasserklarer Tequila, der »Blanco«, »Plata« oder »Silver« genannt wird, erfährt nur eine kurze Reifezeit von unter 60 Tagen.

ze stammt. Schließlich wurde eine wissenschaftliche Klassifizierung aller Maguey-Pflanzen vorgenommen, die über 400 Arten aufführte. Auch heute wird in Mexiko noch Mezcal hergestellt, aber er unterliegt nicht den Gütevorschriften, die für Tequila gelten. In diesen Mezcals tauchte manchmal auch der mysteriöse Agavenwurm auf. Er stammte von den Agavenpflanzen, aus denen der Mezcal hergestellt wurde, und man gab ihn in die Flaschen, um eine Art

Tequila wird nur in bestimmten Provinzen aus einer bestimmten Agave destilliert. Alles andere aus Agaven Destillierte ist Mezcal.

von Echtheitsbeweis zu liefern. Heute ist es allenfalls noch ein Touristengag. Die Agave »Tequilana Weber«, Basispflanze des Mezcal von Tequila, wächst ausschließlich im Umkreis der Stadt und in den benachbarten Gebieten mit gleichen ökologischen Bedingungen. Die kräftige Pflanze braucht Jahre zum Reifen und sieht dann wie eine gigantische grünliche Ananas aus, besetzt mit schwertförmigen Blättern. Heute sind die Gebiete, in denen Agaven für Tequila angebaut werden können, gesetzlich festgelegt. Es handelt sich um die Staaten Jalisco, wo die Stadt

Tequila liegt, sowie Guanajuato, Michoacan, Nayarit und Tamaulipas. Wenn man durch die Umgebung der Stadt Tequila reist, sieht man, so weit das Auge reicht, Reihen um Reihen von Agaven in den unterschiedlichsten Wachstumsstadien. Wenn diese nach etwa acht Jahren reif sind, werden sie von Feldarbeitern abgeerntet. Die »geschorenen« Agaven (Piñas genannt) werden zerhackt und in riesige Druckkocher gegeben. Nach dem Kochen werden sie zerkleinert, um das Ausziehen des gesamten zuckerhaltigen Saftes, des »Mosto« (Most), zu erleichtern. Der Saft wird in riesige Fässer gepumpt, in denen

Tequila, Mezcal und Pulque waren und sind die Nationalgetränke Mexikos. Seit etwa 1970 ist der Tequila international bekannt.

der nächste Produktionsabschnitt beginnt: die Fermentierung. Nach Umwandlung des gesamten Zuckers in Alkohol hat der Most einen Alkoholgehalt von etwa 5% vol. Von den Fermentierungstanks wird der Mosto in einen jener traditionellen Topf(Kessel)-Destillierapparate geleitet, in denen jeder Tequila gebrannt werden muss. Die erste Destillation erzeugt den »Ordinario«, ein Rohdestillat von 29% vol Alkohol, das dann zum zweiten Brand in einen weiteren Topfdestillierer gepumpt wird. Diese zweite Destillation ergibt den Tequila. Das frische Destillat wird danach in riesigen Fässern gelagert, vor der Flaschenabfüllung gefiltert, und auf Trinkstärke herabgesetzt. Grundsätzlich unterscheidet man zwischen Tequilas, die aus 100 Prozent Agave (Premium) bestehen, und solchen, bei denen das nicht der Fall ist und die man als »mixto« bezeichnet. Bei Mixto-Tequilas muss der Zuckergehalt des zu vergärenden Agavensaftes mindestens zu 51 Prozent von den Agaven stammen, kann bis zu 99 Prozent von den Agaven herrühren oder auch bis zu 49 Prozent aus Zucker, der während des Gärungsprozesses zugesetzt wird. Alle Tequilas ohne die Bezeichnung »100 Prozent Agave« oder »Premium« können Mixto-Tequilas sein. »Blanco« oder weißer Tequila, auch »Silver« oder (spanisch) »Plata« genannte Tequilas sind wasserklar. Sie haben eine Reifezeit von unter 60 Tagen. »Gold«-Tequila

Um 1970 begann der Siegeszug des Tequila. Zuerst in Kalifornien, dann in den gesamten USA und schließlich auch in Europa.

ist fast ausschließlich ungereifter Mixto-Tequila. Er wird nur für den Export produziert und erhält durch den Zusatz von Karamell seine Farbe und durch Aromastoffe seine weichere Note. »Reposado« (= abgelagert) muss mindestens 60 Tage reifen, je nach Produzent zwischen zwei und neun Monaten. »Añejo« (= gealtert) muss mindestens ein Jahr gereift sein, in der Praxis zwischen zwei und drei Jahren. Sie reifen in der Regel in gebrauchten Bourbon-Whisky-Eichenholzfässern. Tequila ist mit Abstand eine der erfolgreichsten Spirituosen. So verdoppelte sich z. B. allein in den Jahren von 1994 bis 1999 die Jahresproduktion auf über 190 Millionen Liter. Diese verteilt sich auf rund 80 Brennereien, die etwa 600 Marken herstellen. Zusätzlich gibt es fast 200 Marken, die außerhalb Mexikos abgefüllt werden dürfen und ihre eigenen Etiketten aufbringen. Eine Bedingung dabei ist, dass der NOM-Code des Originalherstellers darauf erscheint. Der Alkoholgehalt von Tequila liegt meist zwischen 38 und 40% vol und selten darüber.

Traditionell trinkt man Tequila in der Reihenfolge: ein Schluck Tequila, dann beißt man in eine Limette und leckt ein bisschen Salz.

Bekannte Marken

Cuervo Aus der ältesten Destille Mexikos kommt Cuervo-Tequila. Bereits 1795, als Mexiko noch eine spanische Kolonie war, erhielt Don José Guadalupe Cuervo vom spanischen König die Erlaubnis, »Vino Tequila« herzustellen. Die Sorten: José Cuervo »Clasico« Blanco und »Especial« – Reposado, hellgold durch Eichenfasslagerung, der weltweit meistverkaufte Tequila. Die Marke Centenario gehört zu Cuervo, wird aber völlig unabhängig produziert: »Gran Centenario – Reposado«, ein hellgoldener, abgelagerter Tequila aus »100 Prozent Agave«. »1800 Añejo – Reserva Antiqua«, die lange gereifte Spitzenmarke aus »100 Prozent Agave«. Alle 38% vol.

Mit rund 70 Millionen jährlich verkauften Flaschen ist José Cuervo der mit weitem Abstand größte Tequilaproduzent.

Don Julio Die Destillerie Don Julio wurde 1942 von Julio Gonzaléz Estrada gegründet und steht seit langer Zeit in Mexiko für Tequilakompetenz der Spitzenklasse. Auch heute noch wird diese Spitzenmarke in seinen traditionellen Destilliergefäßen und nur in kleinen Mengen hergestellt. Don Julio »Reposado«

und Don Julio »Añejo« sind Premium-Tequilas und werden zu 100 Prozent aus Agaven gewonnen. Don Julio »Reposado« reift acht Monate in Eichenfässern, Don Julio »Añejo« 18 Monate. Beide haben 38% vol (siehe auch Tres Magueyes).

Montezuma Die in der Provinz Jalisco ansässige Destillerie La Primavera ist Hersteller des Montezuma-Tequila. Montezuma wird auf vielen internationalen Märkten angeboten und ist in den USA eine der bekanntesten Marken.

Olmeca Olmeca-Tequila wird von der Jalisco Destilería Colonial in Anandas hergestellt und ist eine der erfolgreichsten Tequilamarken in den USA. Olmeca gibt es auch in Deutschland, er wird als »Blanco« und »Gold«, beide 38% vol angeboten.

Heute muss man Tequila nicht mehr »auf ex« trinken, denn die Qualität ist so gut, dass selbst die weniger teuren Marken gut schmecken.

Porfidio Ein berühmter »triple distilled« Tequila, der von verschiedenen Destillerien – aber immer in höchster Qualität und stets zu 100 Prozent aus Agave – hergestellt wird. Die bekannten Marken sind der »Silver« und der »Plata«. Im Angebot ist der »Single Barrel Añejo«, der in eine »Cactus Bottle« – mit einem eingearbeiteten Kaktus – abgefüllt ist – einer der teuersten Tequilas. Des Weiteren gibt es den »Añejo Extra«. Dieser ist im Holzfass gereift und wird in Keramikkrügen angeboten.

Sauza Sauza ist einer der ganz großen Namen der Tequilaindustrie. Der Gründer, Don Cenobio Sauza, war bereits 1873 mit einer eigenen Destillerie im Geschäft. Heute ist Sauza die Nummer zwei unter den Herstellern. Die Hauptmarken Sauza »Blanco« und Sauza »Gold« – ein Reposado – haben 38% vol, Sauza »Hornitos« – 100% Agave – Reposado 40% vol.

Nach dem Zweiten Weltkrieg war Sauza in verschiedener Hinsicht verantwortlich für die Modernisierung der Tequilaindustrie.

Sierra »Innen Gut – Außen mit Hut«, ein Werbeslogan, der den Aufstieg zur mit weitem Abstand führenden Tequilamarke in Deutschland begleitete. Sierra-Tequila gibt es als »Silver« und »Reposado«, beide mit 38% vol, des Weiteren Sierra »Antiguo Tequila Añejo« (40% vol). Dieser lange gereifte Tequila wird in Flaschen mit aufwändiger Glasprägung angeboten. Auf diesen ist auf der Vorder- und

Rückseite der kreisförmige Mittelpunkt eines Azte-kenkalenders dargestellt. Er zeigt das Gesicht des Sonnengottes Tonotiuh.

Silla Die 1835 in München gegründete ehemalige »Likörmanufaktur« Anton Riemerschmid war das erste Unternehmen, das Tequila nach Deutschland importierte. Dies war 1957, und Tequila war damals ein absoluter Exote im Spirituosenangebot. Zugleich propagierte man das »zweihändige Trinken« mit dem Würzdrink Sangrita, der zum Tequila getrunken wurde. Tequila Silla, dessen Markenzeichen ein Sattel (Silla) ist, wird in Guadalajara hergestellt und als »Blanco« und »Gold« – beide 38% vol – angeboten.

Obwohl bereits seit Ende des 19. Jahrhunderts Glasflaschen verwendet wurden, nutzte man sie in großem Umfang erst ab den 1920 Jahren.

Tres Magueyes Tres Magueyes ist einer der großen Namen im Tequilageschäft, und die Marke wird nun auch in Deutschland angeboten. Hersteller ist die Destillerie Don Julio (siehe dort). Tres Magueyes – mit der großen »3« auf dem Etikett – gibt es als »Blanco« und »Reposado«, beide mit 38% vol nun auch in Deutschland.

Blue Ocean

3 cl weißer Tequila
3 cl Curaçao Blue
I cl Maracujasirup
6 cl Grapefruitsaft
kaltes Sprite
Zitrone,
Cocktailkirschen

spritzig-fruchtiger Sommerdrink

Im *Shaker* mit Eiswürfeln schütteln, in Longdrinkglas auf Eiswürfel abgießen. Zwei Zitronenscheiben und Cocktailkirschen ins Glas geben. Mit Sprite auffüllen und leicht umrühren.

Margarita

4 cl weißer Tequila
2 cl Cointreau oder Curaçao Triple Sec
2 cl Zitronensaft
Salz

der klassische salzige Tequiladrink

Im *Shaker* mit Eiswürfeln schütteln und in eine Cocktailschale mit Salzrand abgießen.

Icebreaker

6 cl Tequila
2 cl Curaçao Triple Sec
6 cl Grapefruit
I cl Grenadine
Orange,
Cocktailkirsche

herb-starker Partydrink

Im *Shaker* mit Eis schütteln, in Tumbler auf Eiswürfel abgießen. Mit Orangenscheibe, Cocktailkirsche garnieren.

Tequila Sunrise

beliebter Tequila-Longdrink

Im *Shaker* mit Eiswürfeln (ohne Grenadine) schütteln. In Longdrinkglas auf Eiswürfel abgießen. Grenadine langsam darüber gießen. Orangenscheibe an Glasrand stecken.

5 cl weißer Tequila
I cl **Zitronensaft**
12 cl **Orangensaft**
I cl **Grenadine**
Orange

Strawberry Margarita

milde Margarita-Variante

Im *Elektromixer* mit crushed ice mixen. In Cocktailschale mit Zuckerrand abgießen. Erdbeere an Glasrand stecken.

4 cl weißer Tequila
2 cl **Cointreau oder Curaçao Triple Sec**
2 cl **Zitronensaft**
I cl **Erdbeersirup**
3–5 mittelgroße **Erdbeeren**

Pepe's Afternoon

fruchtiger After-Work-Drink

Im *Shaker* mit Eiswürfeln schütteln, in Longdrinkglas auf Eiswürfel abgießen. Fruchtspieß und Trinkhalm dazugeben.

4 cl Tequila
2 cl **Crème de Banane**
I cl **Kokossirup**
I cl **Grenadine**
2 cl **Limettensaft**
12 cl **Maracuja-nektar**

Zorro

4 cl weißer
Tequila

2 cl Cointreau

I cl Curaçao Blue

4 cl Grapefruitsaft

kaltes Tonic
Water

Orange,
Cocktailkirsche

spritziger, süß-herber Partydrink

Im *Shaker* mit Eiswürfeln schütteln, in Longdrinkglas auf Eiswürfel abgießen. Mit Tonic Water auffüllen. Orangenscheibe mit Kirsche an Glas stecken.

Eldorado

5 cl weißer
Tequila

I cl Cointreau

I cl Crème de
Banane

4 cl Orangen-,
4 cl Ananassaft

4 cl Bananennektar

Orange, Limette,
Cocktailkirsche

aromatisch-fruchtiger Partydrink

Im *Shaker* mit Eiswürfeln schütteln, in Longdrinkglas auf Eiswürfel abgießen. Orangen- und Limettenscheibe mit Cocktailkirsche an Glasrand stecken.

Mexican Sunset

3 cl weißer
Tequila

2 cl Cointreau

3 cl Orangen-,
I cl Zitronensaft

I cl Mandelsirup

Limette,
Cocktailkirsche

aromatischer Drink zur Cocktail-Hour

Im *Shaker* mit Eiswürfeln schütteln, in Tumbler auf Eiswürfel abgießen. Limettenscheibe und Kirsche dazugeben.

El Diabolo

spritzig und teuflisch herb

In Longdrinkglas Eiswürfel geben, Limettenstücke darüber auspressen, dazugeben. Tequila, Cassis dazugießen, mit Ginger Ale auffüllen, umrühren.

2 Limettenviertel

5 cl weißer Tequila

2 cl Crème de Cassis

kaltes Ginger Ale

Poolside Tropical

fruchtiger Sommerdrink

Im *Shaker* mit Eiswürfeln schütteln, in Tumbler auf Eiswürfel abgießen. Spieß mit Kiwi-, Bananenscheiben und Cocktailkirsche über Glasrand legen.

4 cl brauner Tequila

1 cl Curaçao Blue

1 cl Malibu Coconut Liqueur

8 cl Orangensaft

Kiwi, Banane, Cocktailkirsche

Green Poison

fruchtiger Partydrink

Im *Shaker* mit Eiswürfeln schütteln, in Longdrinkglas auf Eiswürfel abgießen. Zitrone und Kirsche dazugeben.

4 cl weißer Tequila

2 cl Curaçao Blue

2 cl Kokossirup

2 cl Zitronensaft

10 cl Maracuja-nektar

Zitrone

Cocktailkirsche

Weinaperitif

U nter den Weinaperitifs ist der Vermouth der bekannteste, und Weltberühmtheit erlangten italienische und französische Produkte. Aus Wermutkraut (botanisch: Artemisia absinthium) hergestellte Arzneien wurden bereits im Altertum gegen vieler-

lei Krankheiten verordnet. Die heutige Bezeichnung »Vermouth« ist in dieser Schreibweise nur für italienische und französische Marken zulässig und stammt aus dem Althochdeutschen: »wermout win« war ein mit Wermutkraut angesetzter Wein. Die älteste Produktionsstätte für Vermouth dürfte im Gebiet von Cuneo, südlich von Turin, zu suchen sein. Hier lässt sich die Herstellung aromatisierter Weine bis ins 16. Jahrhundert zurückverfolgen. Die Landschaft um das norditalienische Städtchen bietet die besten Bedingungen für die Reben des Moscato d'Asti, eine

Gemeinsam ist allen Weinaperitifs, dass sie mit Kräutern und Gewürzen aromatisiert werden und Wein als Ausgangsprodukt haben.

Weinsorte, die sich ganz besonders gut zum Würzen mit Kräuterauszügen eignet. Heute verwendet man jedoch auch trockene, neutrale Weine. Um 1786 produzierte die Turiner Firma Carpano erstmalig in größerem Ausmaß Vermouthwein aus Moscato d'Asti unter Zusatz von reinem Alkohol, aromatischen Kräutern und Zucker. Seit jener Zeit hat sich Turin als Zentrum der Vermouthweinherstellung einen Namen gemacht. Der »Vino Vermouth di Torino« ist heute führend und charakteristisch für einen ganz bestimmten Vermouthtyp. Der »Torino« – seine Hauptsorten sind der rubinrot leuchtende »Colorato« oder »Rosso«, der grünlich weiße, süß-

Die »Apéritifs à Base de Vin« enthalten Mistelle, einen Traubenmost, bei dem durch Alkoholzugabe die Gärung angehalten wurde.

herb schmeckende »Bianco« und der trockene, herbe, kaum Restzucker enthaltende »Secco« oder »Dry« – hat so charakteristische Merkmale, dass seine Ursprungsbezeichnung international geschützt wurde. Kerngebiet der Vermouthherstellung in Italien ist das Produktionsdreieck Turin – Cuneo – Alessandria. Es umschließt das Hauptanbaugebiet des Moscatoweins mit der Stadt Asti. Bei der Herstellung von Vermouth sind vier Arbeitsgänge erforderlich: die Zusammenstellung der Ausgangsweine, die Produktion des Kräuterauszugs zur Aromatisierung des Weins, Schönung und Filtration bzw. Stabilisierung des entstandenen Vermouthweins sowie die Lagerung des Fertigprodukts bis zur Abfüllreife. Die für den Auszug verwendete Kräutermischung enthält außer dem Wermutkraut noch weitere aromatische Zugaben. Bis vor kurzem betrug der Alkoholgehalt zwischen 15,5% vol und 18% vol. Die Erhöhung der Verbrauchssteuern für Zwischenerzeugnisse über 15% vol führte jedoch dazu, dass die Produzenten den Alkoholgehalt senkten. Neben den Vermouths genießen besonders die Weinaperitifs Frankreichs Weltruf. Diese »Apéritifs à Base de Vin« werden aus Wein, Mistelle, Alkohol und Gewürzauszügen hergestellt. Eine Berühmtheit ist auch der »Pineau des Charentes«. Dieser wird aus Traubenmost und Cognac hergestellt. Es gibt ihn weiß und rosé.

Der »Vermouth di Torino« ist heute der führende Vermouth und dient Vermouths anderer Regionen als Vorbild.

Bekannte Marken

A & A – Asbach & Auslese – Riesling-Likör

»Riesling küsst Asbach« – ein Slogan, der aussagt, dass zwei hoch geschätzte deutsche Spezialitäten, der Weinbrand Asbach und Riesling-Auslesewein, die Komponenten dieser neu entwickelten Likörkomposition sind. Asbach, der berühmteste deutsche Weinbrand, stand Pate und ist Teil dieser neuen Spezialität aus Rüdesheim am Rhein, dem Sitz des Hauses Asbach (siehe Weinbrand). Der goldfarbene A & A lässt einen Anklang von Asbach Uralt spüren, erinnert mit seinen feinen Fruchtnoten aber auch an den Riesling. A & A schmeckt am besten leicht gekühlt oder »on the rocks« als Aperitif und auch als Digestif. Mit Sodawasser, Bitter Lemon oder Ginger Ale mixt man mit A & A schmackhafte Longdrinks. Alkoholgehalt 19% vol.

Eine innovative Idee wurde bei Asbach konsequent umgesetzt und mit dem A & A eine völlig neue Spezialität entwickelt.

Carpano Punt e Mes Das Haus Carpano, 1786 gegründet, war der erste Hersteller von Vermouth; er schuf 1870 den Punt e Mes. Antonio Benedeto

Carpano betrieb nahe der Turiner Börse eine Likörstube und hörte aus dem Stimmengewirr der Gäste oft die Worte »Punt e Mes«. Es ging dabei um die Steigerung eines Börsenkurses um einen halben Punkt. Dies bewog Carpano dazu, ein neues Produkt, das eine Spur bitterer als der bisher angebotene »Classico« war, danach zu benennen. Der Alkoholgehalt von Punt e Mes beträgt 16% vol.

Der Punt e Mes unterscheidet sich durch einen etwas bittereren Geschmack von anderen großen Vermouthmarken.

Cinzano Vermouth Einer der ersten großen Vermouthhersteller war die Familie Cinzano. Das 1757 in Turin gegründete Unternehmen gehörte bereits Mitte des 19. Jahrhunderts zu den großen Vermouthproduzenten. Cinzano Vermouth wird als »Bianco«, »Rosso« und »Extra Dry« (alle 15% vol) angeboten. 1995 wurde das Sortiment mit dem Cinzano »Orancio« (15% vol) erweitert. Dieser Weinaperitif besteht aus italienischen Weinen, kombiniert mit einer zart-herben Orangennote. Diesem folgte der Cinzano »Limetto« der von Limonen und Limetten geprägt ist (14,8% vol).

Dubonnet – Grand Apéritif de France – gibt es seit Mitte des 19. Jahrhunderts, und er wird als »Rouge« und »Blanc« mit 16% vol angeboten. Weine, Mistelle, Neutralalkohol und Kräuterauszüge werden komponiert und dann sechs bis neun Monate gelagert.

Martini Vermouth Das 1863 in Turin gegründete Unternehmen Martini & Rossi ist heute der größte Vermouthproduzent. Das in vielen Bereichen der Wein- und Spirituosenherstellung tätige Unternehmen gehört seit 1992 zu Bacardi. Martini bietet die Vermouthsorten »Bianco«, »Rosso«, »Rosé« und »Extra Dry« an, alle 15% vol, und mit dem »Martini d'Oro«, 9% vol, ein aromatisiertes weinhaltiges Getränk.

Im Jahre 1813 gründete Joseph Noilly das heute weltbekannte Unternehmen. 1843 erfolgte der Eintritt von Claudius Prat.

Noilly Prat Während Carpano für sich in Anspruch nehmen kann, den ersten italienischen (süßen) Vermouth hergestellt zu haben, gebührt dieser Ruhm Noilly Prat für den ersten französischen (trockenen) Vermouth. Schon im Jahre 1800 hatte Joseph Noilly das Rezept für einen neuartigen Aperitifwein entwickelt. Seine außergewöhnliche Qualität verdankt der »Noilly Prat« vor allem südfranzösischen Weinen der Sorten Picpoul und Clairette. Darüber hinaus tragen die Lagerung unter freiem Himmel und ein langer Reifeprozess entscheidend dazu bei. »Noilly Prat Extra Dry« gilt weltweit als der »König der trockenen Vermouths« (Alkoholgehalt 18% vol).

St. Raphaël Einer der berühmtesten Weinaperitifs Frankreichs ist St. Raphaël. Er wird als »Rouge« und »Ambré« angeboten. Als Grundweine verwendet man je nach Sorte weiße, hellrote oder rote südfranzösische Weine. Durch Zugabe von Mistelle und eines Extrakts aus Chinarinde sowie Aromaauszügen aus Pflanzen und Zitrusfrüchten, die dem zwei Jahre lang gelagerten Grundwein zugegeben werden, wird die Basis für St. Raphaël geschaffen. Danach wird die Mischung gefiltert und ein weiteres Jahr gelagert. St. Raphaël »Rouge« hat eine würzig-herbe Note, der St. Raphaël »Ambré« ist in Aroma und Blume etwas feiner (beide 14,9% vol).

Die Rezeptur von St. Raphaël (benannt nach dem Schutzheiligen der Apotheker) wurde von Adhémar Juppet um 1890 in Lyon entwickelt.

Alfonso

4 cl Dubonnet Rouge
1 Stück Würfelzucker
2 Spritzer Angostura
kalter Sekt oder Champagner
Zitrone

milder Aperitif für jeden Anlass

In Cocktailschale Würfelzucker mit Angostura tränken. Einen Eiswürfel und Dubonnet dazugeben, mit Sekt oder Champagner auffüllen. Mit Zitronenschale abspritzen, diese dazugeben.

Big Apple

3 cl Noilly Prat Vermouth
2 cl Calvados Boulard Fine
2 cl Pecher Mignon
Babyapfel

herb-aromatischer Before-Dinner-Drink

Im *Rührglas* mit Eiswürfeln verrühren, in vorgekühltes Cocktailglas abgießen. Miniapfel an den Glasrand stecken.

Vermouth Flip

5 cl Vermouth Dry
1 cl Cognac
1 cl Zitronensaft
1 cl Zuckersirup
1 Eigelb, 2 cl Sahne
Muskatnuss

Drink für den Nachmittag

Im *Shaker* mit Eiswürfeln schütteln und in ein Stielglas abgießen. Fein geriebene Muskatnuss darüber streuen.

Vermouth Cassis

erfrischender Aperitif und Sommerdrink

In ein großes Becherglas Vermouth und Cassis mit Eiswürfeln geben. Umrühren und mit Sodawasser auffüllen. Mit einer Zitronenschale abspritzen und diese dazugeben.

5 cl Vermouth Dry

2 cl Crème de Cassis

kaltes Soda-wasser

Zitrone

Dubonnet Fizz

erfrischender Fizz für den Nachmittag

Im *Shaker* mit Eiswürfeln schütteln und in ein kleines Becherglas abgießen. Mit Sodawasser aufspritzen.

5 cl Dubonnet Rouge

1 cl Cherry Brandy

3 cl Orangensaft

2 cl Zitronensaft

kaltes Sodawasser

Dubonnet Cocktail

aromatischer Before-Dinner-Drink

Im *Rührglas* mit Eiswürfeln verrühren, in Cocktailglas gießen. Mit Zitronenschale abspritzen, diese dazugeben.

3 cl Dubonnet Rouge

3 cl Gin

Zitrone

Weinbrand

D er »gebrannte« Wein hat unter den Spirituosen Europas die älteste Geschichte. Um 1100
datieren Urkunden aus Italien, und ein deutschspra-
chiges Dokument von 1321 enthält Hinweise auf
gebrannten Wein. Ab dem 17. Jahrhundert machte

sich Frankreich einen Namen als das Land, in dem große Mengen »Eau-de-vie de vin« hergestellt wurden. Die Bezeichnung Weinbrand geht auf Hugo Asbach zurück, der seinen gebrannten Wein ab 1902 »Cognac-Weinbrand« nannte. Die Herstellung von Weinbrand entsprach in den wesentlichen Grundzügen den in Frankreich angewendeten Verfahren. Die in Deutschland geltenden Vorschriften wurden im Januar 1998 durch eine neue Verordnung ersetzt. Seither unterscheidet man zwischen »Weinbrand« und »Deutschem Weinbrand«. Während Letzterer den früheren Bestimmungen entspricht, ist Weinbrand **Seit 2001 ist Asbach im Besitz von Underberg. Der hochklassige Asbach wird inzwischen in fünf Qualitäten angeboten.** nun geringeren Anforderungen unterworfen. Für beide gilt, dass sie weder aus deutschen Weinen noch aus in Deutschland hergestellten Destillaten erzeugt werden müssen. Während bei Deutschem Weinbrand noch strenge Vorschriften in Bezug auf die Destillatsobergrenze (der dabei erreichte Alkoholgehalt), die Rebsorten, die Mindestreifezeit, Fassgrößen, Abrundungsessenzen und Zuckerungsstoffe bestehen, sind diese beim Weinbrand nun recht weit ausgelegt. Auch der Mindestalkoholgehalt ist unterschiedlich: Er beträgt beim Weinbrand 36% vol, beim Deutschen Weinbrand 38% vol.

Bekannte Marken

Asbach »Im Asbach Uralt ist der Geist des Weines.« Dieser berühmte Werbeslogan steht seit Jahrzehnten für Asbach, die bedeutendste deutsche Weinbrandmarke. Die in Rüdesheim am Rhein ansässige Weinbrennerei Asbach ist die Produzentin des gleichnamigen Weinbrands. Hugo Asbach gründete 1892 das Unternehmen, und schon zehn Jahre später stellte er der damals allgemein verwendeten Bezeichnung »Cognac« den von ihm geprägten Begriff »Weinbrand« zur Seite. Als den deutschen Herstellern nach 1919 die Bezeichnung »Cognac« untersagt wurde, war der Begriff »Weinbrand« schon eingeführt und wurde 1923 ins deutsche Weingesetz übernommen. Zur Destillation von Asbach werden die klassischen

Alle Asbach-Weinbrände werden nach den strengeren Bestimmungen in der Qualitätsstufe »Deutscher Weinbrand« hergestellt.

Brennweine aus Frankreich (Charente) und Italien verwendet. Asbach ist zwar nicht der größte Weinbrandhersteller in Deutschland, aber sicher die Firma, die den meisten hochwertigen Deutschen Weinbrand absetzt. Seit 2001 ist Asbach im Besitz der Underberg AG, und damit erfolgte auch eine Erweiterung des Sortiments. Die bekannteste Marke ist der Asbach »Uralt« (38% vol), der seit Gründung des Unternehmens hergestellt wird und schon 1908 als Warenzeichen eingetragen wurde. 1905 folgte der Asbach »Privatbrand« (38% vol), der heute »8 Jahre gereift« angeboten wird. Den »Privatbrand« gibt es seit 2002 auch als »15 Jahre gereift« (38% vol). Seit 1989 gibt es die »21 Jahre gereifte« Spitzenmarke Asbach »Selection Extra Old« (40% vol), ein Spitzenerzeugnis der Destillationskunst und ausschließlich aus Charenteweinen destilliert. Asbach »Selection« wird in einer edlen Glaskaraffe angeboten. Das Nonplusultra ist der Asbach »Jahrgangsbrand 1972« (40% vol). Mit diesem, zum Zeitpunkt der Abfüllung

Mit dem Asbach »Jahrgangsbrand 1972« ist Asbach die einzige deutsche Weinbrennerei, die eine derartige Qualität anbietet.

28 Jahre gereiften Weinbrand wird das absolute Spitzenprodukt unter den deutschen Weinbränden angeboten. Ein neues und innovatives Produkt wurde 2002 vorgestellt – der »A & A« Asbach & Auslese – Riesling-Likör (siehe Weinaperitif).

Bols Das 1575 in Amsterdam gegründete Unternehmen ist neben ihren Likören und Spirituosen auch für ihren Weinbrand bekannt. Für Bols »Alter Weinbrand« verwendet man Weine aus Frankreich (Charente), Italien und Spanien. Der *Das niederländische Spirituosenunternehmen Bols führt in seinem großen Likör- und Spirituosenprogramm auch den Bols-Weinbrand.* weit länger als gesetzlich vorgeschriebenen Reifezeit und dem Einsatz kleiner Eichenholzfässer verdankt Bols »Alter Weinbrand« seine hohe Qualität (36% vol).

Eckes Das 1857 gegründete Spirituosenunternehmen Eckes in Nieder-Olm/Rheinhessen ist in vielen Bereichen der Getränkeindustrie tätig. 1953 führte man mit dem »Chantré« einen Weinbrand für eine breite Verbraucherschicht ein. Im Jahr 1961 übernahm man die 1894 in Oppenheim am Rhein gegründete Brennerei Mariacron. Eine weitere

Weinbrandmarke des Unternehmens ist der »Attaché«. Alle drei haben 36% vol. Mit der Übernahme des Triester Spirituosenunternehmens Stock kam ab 1995 auch ein italienischer Brandy ins Sortiment. Der »Stock 84 V.S.O.P.« (38% vol) ist eine der größten Brandy-Marken Italiens.

Jacobi Die 1880 gegründete Privatweinbrennerei Jacobi in Weinstadt nahe Stuttgart ist für ihren Weinbrand bekannt. Weinen aus den französischen Anbauregionen Charente und Armagnac sowie einer langen Lagerzeit in kleinen Eichenholzfässern verdankt der Jacobi seinen Charakter (36% vol).

Scharlachberg Meisterbrand Die Weinbrennerei Scharlachberg wurde 1898 als »Cognacbrennerei« in Bingen gegründet. Die Marke Scharlachberg Meisterbrand gibt es seit 1920, und bis heute ist sie eine bedeutende Weinbrandmarke (36% vol). Nach mehreren Inhaberwechseln gehört die Firma nun zu Henkell & Söhnlein. Außer dem Weinbrand wird der Scharlachberg »Kräuterlikör« (24% vol) hergestellt.

Der Scharlachberg Meisterbrand ist einer der großen alten Namen in der Geschichte der deutschen Weinbrände.

Scotch Whisky

Seit vielen Jahrhunderten wird in Schottland Whisky gebrannt, wobei alte Urkunden darauf hinweisen, dass Mönche die Kunst des Brennens ins Land brachten. Das älteste historische Zeugnis ist eine Eintragung in den Archivalien des schottischen Schatzamtes von 1494 mit folgendem Text: »Acht Bollen Malz für Bruder Cor, um damit Aqua Vitae zu machen.« Einer der ersten Hinweise auf »Uiskie«, so die damalige Schreibweise, datiert um 1600. Der Name »Whisky« kommt ursprünglich vom gälischen »Uisge Beatha« bzw. »Usquebaugh«, was so viel wie »Lebenswasser« bedeutet. Das schottische Hochland war die Region, in der damals unzählige kleine Brennereien betrieben wurden. 1643 versuchte die Obrigkeit zum ersten Mal, den Whisky zu besteuern. Wie nicht anders zu erwarten, stieß sie jedoch auf wenig Gegenliebe bei den Brennern: Die Steuer wurde einfach ignoriert. Man destillierte künftig illegal, und mit kleinen, leicht beweglichen Destillierapparaten ging das fast problemlos. Es begann die viel besungene Zeit der Schwarzbrennerei und des Whiskyschmuggels. Den Steuerbeamten war wenig Glück beschieden, als sie versuchten, in den unzugänglichen Hochlandregionen den Schwarzbrennern auf die Spur zu kommen. Die Illegalität erschwerte den Brennern jedoch den Absatz des Whiskys. Als 1707 England und Schottland vereinigt wurden, verspürte man im Norden noch weniger Lust, an die ungeliebten Engländer Steuern abzuführen. Um die Mitte des 18. Jahrhunderts arbeiteten über 400 illegale Brennereien im Hochland und auf den einsam gelegenen Inseln vor der Küste Schottlands. Rund 70 Jahre währte der Kampf zwischen Brennern und Beamten, genau bis 1823,

Scotch Whisky, eines der berühmtesten Getränke der Welt, ist seit Jahrhunderten Nationalspirituose Schottlands.

als der einflussreiche schottische Herzog von Gordon günstigere Steuergesetze durchsetzte. Der erste Brenner, der eine Lizenz beantragte, war 1824 George Smith; seine Glenlivet Distillery existiert noch heute. In Schottland werden zwei Whiskyarten hergestellt: Malt Whisky (aus Gerstenmalz) und Grain Whisky (aus Korn, meist Weizen). Generell unterscheidet man zwischen Highland (Hochland), Lowland (Flachland) und Isle (Insel) Whisky. Als Grenze zwischen Hoch- und Tiefland wird die alte Steuerbezirksgrenze zwischen Greenock im Westen des Landes, 30 Kilometer nordwestlich von Glasgow, und Dundee im Osten angesehen. Von den (im Jahr 2005) betriebenen 90 Malt-Whisky-Destillerien Schottlands befinden sich um die 50 in der eigenständigen Highlands-Unterregion Speyside. Die Orkney-Inseln mit zwei Brennereien zählen zu den Highlands, ebenso die Inseln Skye (1), Mull (1), Jura (1) und Arran, wo seit 1995 wieder eine Destillerie arbeitet. Die Insel Islay mit jetzt acht Brenne-

Die Verbreitung des Scotch Whiskys im 19. Jahrhundert wurde durch die Erfindung des kontinuierlichen Brennapparates möglich.

reien gilt als eigenständige Region, ebenso Campbeltown (2) auf der Halbinsel Kintyre. In den Lowlands
produzieren zurzeit nur drei Brennereien. Sechs der
acht Grain-Destillerien arbeiten in den Lowlands
und nur zwei in den Highlands. Der Grundstoff für
Malt Whisky ist ausschließlich Gerste. Man bringt
sie zum Keimen und trocknet sie durch Torffeuer.
Dieser Vorgang sorgt für den späteren Rauch-
geschmack. Das getrocknete Malz wird gemahlen,
mit Wasser vermengt und unter Zusatz
von Hefe zum Gären gebracht. Anschließend destilliert man die dabei entstandene Flüssigkeit in kupfernen, zwiebel-
förmigen Kesseln zweimal. Diese so genannten Pot
Stills sehen heute nicht anders aus als vor 100 Jahren: Bei diesem Verfahren verläuft der Destillationsprozess nicht kontinuierlich, die Kessel werden nach
dem Ende einer Destillation jeweils neu gefüllt. Zu
den Faktoren, die die Güte eines Malt Whiskys entscheidend mitbestimmen, gehört die Wasserquali-
tät. Deshalb wird ausschließlich absolut sauberes,

Während der Grain Whisky im »Continous Still«-Verfahren gewonnen wird, erhält man den Malt Whisky im »Pot Still«-Verfahren.

klares, besonders weiches Quellwasser verwendet. Wichtig sind natürlich auch die Qualität des Malzes, die Trocknung über dem Torffeuer, die Größe und Form der Kupferkessel, die Kunst des Brennmeisters und letztendlich das Fass und die Dauer der Reife. Wenn der frisch destillierte Malt Whisky ins Fass kommt, ähnelt er kaum dem Produkt, das nach zehn, zwölf oder 15 Reifejahren abgefüllt wird. Die Jahre verändern den Whisky vollkommen. Er wird weich, und der Geschmack entwickelt sich – der Whisky wird besser, je länger man ihn im Fass lässt, und bis heute gibt es keinen Weg, diesen Prozess abzukürzen. Drei Dinge spielen während des Alterungsvorgangs eine Rolle: der Whisky selbst, das Fass, in dem er reift, und das Klima, in dem die Reifung stattfindet. Die Eichenholzfässer sind nicht luftdicht, der Whisky verdunstet durch die Poren des Holzes, Luft dringt ein und beeinflusst die Art der Reife. Früher wurden oft ehemalige Sherryfässer für die Lagerung verwendet, sie sind jedoch sehr rar

Sowohl Grain Whisky als auch Malt Whisky müssen mindestens drei Jahre lang in Eichenholzfässern gelagert werden.

und entsprechend teuer geworden, so dass nur noch wenige Destillerien auf sie zurückgreifen. Vielfach werden Bourbonfässer verwendet, die in den USA ja nur einmal eingesetzt werden dürfen. Viele Malt Whiskys erfahren seit neuerer Zeit ein »Wood Finish«. Dabei wird am Ende der Reifezeit ein Fasswechsel in ehemalige Wein-, aber auch Spirituosenfässer vorgenommen. Während der Lagerzeit verdunsten alle Stoffe, die den jungen Whisky hart und aggressiv machen. Malt Whisky braucht, damit sich alle Unebenheiten im Geschmack verlieren, etwa zehn bis zwölf Jahre Fasslagerung. Der Blendmaster bestimmt den idealen Zeitpunkt für die Abfüllung – und nur wenige Whiskys werden dann noch erheblich besser. Außerdem gibt das Fass dem Whisky Farbe, denn frisch destillierter Whisky ist, wie alle Destillate, vollkommen farblos. Malt Whiskys auf denen »100% Malt«, »All malt« oder »Pure Malt« steht, sind so genannte »Vatted Malt« Whiskys, also Malt Whiskys, die aus Whiskys ver-

Blends sind Mischungen aus Whiskys verschiedenen Typs, die es ermöglichen, Whisky von gleich bleibender Qualität zu produzieren.

schiedener Destillerien gemischt wurden. Generell kann jeder Malt Whisky, der nicht ausdrücklich als Single Malt deklariert ist, ein Vatted sein. Die neuere Bezeichnung für Vatted ist nun auch beim Malt Whisky »Scotch Blended Malt«. Der weitaus größte Teil der Malt Whiskys wird aber nicht auf Flaschen gefüllt, sondern zur Blended-Whiskyherstellung verwendet. Außerhalb Schottlands schätzte man den starken, rauchigen Whisky der Anfangszeiten nicht sonderlich. Dies änderte sich, als Robert Stein 1826 den Patent-Destillierapparat erfand, ein Verfahren, das Aeneas Coffey 1831 nochmals verbesserte. Man konnte nun kostengünstig, schnell und unabhängig von Wasser, Torf oder Witterung größere Mengen Whisky herstellen. Um 1860 entdeckte Andrew Usher aus Edinburgh die Kombination von Malt und Grain Whisky – der heutige Blended Whisky begann seinen Siegeszug um die Welt. Es war ein Siegeszug mit Hindernissen. Denn die Malt-Whisky-Hersteller kämpften gegen den weicheren Blended

Blending ist die Kunst, verschiedene Malt- und Grainsorten aus unterschiedlichen Brennereien und Jahrgängen harmonisch zu verbinden.

Whisky; sie stritten lange Zeit dafür, dass nur un-
gemischter Malt als Scotch Whisky verkauft werden
dürfte. 1909 entschied eine königliche Kommission,
dass der unter Verwendung von Grain Whisky hergestellte Blended auch als Scotch verkauft werden
durfte. Rund 95 Prozent der heute hergestellten
Whiskys kommen als »Blended Scotch« auf den
Markt. Er wird in kontinuierlicher Destillation aus
gemälzter und ungemälzter Gerste gebrannt, ein
Verfahren, das durch seine höhere Wirt-
schaftlichkeit die Erzeugung großer Mengen möglich macht. Der Grain lagert
dann genau wie Malt Whisky in Eichenholzfässern. Grain Whisky ist grundsätzlich leichter
und weicher in Charakter und Geschmack. Für die
Verbindung von Malt und Grain wird neben dem
Ausdruck »Blending« (to blend = verschmelzen,
ineinander übergehen) auch die Bezeichnung »Mar-
riage« (Heirat) gebraucht. Einer der wichtigsten,
wenn nicht sogar der wichtigste Mann einer Destillerie ist der Blendmaster. Seine Nase entscheidet.

Der Blended Whisky brachte den Beruf des »Blenders« hervor, der sich darauf versteht, die besten Whiskys mitein- ander zu verschneiden.

Denn Brennereien gibt es viele in Schottland, und jede stellt Whiskys her, die theoretisch miteinander verbunden werden können. Die Kunst ist es nun, nur solche Whiskys zu mischen, die in der Verbindung vollkommen harmonieren und dabei doch ihre besten und spezifischen Eigenschaften entfalten können. Das klingt vielleicht einfach, aber bei manchen Blends werden bis zu 40 verschiedene Grains und Malts gemischt, um das gewünschte Produkt zu erreichen. Und ist ein Blended Scotch dann einmal kreiert und für gut befunden, gibt es trotzdem noch keine Formel für seine Zusammensetzung. Denn Whisky als reines Naturprodukt ist stets leichten Geschmacksänderungen unterworfen, und der Blendmaster muss seine Blends immer wieder überprüfen und das Mischungsverhältnis korrigieren. Die Namen der verwendeten Whiskys und die Werte für die Mischung sind streng gehütete Geheimnisse. Der Gesetzgeber verlangt, dass jeder Whisky mindestens drei Jahre alt ist. Bei Whisky mit Jahres-

Die für einen Blend bestimmten Malt Whiskys und Grain Whiskys müssen sich im Geschmack gut ergänzen und verbessern.

angabe muss stets das Alter des jüngsten verwendeten Whiskys angegeben werden, es darf kein Durchschnitt errechnet werden. Von »De-Luxe-Blends« spricht man ab einem Maltanteil von einem Drittel. Auf dem Weltmarkt werden heute über 2000 verschiedene Blended Scotch Whiskys angeboten. Den Löwenanteil davon stellen relativ wenige, jedoch meist international bekannte Marken. Durch die vielen Sorten, Jahrgangs- und Spezialabfüllungen werden aber auch etwa genauso viele Malt-Whisky-Abfüllungen angeboten. Der Anteil des Malt Whiskys beträgt etwa fünf Prozent, d.h., ungefähr 50 Millionen Flaschen jährlich (2004). Blended Scotch Whiskys enthalten im Normalfall 40% vol Alkohol. Die Malt Whiskys weisen meist 40 oder 43% vol Alkoholgehalt auf, oft aber auch einige Prozent mehr. Eine Besonderheit stellen die »Cask Strength«-Whiskys dar, die »Fassstärke«-Whiskys, die direkt aus dem Fass abgefüllt werden und dann etwa 50 bis über 60% vol Alkohol enthalten.

Jeder Hersteller hütet die Formel seines Blends. Ausschlaggebend für die Qualität eines Blends ist sein Maltanteil.

Blended Scotch – bekannte Marken

Ballantine's Die in Dumbarton bei Glasgow ansässige Firma Ballantine zählt zu den größten Whiskyproduzenten Schottlands. Die Nummer drei unter den Blended Scotch Whiskys wurde von George Ballantine 1827 gegründet. 1936 wurde sie von Hiram Walker (Canadian Club) übernommen und kam 1988 zu Allied Domecq, die diese Perle im Jahr 2005 an Pernod Ricard verkauften. Von den berühmten reckteckigen, braunen Flaschen werden jährlich fast 70 Millionen (2004) Flaschen verkauft. Die Hauptmarke »Finest« ist in Europa die führende

Marke und belegt auch in Deutschland zusammen mit Johnnie Walker »Red Label« den Spitzenplatz. Bekannt ist auch der »Special Reserve 12 Years Old« (beide 40% vol). Auf den internationalen Märkten sind die 17- und 30-jährigen Malt Blends zu finden, und auch im Duty Free werden diese angeboten.

Black & White Zwei Hunde, ein West Highland White und ein Scotchterrier, werben seit 1890 für diese traditionelle Marke. Bis heute zählt dieser solide Scotch alter Schule zu den erfolgreichsten Marken der Whiskygeschichte. Der Alkoholgehalt beträgt 40% vol.

Chivas Regal Der junge Aberdeener William Edward übernahm 1801 eine schon seit 1786 produzierende Destillerie, die später als Chivas Brothers weltbekannt werden sollte. 1836 trat James Chivas in die Firma ein und übernahm diese 1841. Die Marke Chivas Regal (regal = königlich) kam 1891 auf den Markt, und mit der Übernahme durch Seagram im Jahr 1948 begann der große Aufstieg. Seit der Auflösung von Seagram im Jahre 2001 gehört Chivas nun zu Pernod Ricard. Heute ist Chivas Regal mit rund 40 Millionen jährlich verkauf-

Von einem De-Luxe-Blend spricht man ab einem Maltanteil von einem Drittel, und wichtig ist deren ausgewogene Komposition.

ten Flaschen die Nummer zwei unter den zwölfjährigen De-Luxe-Blends. 1952 wurde der »Royal Salute – 21 Years Old« eingeführt – benannt nach den 21 Salutschüssen bei der Krönung von Königin Elisabeth II. Dieser exquisite Blend wird in Porzellandekanter abgefüllt und in Samtsäckchen verpackt. Seit einigen Jahren wird in Deutschland auch der Chivas Regal »18 Years« angeboten. Dieser hieß früher »Imperial« und erinnert an »Old Style« Blends. Alle 40% vol.

Cutty Sark Der legendäre »Scots (!) Whisky« Cutty Sark unterscheidet sich schon allein wegen seiner hellen Farbe von anderen Blended Whiskys. Entwickelt wurde Cutty Sark bei Berry Bros. & Rudd, einer der ältesten Wein- und Spirituosenhandlungen Londons. Die Idee zu Cutty Sark als Whisky mit betont leichtem und elegantem Stil entstand 1923 bei einem Treffen mit dem seinerzeit bekannten schottischen Künstler James McBey, aus dessen Feder auch das bis heute nahezu unveränderte gelbe Etikett mit dem Bild des damals schnellsten Seglers der Welt stammt. Die Basis des Cutty Sark stellen die Malts der Glenrothes Distillery (siehe The Glenrothes). Einzigartig ist die zweimalige Holzfassreifung der über 20 Malt Whiskys vor und nach dem Blenden. Sein unverwechselbar leichter Charakter und das unverkennbare Etikett haben Cutty Sark weltberühmt gemacht und mit jährlich etwa 25 Millionen verkauften Flaschen zur Nummer zehn der Blended Scotch aufsteigen lassen. Alkoholgehalt 40% vol.

Der Name stammt von der Hexe »Cutty Sark« aus einem Gedicht von Robert Burns. Darin war diese die Galionsfigur des Schiffes.

Dean's Dean's geht zurück auf eine 1881 in Edinburgh gegründete Destillerie, wird heute aber in der Loch Lomond Distillery (siehe Loch Lomond) hergestellt. Dean's »Finest Old Scotch Whisky« wird mit 40% vol angeboten.

Dewar's »Special Reserve 12 Years Old« wird aus bis zu 40 Malt und Grain Whiskys komponiert, es gibt ihn nur in limitierter Menge.

Dewar's Dewar's White Label ist einer der großen Namen unter den Blended Scotch Whiskys. Er ist mit rund 43 Millionen Flaschen (2004) die Nummer sieben der Welt und in den USA die Nummer eins. Gegründet wurde das Unternehmen 1846 in Perth, und Dewar war einer der Ersten, der seinen Whisky in Flaschen und nicht wie damals üblich in Fässern und Krügen anbot. 1896 erbaute man in Aberfeldy die erste Destillerie und erwarb bis 1923 acht weitere. Das florierende Unternehmen bildete im Jahr 1915 zusammen mit Buchanan's (Black & White) die Whisky Brands Ltd., die sich später zur DCL (Distillers Company Limited) formierte. Als Teil der DCL kam man zu United Distillers und später zur UDV (United Distillers & Vintners). 1998 wurde Dewar dann an Bacardi-Martini verkauft. Dewar's gab es bereits 1912 als einen der ersten Blended Scotch in Deutschland. Angeboten werden Dewar's »White Label« (40% vol) und »Special Reserve 12 Years« (43% vol) – der im Jahr 2000 den berühmten »Ancestor« ablöste.

Dimple Dimple von Haig ist mit jährlich sechs Millionen verkauften Flaschen die Nummer drei im Segment der »12 Years Old« De-Luxe-Blended-Whiskys. Die gängige 12-jährige Version ist weltbekannt, und auch eine 15-jährige Abfüllung wird angeboten. Dimple (engl. Grübchen oder Delle) verdankt seinen Namen der »gekniffenen« Flaschenform. Es gibt ihn seit 1893, und seinen ersten Erfolg hatte er in den USA, wo er bis zur Prohibition als »Five Star« bekannt war. In Nordamerika heißt er »Pinch«, was sich ebenfalls auf die »gekniffene« Flasche bezieht. Dimple wird aus über 35 mindestens zwölfjährigen Malt und Grain Whiskys komponiert. Der führende Whisky stammt von Glenkinchie, einer der Classic Malt Whiskys von Diageo. Alkoholgehalt 40% vol.

Die berühmte Flasche reizte immer wieder zur Nachahmung – bis 1927 Haig vom schottischen Gerichtshof das alleinige Recht erhielt.

Famous Grouse Das schottische Moorhuhn (Grouse) ist das Symbol des Lieblingsblends der Schotten und ziert das Etikett der jährlich 30 Millionen verkauften Flaschen. Die zu den Highland Distillers gehörende Marke belegt damit den achten Platz (2004) unter den Blended Scotch. Die Marke entstand um 1890 als »The Grouse«, später fügte man »Famous« dazu. Im Blend finden sich mit »Tamdhu« und »Highland Park« zwei bekannte Malts der Highland Distillers. Alkoholgehalt 40% vol.

Grant's William Grant ist einer der großen unabhängigen Whiskyhersteller Schottlands. Seit 1887 produziert die berühmte Glenfiddich Distillery in Dufftown/Speyside. Schon 1892 errichtete man unweit davon die Balvenie Distillery (siehe Glenfiddich und Balvenie). Die Gesellschaft ist bis heute im Besitz der Nachfahren von William Grant und wird auch von ihnen geleitet. Grant's »Family Reserve« und »Glenfiddich« werden in Dreieckflaschen (Glenfiddich in grünen) angeboten. Unter den Blended Scotch

Grant's »Family Reserve« gilt als klassischer Blended, der nach alter Familientradition in höchster Qualität hergestellt wird.

belegt Grant's mit rund 50 Millionen jährlich verkauften Flaschen den fünften Platz (2004). Alkoholgehalt 40% vol.

Haig 1627 wird als Gründungsjahr der Firma Haig
betrachtet. Sie erhebt den Anspruch, die älteste
Whiskybrennerei der Welt zu sein (die irische
Bushmills 1608!). John Haig (1802–1878) war einer
der Großen, die den Blended Whisky zum Welter-
folg führten. Der berühmte »Gold Label«, einer der
ältesten und erfolgreichsten Blended Whiskys,
wurde wie auch der »Dimple« um 1900 eingeführt.

J & B Der nach den Anfangsbuchstaben des Firmengründers Justerini und des späteren Inhabers Brooks
benannte J & B ist mit über 70 Millionen jährlich verkauften Flaschen die Nummer zwei unter
den Blended Scotch. Der Erfolg des J & B
begann in den 1930er Jahren in den USA,
wo der »Light-Charakter« des J & B gut
ankam. In Deutschland wurde J & B erst Ende der
1970er Jahre eingeführt und war auf Anhieb erfolgreich. Alkoholgehalt 40% vol.

Der leichte, helle J & B lagert nach dem Blending und vor der Abfüllung in Flaschen nochmals ein Jahr in Eichenholzfässern.

Johnnie Walker Seit Jahrzehnten die Nummer eins unter den Blended Scotch ist mit über 80 Millionen jährlich verkauften Flaschen der Johnnie Walker »Red Label«. Wertmäßig ebenbürtig und die Nummer 1 bei den 12 jährigen De-Luxe-Blends ist, mit rund 50 Millionen Flaschen, der »Black Label«. Weitere Sorten sind der Blended Malt »Green Label – 15 Years Old« (bis 2004 Johnnie Walker »Pure Malt«), der »Gold Label – The Cenntenary Blend – 18 Years Old« und der 1992 eingeführte »Blue Label«, ein Whisky aus den seltensten und ältesten Malts mit dem authentischen Geschmack der ersten Blends des 19. Jahrhunderts. Alle werden in der berühmten Flaschenform angeboten. Die Ausnahme ist der »Swing«, der in manchen Ländern »Celebrity« heißt. Die leicht schaukelnde Flasche wurde in den 1920er Jahren für die großen Ozeandampfer kreiert, und der abgerundete Flaschenboden sollte ein Umfallen der Flasche bei starkem Seegang verhindern. Auf verschiedenen Märkten gibt es weitere De-Luxe-Versionen.

1908 wurde die berühmte Johnnie-Walker-Figur mit Zylinder, Frack, Einglas und Spazierstock entwickelt, die bis heute die Etiketten ziert.

Teacher's Mit über 20 Millionen jährlich verkauften Flaschen zählt Teacher's zu den großen Blended-marken. William Teacher war einer der Pioniere des Blended Wkiskys, und seine Söhne ließen 1884 den Teacher's »Highland Cream« als Marke eintragen. 1898 wurde die Ardmore Distillery erbaut, und 1960 erwarb man Glendronach. Beide sind heute noch die Basis-Malts bei Teacher's. Alkoholgehalt 40% vol.

VAT 69 William Sanderson, eine der großen Persönlichkeiten der Blended-Scotch-Geschichte gründete 1863 einen Wein- und Spirituosenhandel und beschäftigte sich mit der noch jungen Methode des Blendens. 1882 lud er namhafte Whiskyexperten ein, um gemeinsam aus 100 Fässern Blended Whisky das Beste herauszufinden. Das Fass (Vat) mit der Nummer 69 war der Sieger, und dieser Blend bestimmte die Zukunft. Noch dazu war ein Markennamen gefunden. Die einstmals dickbauchige Flasche wurde mit den Jahren immer dünner und ist heute schlank wie viele andere. Der Whisky, ein kräftiger Scotch

Die breite, ursprüngliche VAT-69-Flasche war in der 1950er Jahren ein beliebter Kerzenständer in Kneipen und den damaligen »Bars«.

der alten Schule, wurde zwar von den moderneren, leichteren Blends etwas in den Hintergrund gedrängt, ist aber in manchen Ländern nach wie vor eine führende Marke.

White Horse Diese alte, heute noch international erfolgreiche Blendedmarke gibt es seit 1890. Benannt wurde sie nach »The White Horse Inn«, einem Gasthof in Edinburgh, der der Familie des Gründers Peter Mackie gehörte. Zum Unternehmen gehörte seit 1867 die Islay-Distillerie Lagavulin, und deren Malt spielt noch heute beim Blending des White Horse eine wichtige Rolle. Den allgemeinen Erfolg unterstützte im Jahr 1926 eine innovative Idee. Dies war die Einführung des Schraubverschlusses für Whiskyflaschen. Damit erreichte man eine Verdoppelung der Verkaufszahlen innerhalb von sechs Monaten.

Noch heute ist dieser berühmte und überdurchschnittliche Standard Blend eine der international erfolgreichsten Scotchmarken.

Whyte & Mackay Aus einer 1844 gegründeten Firma ging nach der Übernahme durch James Whyte und Charles Mackay im Jahr 1882 die dann nach ihnen benannte Firma hervor. Fast ebenso alt ist die Blended-Scotch-Marke Whyte & Mackay. Diese erzielte ihre ersten Erfolge in den USA und wurde erst nach dem Zweiten Weltkrieg in Großbritannien eingeführt. Heute zählt sie auch auf dem schottischen Markt zu den führenden Marken. 1972 verlor das Unternehmen seine Selbstständigkeit, und nach mehreren Besitzerwechseln ist es seit 2001 wieder unabhängig. Das zuletzt verantwortliche Management übernahm das Haus zusammen mit den Invergordon Distillers und firmiert seither als Kyndal Group. Zu dieser gehört auch die Malt-Destillerie Dalmore

Nur selten werden die Blended Whiskys eines Hauses in mehreren Alterungsstufen angeboten. Bei Whyte & Mackay sind es fünf.

(siehe dort), die den Basis-Malt für den Blend liefert. Eine Besonderheit ist das Blending für den Whyte & Mackay. Hier werden zuerst die verschiedenen Malts und Grains untereinander vermischt und dann in Sherryfässern nochmals für einige Monate gelagert, dann erst erfolgt das endgültige Blending. Außer der Standardmarke gibt es noch 12, 15, 18 und 21 Years Old (alle 40% vol, 21 Years 43% vol).

Rob Roy

4 cl Blended Scotch
2 cl Vermouth Rosso
2 Spritzer Angostura
Cocktailkirsche

herber Before-Dinner-Drink

Im *Rührglas* mit Eiswürfeln verrühren, in vorgekühltes Cocktailglas abgießen. Eine Cocktailkirsche dazugeben.

Scottish Surprise

6 cl Blended Scotch
6 cl Maracuja-nektar
1 cl Zitronensaft
1 cl Grenadine
1 Spritzer Angostura
Zitrone, Cocktailkirsche

überraschend milder Scotchdrink

Im *Shaker* mit Eiswürfeln schütteln und in einen Tumbler auf Eiswürfel abgießen. Eine Zitronenscheibe und eine Cocktailkirsche dazugeben.

Bobby Burns

3 cl Blended Scotch
3 cl Vermouth Rosso
3 Spritzer Bénédictine
Zitrone

mildere Rob-Roy-Variante

Im *Rührglas* mit Eiswürfeln verrühren und in ein vorgekühltes Cocktailglas abgießen. Mit Zitronenschale abspritzen und diese dazugeben.

Whisky Flip

kleiner Magenfüller für den Nachmittag

Im *Shaker* mit Eiswürfeln schütteln und in ein Stielglas abgießen. Fein geriebene Muskatnuss darüber streuen.

5 cl Blended Scotch
1 cl Zuckersirup
2 cl Sahne
1 Eigelb
Muskatnuss

St. Andrews

aromatischer Scotchdrink

Im *Shaker* mit Eiswürfeln schütteln, in ein Longdrinkglas auf Eiswürfel abgießen. Mit einer Zitronenscheibe und einer Cocktailkirsche garnieren.

5 cl Blended Scotch
1 cl Amaretto
6 cl Ananassaft
6 cl Orangensaft
1 cl Zitronensaft
Zitrone, Cocktailkirsche

Highlander

Scotchdrink für die Cocktail-Hour

Im *Shaker* mit Eiswürfeln schütteln und in einen Tumbler auf Eiswürfel abgießen. Mit einer Orangenscheibe und einer Cocktailkirsche garnieren.

5 cl Blended Scotch
2 cl Drambuie Whisky Liqueur
2 cl Orangensaft
2 cl Zitronensaft
Orange, Cocktailkirsche

Scotch Malt Whisky – bekannte Marken

Aberlour Die Aberlour Distillery im Zentrum der Speyside-Region wurde 1826 erbaut und nach einem Brand erst 1879 wieder eröffnet. Seither wird dieser Single Highland Malt mit den unverändert gebliebenen Pot Stills des Jahres 1879 destilliert. Die 1945 mit dem »House of Campbell« vereinte Destillerie kam 1974 zu Pernod Ricard. Angeboten wird gegenwärtig die 10-Years-Old-Standardversion mit 43% vol. 1998 wurde der »a'bunadh« (gälisch: Ursprung) vorgestellt, der nach der Tradition der Whiskys des 19. Jahrhunderts hergestellt wird. Der »a'bunadh« ist ein »Cask Strengt« (Fass-stärke-)Whisky mit einem Alkoholgehalt um die 60% vol. Er wird in Flaschen abge-füllt, die von den schottischen Apothekern zu dieser Zeit benutzt wurden.

Dadurch, das Aberlour zur französischen Pernod Ricard Group gehört, ist Aberlour in Frankreich eine der führenden Malt-Whisky-Marken.

Ardbeg Die Islay-Destillerie Ardbeg genießt unter Malt-Whisky-Fans Kultstatus. 1815 ist das offizielle Gründungsjahr der an der Südküste der Insel er-bauten Destillerie. Zurzeit erhältlich sind Ardbeg »10 Years« (46% vol), Ardbeg »Very Joung«

(58,3% vol), der Ardbeg »Uigeadail« (54,2% vol), ein

Blend aus 10 Jahre alten und sehr altem Ardbeg,

Die berühmten Ardbeg Whiskys sind komplex und wuchtig und besitzen ein rauchiges, leicht medizinartiges, torfiges Aroma.

benannt nach der Quelle, und Ardbeg »Lord of the Isles« (46% vol).

Auchentoshan Die traditionsreiche Destillerie Auchentoshan (sprich: Ock-un-tosh-un) wurde 1823 gegründet. Sie befindet sich im Herzen Schottlands, etwas nördlich von Glasgow, aber südlich der Trennlinie zwischen Highland und Lowland, und gilt – obwohl das Wasser aus den Kilpatrick Hills in den Highlands stammt – als Lowland Whisky. Auchentoshan (gälisch: Ecke des Feldes)

ist die bekanntere der beiden noch produzierenden Lowland-Destillerien. Bei Auchentoshan wird noch die alte Methode der Dreifachdestillation angewendet. Dies wird sonst nur noch bei Rosebank (Lowland) und Springbank (Campbeltown) und natürlich in Irland praktiziert. Im Laufe der Geschichte hatte die Destillerie sechs Inhaber, der jetzige, Bowmore-Morrison, ist Teil des japanischen Spirituosenmultis Suntory. Auchentoshan erzeugt einen delikaten, weichen und leichten Single Malt. Die Sorten: »Select – ohne Altersangabe« und »10 Years Old« haben 40% vol, »Three Wood« (Wood Finish) – er

Der derzeitig (2006) angebotene Auchentoshan »Individual Cask« ist 23 Jahre alt und stammt aus dem Destillationsjahr 1979.

reift zehn Jahre im Bourbonfass und dann noch eine Zeit lang in Oloroso- und Pedro-Ximénez-Fässern – und der »21 Years Old« haben 43% vol, und der außergewöhnliche 23 Years »Individual Cask« weist einen Alkoholgehalt von 54,1% vol auf.

Balblair Eine der ältesten Destillerien Schottlands ist die in den Northern Highlands, am Dornoch Firth, gelegene Balblair Distillery. Ihre Anfänge reichen bis 1790 zurück, die heutige Anlage wurde 1872 erbaut. Balblair-Malts waren immer schwer erhältlich, da hauptsächlich für Blending-Häuser produziert wurde und ihn nur unabhängige Abfüller in Flaschen anboten.

Balblair wird nun auch auf dem deutschen Markt angeboten, und man hofft, das viele mit diesem »Einsteiger«-Whisky einsteigen. Seit 1998 gibt es die Balblair-Single-Malts wieder als Destillerieabfüllungen. Balblair-Whiskys sind ideale »Einsteiger«-Whiskys und bieten vielfältige Geschmacksnuancen.

Die Sorten: Balblair »Single Malt ohne Altersangabe«, Balblair »10 Years«, Balblair »16 Years« (alle 40% vol) und Balblair »1989 Vintage« (46% vol).

The Balvenie Die 1892 von William Grant erbaute Balvenie Distillery liegt in Dufftown/Speyside unweit der fünf Jahre vorher ebenfalls von ihm erbauten Glenfiddich Distillery. Obwohl beide das gleiche Wasser und Malz nutzen und auch der Brennmeister für beide Brennereien zuständig ist, haben beide Whiskys einen völlig eigenständigen Charakter. Balvenie-Whiskys sind weich, ohne starke Torfnote und trotzdem nicht zu malzig. Balvenie bietet in Deutschland vier unterschiedliche Single Whiskys an: »Double Wood – 12 Years Old«, reift erst zwölf Jahre in Bourbon-Fässern und dann noch sechs Monate in erstmals eingesetzten Sherry-Fässern (40% vol); »Islay Cask – 17 Years Old« (43% vol); »Single Barrel – 15 Years Old« (47,8% vol); »Port Wood – 21 Years Old« (40% vol) mit einer »Finish«-Reifezeit in Portweinfässern und »Port Wood – 1991 – 13 Years Old« (40% vol), destilliert im Jahr 1991. Das Angebot ist Schwankungen unterworfen, da die abgefüllten Mengen naturgemäß gering sind. Für Malt-Whisky-Liebhaber und Sammler werden außerdem einige Raritäten angeboten.

Das »Wood Finish« wird seit etwa zehn Jahren beim Malt Whisky angewendet, und Balvenie hat dabei Pionierarbeit geleistet.

Bowmore Bowmore, die älteste Brennerei auf der Isle of Islay und eine der ältesten Schottlands, wurde 1779 erbaut. Bowmore war immer für die Wuchtigkeit seiner Malts bekannt, und in alten Abfüllungen ist diese noch zu spüren. Mit der Verlagerung der Abfüllung nach Glasgow änderte sich auch das Wasser, mit dem auf Trinkstärke herabgesetzt wird, und dieses ist nicht so torfig wie das Wasser von Islay. Bowmore, dieser ganz große Name in der Malt-Szene, wurde 1963 von Morrison übernommen, und seit 1994 hat der japanische Getränkemulti Suntory die Mehrheit. Zu Morrison-Bowmore gehören auch die Destillerien Auchentoshan und Glen Garioch. Bowmore füllte bis in die 1970er Jahre keinen Malt auf Flaschen, startete dann aber mit dem »Bicentenary« und bietet heute seine Malts in großer Vielfalt an. Die Sorten: »Legend« und »12 Years« mit 40% vol, »Cask Strength« mit 56% vol, »Darkest« mit 43% vol, »Dusk« mit 50% vol, »Dawn« mit 51,5% vol, »Mariner – 15 Years

Der »Bicentenary« wurde schon 1978 nach Deutschland importiert, und hätte man ihn nicht getrunken, wäre man heute reich.

Old«, »17 Years Old« und »25 Years Old« mit 43% vol. Der unglaubliche »40 Years Old« hat 42% vol.

Bruichladdich Die Islay-Destillerie Bruichladdich (sprich: brukladdi) war bis zum Neubau der Kilcho-man-Brennerei im Jahre 2002 die westlichste Bren-nerei der Insel und auch Schottlands. Sie wurde 1881 erbaut, und in ihrer wechselvollen Geschichte gab es mehrere Besitzerwechsel und zeitweilige Schließungen. Seit Mai 2001 wird wieder Whisky gebrannt, und derzeit werden aus den alten Beständen ein 10-, 15- und 20jähri-ger mit jeweils 46% vol angeboten.

Bruichladdich (»bruk-laddi« gesprochen) ist einer der leichteren Islay Malts mit einem nur hintergründigen Torfgeschmack.

Cardhu Cardhu (Cardow) – gälisch für »schwarzer Felsen« – kommt aus der Speyside-Region. Die Geschichte von Cardow beginnt 1824, als in der Nähe der heutigen Anlage eine kleine Destillerie errichtet wurde. Lange vorher wurde dort schon eine illegale Brennerei betrieben. Seit 1893 gehört Cardow zu John Walker & Sons, und seither sind deren Malts ein Teil der Johnnie-Walker-Blends. Angeboten wird Cardhu in einer Karaffe, die eine Replik aus dem 19. Jahrhundert ist. Cardhu gibt es als »Single Malt – 12 Years Old« mit 40% vol.

Caol Ila Die Malts der Destillerie Caol Ila (sprich: kal-ilah) von der berühmten Whiskyinsel Islay sind seit jeher ein Geheimtipp unter den Liebhabern von vergleichsweise leichten, doch intensiv torfigen Whiskys. Caol Ila war immer schon schwer erhältlich und sehr gesucht. Offiziell gibt es ihn als »Single Malt« in Flaschen erst seit 1988/89, und bis heute geht ein großer Teil der Produktion in die Blends von Johnnie Walker. Die 1846 erbaute Destillerie gehört heute zum Spirituosen- und Whiskymulti Diageo.

In dem nur aus wenigen Häusern bestehenden Port Askaig, gegenüber der Insel Jura, hat die Caol-Ila-Distillery ihren Sitz.

Angeboten werden die zwei Abfüllungen »12 Years Old« und »18 Years Old«, beide 43% vol.

Cragganmore Die Brennerei wurde 1869 am Fuße des Cragganmore Hill, inmitten der Speyside-Region, erbaut. Die relativ kleine Destillerie produziert einen ausgesprochen noblen Malt, der erst seit 1988 offiziell vermarktet wird. Die Brennerei ist in Besitz von Diageo, und diese bietet den Malt in ihrer

Reihe »Classic Malts« als 12-Jährigen mit 40% vol Alkohol an.

Dalmore Der Name »Dalmore« ist halb gälisch, halb nordisch und bedeutet »Große Wiese«. Die Destillerie befindet sich etwas nördlich von Inverness am Ufer des Cormarty Firth. Sie wurde 1839 erbaut und 1878 von der Familie MacKenzie übernommen. Hauptabnehmer war und ist Whyte & Mackay, ein Blending-Haus, das 1960 mit MacKenzie fusionierte, und bis heute ist Dalmore der führende Malt bei den Whyte-&-Mackay-Blends. Der Dalmore »Single Malt«, der leider nicht die Wertschätzung genießt, die er eigentlich verdient hätte, wird in der Regel als »12 Years Old« (40% vol) angeboten. Dalmore wird für einige Märkte aber auch in älteren Jahrgängen abgefüllt. Er ist tief bernsteinfarben, mittelschwer, kraftvoll und doch samtig weich.

Auch bei Dalmore bewahrheitet sich die alte schottische Weisheit: »Ein Whisky ist gut, zwei sind zu viel, drei zu wenig«.

Dalwhinnie Dalwhinnie – gälisch für »Versammlungsort« – heißt die 1898 inmitten der Grampian Highlands erbaute Destillerie. Zum Zeitpunkt ihrer

Errichtung war sie – mit 360 Metern über dem Meeresspiegel – die höchstgelegene Brennerei Schottlands. An diesem früheren Treffpunkt der Whiskyschmuggler und Viehtreiber wird heute einer der mildesten Highland Malts erzeugt. Dalwhinnie ist einer der sechs »Classic Malts« der Diageo, die diesen »Single Highland Malt« mit »15 Years« und 43% vol anbietet.

The Glendronach Die Glendronach Distillery in der Nähe von Huntley/Aberdeenshire, am Rande der Speyside-Region, wurde 1826 erbaut und nach dem durch das Gelände fließenden Bach Dronac Burn benannt. 1960 wurde sie von Teacher's übernommen (siehe Teacher's) und spielt seither in diesem Blend die führende Rolle. Die sehr traditionell arbeitende Destillerie hat noch eigene Mälzböden, und die Stills werden noch mit Kohle beheizt. Glendronach Single Malt ist ein eleganter, nur leicht getorfter Whisky, den es derzeit nur als 15-jährige Abfüllung mit 40% vol gibt. Das auf dem Etikett vermerkte »Matu-

Neuer Inhaber von The Glendronach wurde 2005 der Spirituosenmulti Pernod Ricard, der im Whiskygeschäft stark engagiert ist.

red in Sherry Cask« weist darauf hin, dass der Whisky seine gesamte Reifezeit in den teuren Sherryfässern verbrachte. Seit den 1990er Jahren wird das so genannte Wood Finish immer mehr angewendet. Die Angabe »Sherry Finish« bezieht sich dann auf die meist nur sechs Monate der finalen Reifezeit.

Glenfiddich Glenfiddich ist der mit Abstand meistverkaufte Single Malt Whisky und die international bekannteste Marke. Zu der unabhängigen Firma gehört u. a. auch die Balvenie Distillery und die große Blended-Marke Grant's (siehe Balvenie und Grant's). 1887 erbaute William Grant mit seinen sieben Söhnen in Dufftown/Speyside die heute mit 29 Stills größte Destillerie Schottlands. Bei Glenfiddich findet bis heute der gesamte Produktionsprozess vom Mälzen bis zur Abfüllung innerhalb des Brennereigeländes statt. 1963 entschloss man sich dazu, den Glenfiddich – als ersten Single Malt überhaupt – im großen Umfang in Flaschen anzubieten,und den Whisky in seiner ursprünglichen Art zu vermarkten.

Die Glenfiddich-Destillerie liegt im Flusstal des Fiddich. »Fiddich« heißt Hirsch, und daher auch der Hirschkopf auf den Etiketten.

Dafür schuf man die berühmten grünen, dreieckigen Flaschen. Dieses Vorhaben und auch die Flasche wurden mitleidig belächelt und der Idee kein großer Erfolg vorausgesagt. Glenfiddich kam damals als 8-jähriger Single Malt auf den Markt, und schon in den 1980er Jahren musste man die Altersbezeichnung wegen der großen Nachfrage aufgeben. Seit dem Jahr 2000 wird die Standardversion als 12-jähriger angeboten, und viele weitere Abfüllungen sind nun zu haben. Den heutigen Malt-Whisky-Fans bot Glenfiddich damit die Grundlage, und diese danken es dem Unternehmen damit, dass ca. 35 Prozent des Malt-Whisky-Konsums auf Glenfiddich entfallen. Man schätzt, dass weit über zehn Millionen Flaschen Glenfiddich Single Malt jährlich die Destillerie verlassen. Glenfiddich Single Malt gibt es in verschiedenartigen Qualitäten und Alterungsstufen. Die aktuell angebotenen sind: Der Klassiker Glenfiddich »Special Reserve – 12 Years«, »Caoran Reserve – 12 Years« – Caoran (sprich: kuran) ist die gälische

Der klassische Glenfiddich ist leicht und angenehm mild, die älteren Versionen zunehmend komplexer oder eigenständig.

Bezeichnung für Torfasche/-glut, und das Etikett hat auch diesen Farbton. Mit dieser außergewöhnlichen Qualität führt Glenfiddich einen Geschmack wieder ein, der seit dem Zweiten Weltkrieg in Vergessenheit geraten war. Damals erhöhte man wegen der Kohleknappheit den Anteil des Torfs bei der Kesselbefeuerung. »Caoran« reift mindestens 12 Jahre in Eichen- und Sherryfässern und zum »Finish« in Islay Maltfässern. Für den »Solera Reserve – 15 Years« werden verschiedene Whiskys in einem großen Fass miteinander gemischt und dann bei der Abfüllung immer nur zur Hälfte geleert und wieder aufgefüllt. Das von der Sherry-Herstellung übernommene Solera-Verfahren gewährleistet eine kontinuierlich Qualität. Alle Solera-Wkiskys sind 15 Jahre alt, wurden aber in unterschiedlichen Fässern zur Reifung gelagert. Glenfiddich »Cuban Reserve – 21 Years« hieß bis 2005 »Havana Reserve« und erhält sein »Finish« in kubanischen Rumfässern. Die älteste unter den regulären Sorten ist der Glenfiddich »30 Years« –

Der Erfolg des Glenfiddich brachte das Malt-Whisky-Segment in Bewegung und bewog viele Hersteller zur Flaschenabfüllung.

ein Malt, der um das Jahr 1973 destilliert wurde. Alle 40% vol.

Glen Garioch In den Eastern Highlands, im Gariochtal, liegt in Old Meldrum die 1797 gegründete Glen-Garioch-Brennerei. Mit seiner Lage zwischen Speyside und der Ostküste bringt Glen Garioch (sprich: glen gieri) einen rauchigen Stil von Highland Malts hervor. Glen Garioch ist seit 1970 im Besitz von Morrison Bowmore (siehe Bowmore). Angeboten werden »10 Years Old« (40% vol) und »12-«, »15-« und »21 Years Old« mit 43% vol. Außergewöhnlich sind der »22-« und »23 Years Old«. Diese »Individual Cask« entstammen jeweils einem Fass, aus dem rund 400 Flaschen abgefüllt wurden – dies in Fassstärke, ohne Kühlfiltrierung und Veränderungen. Der Alkoholgehalt beträgt beim »22 Years« 53,6% vol, beim »23 Years« 56,4% vol.

Die im Hinterland der Küstenstadt Aberdeen, im Nordosten Schottlands beheimatete Destillerie ist die einzige dieser Region.

Glen Grant Glen Grant ist einer der Giganten unter den Malt Whiskys und nach Glenfiddich die größte Marke. Mit dem Grant's von Glenfiddich hat man aber nur den Namen gemeinsam. Glen Grant wurde bereits um 1900 als Single Malt abgefüllt angeboten, damals allerdings nur innerhalb Schottlands. Ab den 1950er Jahren wurde er aber auch schon auf einigen Exportmärkten verkauft. Das von den Brüdern John und James Grant 1840 in Rothes, im Herzen der Speyside-Region gegründete Unternehmen schloss sich 1953 mit Glenlivet zusammen. Im Jahr 1978 wurde man Teil von Seagram, und bei der Auflösung dieses Multis im Jahr 2000 kam man zusammen mit Größen wie Chivas und Glenlivet zu Pernod Ricard. Glen Grant wird international in zahlreichen Altersstufen angeboten, darunter sehr junge, aber auch in bis vor den Zweiten Weltkrieg zurückreichenden Jahrgangsabfüllungen. Das Markante und Auffälligste am Erscheinungsbild des Glen Grant ist seine helle, strohblonde Farbe. Der bei uns ohne Altersangabe angebotene Glen Grant ist ein für Einsteiger empfehlenswerter, angenehmer und ausgewogener Malt Whisky (40% vol).

Glen Grant ist in Italien eine gefragte Marke. Bei den dort beliebten 5-jährigen Malt Whiskys hat Glen Grant 70 Prozent Marktanteil.

Glenkinchie Glenkinchie wurde 1825 in Pencaitland, östlich von Edinburgh, erbaut, und seit 1837 trägt sie ihren heutigen Namen. Sie ist neben Auchentoshan die zweite Lowland Distillery. Der Umstand, der einzige Lowland Malt im Besitz der Diageo zu sein, bewog auch dazu, ihn in die Serie der sechs unterschiedlichen »Classic Malts« aufzunehmen. Der leichte, aber würzige Glenkinchie »Lowland Single Malt« wird mit 10 Jahren und 43% vol angeboten.

The Glenlivet George Smith erhielt 1824 als Erster nach dem Gesetz von 1823, mit dem die früheren Schwarzbrenner ihre Tätigkeiten legalisieren konnten, seine Lizenz. Die inmitten der Speyside-Region im Livettal erbaute Destillerie stellte einen der besten Whiskys her und erwarb sich einen hervorragenden Ruf. Dies führte dazu, dass auch andere Brennereien der Region ihren Whisky als Glenlivet verkauften. Durch ein Gerichtsurteil wurde 1880 entschieden, dass diese sich zusätzlich zu ihrem

Nur »The Glenlivet« ist der wahre Glenlivet, alle anderen Hersteller im Livettal dürfen den Namen nur zusätzlich verwenden.

Markennamen Glenlivet nennen durften, jedoch nur Smith's Whisky war die Bezeichnung »The Glenlivet« vorbehalten. Durch Zusammenschlüsse und Zukäufe entstanden 1970 die Glenlivet Distillers, die 1978 von Seagram übernommen wurden und mit der Auflösung von Seagram im Jahre 2000 zu Pernod Ricard kamen. The Glenlivet ist der Nummer eins Malt in den USA und die Nummer drei weltweit. Angeboten werden »The Glenlivet Single Malt 12 Years« und »15 Years« (40% vol) und »18 Years« mit 43% vol.

Glenmorangie Glenmorangie in Tain in den Northern Highlands ist eine der nördlichsten Destillerien in Schottland. Sie wurde 1843 von einer Brauerei zur Destillerie umgewandelt und 1887 neu errichtet. Die Sorten: Glenmorangie »10 Years«, (40% vol), Glenmorangie »15-« und »18 Years« (beide 43% vol) und »Artisan Cask« (46% vol). Ein Teil der Produktion erhält nach der regulären Reifezeit von mindestens zehn Jahren in gebrauchten Bourbonfässern noch einen letzten

Glenmorangie ist in Deutschland sehr bekannt und auf den internationalen Märkten unter den fünf meistverkauften Malt Whiskys.

Schliff, mit dem »Finish« in ehemaligen Sherry-, Port-wein-, Madeira- oder Burgunderfässern (alle 43% vol).

The Glenrothes Die 1878 im Herzen der Spey-side-Region erbaute Glenrothes Distillery produziert einen berühmten und hoch geschätzten Malt. Laut Stefan Gabányi in »Schumanns Whisk(e)y Lexikon« »ein brillanter Malt, samtig und perfekt ausbalanciert«. Für ihn werden nach dem Vintagekonzept grundsätzlich nur die besten Fässer der besten Jahrgänge ausgewählt und diese nach 10, 12 oder 15 Jahren – je nach Entwicklung – abgefüllt. Der Tag der Abfüllung und das Destillationsjahr sind auf dem kleinen Etikett angegeben. The Glenrothes wird in fast kugelrunde Flaschen abgefüllt, die ihr bestes Stehvermögen in der mitgelieferten Metallscheibe haben. The Glenrothes spielt auch als Basis-Malt beim legendären Blended Scotch Cutty Sark eine wichtige Rolle. Zur Zeit werden von The Glenrothes in Deutschland die Jahrgänge 1973, 79, 84, 89 und 92 angeboten, alle mit 43% vol.

The Glenrothes, der auch der führende Malt im Cutty-Sark-Blend ist, erfährt seit Jahren auf allen Märkten enorme Zuwächse.

Highland Park Die nördlichste Whiskydestillerie der Welt – und somit auch Schottlands – befindet sich auf den Orkney Inseln. Nur rund 20 000 Menschen leben auf 30 der 65 Inseln. In Kirkwall, dem Hauptort auf Mainland, wurde 1798 die Highland Park Distillery erbaut. Eine weitere, die Scapa Distillery, liegt zwei Meilen weiter »unten«. Ungewöhnlicherweise ist Highland Park auf einem Hügel gebaut, und das Wasser muss von der Quelle hinaufgepumpt werden. Es wird noch selbst gemälzt und dabei dem Torf seit jeher Heidekraut zugefügt. Der Malt von Highland Park genießt einen außergewöhnlichen Ruf als perfekter Allrounder in der Welt des Malt. Die bekanntesten Qualitäten: Highland Park »Single Malt – 12 Years«, 40% vol; »18 Years«, 43% vol; »25 Years«, 53,5% vol; »Bicentenary Reserve – 1977«, 40% vol und äußerst limitiert z. B. »Jahrgang 1958 – 40 Years« mit 44% vol.

Die Orkney-Malts von Highland Park genießen einen außergewöhnlichen Ruf als perfekte Allrounder in der Welt der Malt Whiskys.

Isle of Jura In den Inneren Hebriden, neben Islay, liegt die Insel Jura. Auf ihr leben nur etwa 200 Menschen, aber rund 5000 Hirsche und ungezählte Schafe. Bekannt ist sie außerdem wegen zwei Berggipfeln mit dem Namen »Paps (Brüste) of Jura« und wegen ihrer Malt-Destillerie. Der Whisky der um 1810 erbauten Destillerie war früher wesentlich kräftiger und torfiger, ähnlich denen der Nachbarinsel Islay. Seit dem Umbau in den 1960er Jahren produziert man aber einen überraschend leichten Malt. Er wird

Auf der Islay benachbarten, etwas kleineren Insel Isle of Jura ist die Isle of Jura Distillery das einzige Unternehmen.

seit 1974 als Single vermarktet und wird hauptsächlich als 10-Jähriger angeboten. Außerdem gibt es Isle of Jura »16 Years« und »21 Years Old« (alle 40% vol). Das Highlight aber ist der »Stillman's Dram Isle of Jura – 27 Years Old« mit 45% vol.

Johnnie Walker »Green Label« Blended Malt

Der 1997 von Johnnie Walker eingeführte »Pure Malt – 15 Years Old« hat einen Nachfolger, den »Green Label«. Die vier bekannten Single-Malt-Whiskys Talisker, Linkwood, Cragganmore und Caol Ila prägen diesen Blended Malt Scotch. Der »Green Label« wird ebenfalls als »15 Years Old« mit 43% vol angeboten.

Knockando Knockando gehört zu Justerini & Brooks, einer Tochterfirma von Diageo, die Hersteller der großen Blended-Marke J & B ist. »Cnoc-an-dhu« heißt im Gälischen »kleiner, schwarzer Hügel«, und auf einem solchen wurde 1898 die Destillerie errichtet. Sie liegt mitten in der Speyside-Region, in der Nähe von Cardhu, direkt am linken Ufer der Spey. Knockando gibt es in zwei Abfüllungen: »Single Speyside Malt Whisky – 12 Years Old« mit 43% vol und den »Extra Old Reserve« mit 43% vol. Dieser wird mit Jahrgang und etwa 25 Jahre alt angeboten.

Die sechs »Classic Malts« gibt es nun noch höherwertiger als »Classic Malt Distillers Edition« mit double matured Whiskys.

Lagavulin Lagavulin auf Islay ist einer der anerkanntesten Whiskys Schottlands und ein echtes Juwel für Kenner. Dieser klassische Islay Malt ist robust, komplex und unverwechselbar rauchig. Das Gründungsjahr wird mit 1816 angegeben, die heutige Anlage wurde 1924 von White Horse Distillers erbaut. Lagavulin ist Teil des Multis Diageo und wird in der Reihe »Classic Malts« als 16-jährige Abfüllung mit 43% vol angeboten.

Laphroaig »The most richly flavoured of all Scotch Whiskys« steht auf dem schlichten Etikett der grünen Flasche. Diese Aussage ruft bei Kennern Entzücken hervor, Neulinge sollten aber erst leichtere Marken versuchen. Laphroaig (sprich: Lafroyg) gilt als der ursprünglichste Islay Malt Whisky und verkörpert die Eigenschaften der Islays Malts wie kein anderer. 1815 gilt als Gründungsjahr, und Nachkommen des Erbauers Donald Johnston führen heute noch die Destillerie. Laphroaig ist charaktervoll, schwer, salzig, rauchig und torfig. Die Hauptmarke ist der »10 Years Old«, der mit 40% vol angeboten wird. Es gibt auch einen ebenfalls 10-jährigen »Cask Strength« sowie »15-«, »30-« und »40 Years Old«.

Der Geschmack von Laphroaig wird oft mit rostigem Fass, Teer oder Krankenhaus umschrieben, doch Connaisseure lieben ihn.

Loch Lomond Die Loch Lomond Distillery in Alexandria, am Loch Lomond, etwas nördlich von Dumbarton/Glasgow gelegen, ist die einzige unabhängige Brennerei, die sowohl Malt als auch Grain Whisky an einem Standort produziert. Die speziellen Pot Stills ermöglichen außerdem die Herstellung unterschiedlicher Malt Whiskys. Angeboten werden Loch Lomond »Single Malt« ohne Altersangabe, Loch Lomond »21 Years« mit Sherryfass-Finish und der Loch Lomond »Single Highland Blend«. Dies ist ein Single Blend, d. h., sowohl der Malt als auch der Grain Whisky werden beide an einem Standort produziert. Dieser Umstand macht diesen Whisky zu einer Besonderheit unter den schottischen Blended Whiskys. Alle drei haben 40% vol. Des Weiteren wird u. a. der Blended Scotch »Dean's« bei Loch Lomond hergestellt.

Macallan Die Brennerei Macallan liegt am Westufer des River Spey in der Nähe von Craigellachie. Sie bekam 1824 die Lizenz zur Whiskydestillation und war damit eine der ersten legalen Destillerien in Schottland. Macallan ist einer der gesuchtesten und bei Sammlern zu Höchstpreisen gehandelten Malt Whiskys. Auf den internationalen Märkten wird er in vielen Altersstufen und Jahrgängen angeboten. Regulär im Angebot sind der feine und leichte Macallan »12 Years Fine Oak Single Malt«,

Seit 1980 vermarktet Macallan in großem Umfang seinen Whisky als Single Malt, der nur in Sherry-(Oloroso-)fässern gelagert wird.

der hochgelobte »18 Years«, die »25 Years« und »30 Years«-Abfüllungen und auch ältere Jahrgänge.

Oban Die Oban-Destillerie liegt weit entfernt von allen anderen Brennereien im malerischen Städtchen Oban an der Westküste Schottlands. Sie wurde 1794 erbaut und zählt zu den ältesten noch arbeitenden Destillerien. Außerdem ist sie eine der wenigen, die inmitten eines Ortes stehen. Vom Inhaber, dem Whiskymulti Diageo, wird Oban in der Classic-Malt-Reihe als 14-jähriger »Single Malt« mit 43% vol angeboten.

Mit dem torfigen Aroma und dem sanften Nachgeschmack steht Oban zwischen dem Highland-Speyside und dem Islay Whisky.

Royal Lochnagar Die im inneren Teil der Eastern Highlands, am Fuße des Berges Lochnagar erbaute Brennerei bietet mit der weit verbreiteten zwölfjährigen Abfüllung einen malzigen und unkomplizierten Whisky an. Die Destillerie wurde 1824 errichtet und 1845 von John Begg übernommen. Die unweit des River Dee gelegene Destillerie ist nur zwei Kilometer von der königlichen Residenz, Balmoral Castle, entfernt. Nach dem Besuch von Queen Victoria (1848) erhielt Begg die

Erlaubnis, die Bezeichnung »Royal« vor den Namen zu setzen. 1916 wurde die Firma Teil von DCL und ist heute im Besitz des Spirituosen- und Whisky-multis Diageo.

Scapa Scapa auf den Orkney Islands und die eben-falls dort beheimatete Highland Park Distillery sind die am nördlichsten gelegenen Destillerien Schott-lands und der Welt, wobei Highland Park etwa zwei Meilen »nördlicher« liegt. Scapa wurde 1885 erbaut, 1954 von Hiram Walker (Canadian Club) übernommen und kam damit zu Allied Domecq. Im Jahr 2005/06, nach der Auf-lösung von Allied Domecq, heißt der neue Inhaber wahrscheinlich Pernod Ricard. Nach der Stilllegung im Jahr 1994 kam 1997 der immer noch erhältliche »12 Years Old Scapa Single Orkney Malt« auf den Markt.

Scapa war immer rar und schwer zu finden. Man sollte hamstern, denn noch ist nicht be-kannt, wie die Zukunft von Scapa aussieht.

Slyrs Mit dem Slyrs wird erstmals ein bayerischer Single Malt Whisky angeboten. Florian Stetter, Destillateurmeister und Inhaber der renommier-ten Destillerie Lantenhammer (siehe Obstbrand,

Fruchtlikör, Bitter) schuf diese ungewöhnliche Whiskynovität. In Schliersee, am Fuße der bayerischen Alpen, hat die für ihre Obstbrände und Liköre bekannte Destillerie ihren Sitz. Hier entstand nach jahrelangen Versuchen dieser erste Malt Whisky bayerischen Ursprungs. Das Jahr 1999 brachte den Durchbruch. Nach der gesetzlichen Mindestlagerzeit von drei Jahren wurde am 1. Mai 2002 erstmals die auf 1600 Flaschen limitierte Abfüllung des Jahrgangs 1999 angeboten. Diesem folgte genau ein Jahr später der Jahrgang 2000 mit ca. 1800 Flaschen, dann der Jahrgang 2001, und seit dem 1. Mai 2005 wird der Jahrgang 2002 mit bereits 6000 Flaschen angeboten. Von den Herstellungsschritten ist bekannt, dass das Gerstenmalz zum Teil mit Buchenholz geräuchert wurde, dass man zweifach in Kupfer-Pot-Stills mit 450 Litern destilliert und dass zur Reifung neue 225-Liter-Barriques aus amerikanischer Weißeiche eingesetzt werden. Ausschließlich von diesen erhält der Slyrs seinen hellgoldenen Farbton (43% vol).

Der mutige Schritt von Florian Stetter zeigt bereits Erfolg, denn der Slyrs hat sich schon eine große Fangemeinde erobert.

Talisker Talisker ist die einzige Brennerei auf der im Westen Schottlands liegenden Insel Skye. Benannt wurde sie nach einer Farm, auf deren Gelände sie 1830 erbaut wurde. Talisker ist einer der ganz großen Malts, charaktervoll, stark torfig und mit kräftigem Bouquet. Der »Skye Single Malt« Talisker wird in der Reihe »Classic Malt« als 10-Jähriger mit 45,8% vol angeboten.

Tobermory Auf der nördlich von Islay und Jura gelegenen Isle of Mull, in Tobermory, ist die einzige Destillerie der Insel beheimatet. In der wechselvollen Geschichte der 1823 gegründeten Brennerei gab es zahlreiche Besitzerwechsel, und zeitweise arbeitete man unter dem Namen Ledaig. Seit 1990 ist sie wieder als Tobermory in Betrieb. Tobermory »Single Malt« wird »10 Years Old« mit 40% vol angeboten.

Tobermory wird aus ungetorfter Gerste gebrannt und wurde früher als Vatted Malt ohne Jahrgangsangabe vermarktet.

Tomintoul wurde 1965 beim gleichnamigen Dörfchen am River Avon in der Speyside-Region erbaut. Nur rund 100 000 Flaschen werden jährlich abgefüllt, und zurzeit gibt es den »10 Years Old« mit 40% vol.

Irish Whiskey

Geschichte und Entwicklung des irischen Whiskeys weisen viele Parallelen zu Schottland auf. Ähnlich wie im schottischen Hochland existierten auch in den dünn besiedelten Gebieten Irlands im 17. Jahrhundert viele kleine, meist nur für den Haus-

gebrauch arbeitende Brennereien. Die Illegalität und spätere Lizenzerteilung ähnelte den Verhältnissen in Schottland. Die irische Whiskeyproduktion konzentrierte sich hauptsächlich in und um Dublin und Cork. Von den etwa 2000 Ende des 18. Jahrhunderts arbeitenden Brennereien blieben bis Mitte des 20. Jahrhunderts nur noch ein gutes Dutzend übrig. Diese schlossen sich 1966 zur Irish Distillers Group zusammen, der 1970 auch die nordirische Old Bushmills Distillery beitrat. Man entschied sich dafür, alle Marken mit Ausnahme von Bushmills in einem neuen

Die klassischen irischen Whiskeys werden nur aus Whiskeys verschiedener Fasstypen und unterschiedlicher Jahrgänge gemischt.

Destillierkomplex zu produzieren, der 1975 in Midleton bei Cork in Betrieb genommen wurde. In dieser Großanlage lassen sich durch Änderung der jeweiligen Produktionsbedingungen alle Marken in ihrer Originalität herstellen. Die anhaltenden Absatzprobleme führten 1988 zur Übernahme durch den französischen Spirituosenmulti Pernod Ricard. Um einer Monopolisierung zu begegnen, tat sich 1987 eine Gruppe irischer Unternehmer zusammen. Man gründete die Cooley Distillery, erwarb eine Spirituosenfabrik und die Namensrechte an alten irischen Whiskeymarken. 1992 brachte man den Malt Tyrconnell heraus, dem ein Jahr später Kilbeggan und Locke's folgten. Die Herstellung des irischen Whiskeys ähnelt in vielen Grundzügen der des schottischen Malt Whiskys. Im Gegensatz zum schottischen Verfahren wird aber in Irland das gekeimte Getreide über Kohle- und nicht über Torffeuer getrocknet. Seit kurzem ist jedoch auch ein erster Peated (Peat = Torf) Malt auf dem Markt.

Die irische Whiskeygeschichte kennt viele Hochs und Tiefs. Heute begeistert irischer Whiskey durch seine Geschmacksvielfalt.

Außerdem wird für irischen Whiskey nicht nur gemälzte, sondern auch ungemälzte Gerste verarbeitet. Auch Hafer, Weizen und Roggen können verwendet werden. Destilliert wird dreimal nach der klassischen Pot-Still- und der Coffey-Methode. Die Brennmeister der einzelnen Marken haben dabei die einzigartige Möglichkeit, die beiden Verfahren in jeder Reihenfolge einzusetzen. Die irischen Pot Stills sind jedoch mit einem Fassungsvermögen von 100 000 bis 150 000 Liter wesentlich größer dimensioniert als die schottischen. Während der Charakter der schottischen Whiskys von vielen Faktoren bestimmt wird, ist in Irland die Fasslagerung von allergrößter Bedeutung. Man verwendet gebrauchte Sherry- und Bourbonfässer. Die gesetzlich vorgeschriebene Lagerzeit von drei Jahren wird normalerweise weit überschritten. Nach der Reifung folgt das Blending. Dieses darf aber nicht mit dem in Schottland üblichen Verschneiden von Malt mit Grain Whisky verglichen werden.

Der berühmte Irish Coffee, am Flughafen von Shannon »erfunden«, diente zum Aufwärmen bei den damals nötigen Zwischenlandungen.

Bekannte Marken

Bushmills Old Bushmills erhebt den Anspruch, die älteste Whiskybrennerei der Welt zu sein. Die Brenngenehmigung stammt zwar aus dem als Gründungsjahr angegebenen Jahr 1608, doch diese bezog sich auf die ganze Region. Erst 1784 wurde Bushmills registriert, und da gibt es in Schottland ältere Destillerien. Der Name leitet sich ab vom Fluss Bush, der das Wasser für die Mühlen (mills) lieferte. Die Bushmills-Destillerie liegt im County Antrim an der Nordküste Nordirlands. Sie ist die einzige Destillerie Nordirlands und schloss sich 1970 der Irish Distillers Group an. Diese wurde 1988 von Pernod Ricard übernommen, und aus kartellrechtlichen Gründen erfolgte 2005 der Wechsel zum Multi Diageo. Die Bushmills-Whiskeys werden wie die Malts in Schottland nur aus gemälzter Gerste gebrannt, jedoch traditionell in der in Irland üblichen Dreifachdestillation. Der bekannteste Whiskey war lange der »Old Bushmills«, auch »White Bush«

Bushmills und Jameson sind die erfolgreichsten Irish-Whiskey-Marken und haben besonders in den USA eine große Anhängerschaft.

genannt, der auf den internationalen Märkten durch den »Black Bush« ersetzt wurde. Als »Single Malt« gibt es Bushmills erst seit 1984. Großen Erfolg haben seit ihrer Einführung der 10-jährige Bushmills »Single Malt« und auch der 16-jährige »Three Wood Single Malt.« Mit diesem begegnete man dem in Schottland immer mehr angewendeten »Wood Finishes«. Verwendet werden zu gleichen Teilen ausgereifte Malts aus Bourbon- und Sherryfässern, die dann ein weiteres Jahr in ehemaligen Portweinfässern reifen.

Connemara entspricht dem schottischen Single Malt und ist der einzige Whiskey der Insel, der auch in Fassstärke abgefüllt wird.

Connemara 1987 gründete eine Gruppe irischer Unternehmer die Cooley Distillery und erwarb bei Dundalk eine heute moderne, leistungsfähige Brennerei. Außerdem sicherte man sich durch den Erwerb der Konkursmasse von Andrew A. Watt und John Locke (Kilbeggan) die Rechte an den alten irischen Marken The Tyrconnell und Locke's. Den zuerst produzierten Marken The Tyrconnell und Kilbeggan folgte im Jahr 1993 der Locke's und 1995 der Connemara. Benannt wurde er nach der im Westen Irlands liegenden gleichnamigen Landschaft. Connemara ist der einzige Irish Malt Whiskey aus über Torffeuer (peat = Torf) gemälzter Gerste. Diesem Connemara »Pure Pot Still – Peated Single Malt – Irish Whiskey« (40% vol) folgten der Connemara »Cask Strenght« (59 – 61% vol je nach Fassabfüllung) und der Connemara »12 Years Old« mit 40% vol.

Greenore Greenore »Single Grain – Irish Whiskey – 8 Years« (40% vol), ist ein einzigartiger Irish Whiskey von Cooley (siehe Connemara, Kilbeggan). Er ist kein Blend aus Malt und Grain Whiskey, wie allgemein üblich, sondern ein reiner Grain Whiskey. Greenore ist zudem noch ein Single Grain, d. h., er kommt aus einer einzigen Destillerie, und er ist acht Jahre alt, was auch sehr ungewöhnlich ist.

Die Cooley Distillery schuf in vielfacher Hinsicht eine neue Situation und auch neue, vorher nicht hergestellte Whiskeytypen.

Inishowen Inishowen von Cooley (siehe Connemara, Kilbeggan) ist der einzige Blended Irish Whiskey, der »peated« ist, d. h., sein Malt-Anteil wurde über Torffeuer gemälzt. Benannt wurde dieser außergewöhnliche Irish Whiskey nach der rauen Halbinsel Inishowen. Alkoholgehalt 40% vol.

Jameson Jameson ist einer der ältesten Namen unter den Whiskeyproduzenten Irlands. Die 1780 von dem Schotten John Jameson gegründete Destillerie verkauft erst seit den 1960er Jahren ihren Whiskey in Flaschen, bis dahin hatte man ihn nur fassweise an andere Abfüller abgegeben. 1966 wurde Jameson Teil der Irish Distillers Group, die dann 1988 von Pernod Ricard übernommen wurde. Heute ist Jameson der weltweit meistgetrunkene Irish Whiskey und in vielen Ländern Marktführer. Außer der Standardmarke wird noch der Jameson »12 Years Old« (beide 40% vol) nach Deutschland exportiert. Die Abfüllungen »15 Years«, »Redbreast« und »Geen Spot« sind dagegen schwer zu finden.

Seit 1975 wird Jameson wie viele andere irische Whiskeys auch in dem großen Destillierkomplex in Midleton bei Cork hergestellt.

Kilbeggan Im Jahre 1987 wurde die Cooley Distillery (siehe Connemara) gegründet, um der Monopolisierung auf dem irischen Whiskeymarkt zu begegnen. Man übernahm u. a. auch die Namensrechte von John Locke und somit auch von Kilbeggan sowie die Überreste der alten Destillerie in Kilbeggan, die nun, neu erbaut, als Lager für alle Cooley-Whiskeys genutzt wird. Hergestellt wird Kilbeggan in einer ehemals staatlichen Spirituosenfabrik bei Dundalk, nahe den Cooley Mountains. Der 1992 erstmals angebotene Kilbeggan ist eher an Scotch als am traditionellen Irish Whiskey orientiert und heute die erfolgreichste Marke von Cooley. Alkoholgehalt 40% vol.

Locke's Locke's, ebenfalls eine von Cooley (siehe Connemara) wieder erweckte Marke, erschien 1993 zunächst als Blend und wird seit 1997 als Single Malt angeboten. Locke's »Irish Single Malt – 8 Years Old« wird in Flaschen und Keramikkrügen mit 40% vol angeboten.

Locke's Single Malt Irish Whiskey wurde seit seiner Markteinführung bei internationalen Wettbewerben vielfach ausgezeichnet.

Midleton Der exklusivste und auch teuerste Whiskey der grünen Insel ist »Midleton/Very Rare Irish Whiskey«: Von allen Destillaten der Midleton Distillery wählt der »Master Distiller« jedes Jahr kleine Mengen der allerbesten Qualitäten für den

»Midleton/Very Rare« aus. Nach fünf Jahren selektiert er daraus wiederum jene, die sich am besten entwickelt haben. Erst wenn diese Destillate nach mindestens zehn Jahren gesamter Lagerzeit ihre Vollendung erreicht haben, füllt man sie in Flaschen ab – wobei jährlich maximal 50 Fässer für die Abfüllung ausgewählt werden. Als Zeichen der limitierten Edition trägt jede Flasche eine Registriernummer und die Signatur des Master Distillers auf dem Etikett (40% vol).

Der Preis für den in Holzkisten angebotenen und schwer zu findenden Midleton liegt im Einzelhandel bei über 100 Euro.

Paddy Der in Irland beliebte Paddy ist eine Marke der Cork Distillery und wird seit 1975 in dem großen Destillierkomplex in Midleton bei Cork hergestellt. Die Cork Distillery, die als Gründungsjahr 1779 angibt, hatte in den 1920er Jahren einen Starverkäufer. Dieser Patrick (Paddy) O'Flaherty brachte »seinen« Whiskey so großzügig unter die Kunden, dass man bald von »Paddy's Whiskey« sprach. Die Destillerie reagierte und benannte ihren Cork Old Irish Whiskey in den 1930er Jahren in Paddy um. Alkoholgehalt 40% vol.

Power's Die 1791 in Dublin gegründete Firma John Power trägt einen großen Namen. Der charaktervolle und komplexe Blend ist die Lieblingsmarke der Iren, und Power's war im 19. Jahrhundert einer der führenden Whiskeyhersteller der Insel. Die Standardmarke Power's »Gold Label« hat 40% vol.

Redbreast Dieser »Pure Pot Still Irish – 12 Years Old« kommt von Midleton und wurde erstmals 1939 bei Jameson hergestellt. Redbreast genoss schon immer einen guten Ruf und ist erst seit einigen Jahren wieder erhältlich. Alkoholgehalt 40% vol.

Neben Dublin und Cork war Tullamore im späten 19. Jahrhundert ein wichtiges Zentrum der irischen Whiskeyproduktion.

Tullamore Dew Neben Dublin und Cork war die kleine Stadt Tullamore früher ein Zentrum der irischen Whiskeyherstellung. In Antuloch-Mohr, wie es gälisch heißt, wurde 1829 die Destillerie gegründet. 1954 wurde sie geschlossen, und die Marke kam zu John Power. Mit Power kam sie zur Irish Distillers Group und damit später zu Pernod Ricard. 1993 wurde Tullamore an Cantrell & Cochrane verkauft, die die Marke aber nach wie vor in dem großen Destillierkomplex in Midleton herstellen lassen. Während Tullamore in Irland inzwischen bedeutungslos ist, belegt er in Deutschland noch immer den ersten Platz unter den Irish Whiskeys. Tullamore Dew – der (Morgen-)Tau von Tullamore – mit seinem berühmten Werbeslogan »give every man his Dew« ist ein sehr leichter und weicher »Irish«. Seit Mitte 2000 wird auch eine 12-jährige Version angeboten. Beide 40% vol.

The Tyrconnell Seinen Namen verdankt The Tyrconnell einem Rennpferd, das 1867 als großer Außenseiter den Queen-Victoria-Pokal gewann. The Tyrconnell »Single Malt« (40% vol) ist neben Bushmills Malt und Connemara einer der wenigen Irish Malt Whiskeys. Er wird seit 1992 angeboten. The Tyrconnell wird von der Cooley Distillery unter dem Namen der nicht mehr existierenden Distillery A.A. Watt hergestellt. Der Familie Watt, deren Namensrechte nun bei Cooley sind, gehörte damals dieses berühmte Rennpferd.

The Tyrconnell gilt als ordentlicher Mittelklasse-Whiskey und hat in Deutschland, Frankreich und Nordirland seine meisten Anhänger.

Irish Miss

2 (3) cl Irish
Mist Whiskey
Liqueur
4 (3) cl Irish
Whiskey

süß und stark – ein Rusty Nail auf Irisch

Im *Rührglas* mit Eiswürfeln gut verrühren und in ein vorgekühltes Cocktailglas abgießen.

Irish Lady

4 cl Irish Whiskey
2 cl Apricot
Brandy
2 cl Zitronensaft
I cl Erdbeersirup
kaltes Tonic
Water
Erdbeere

spritzig-aromatischer Partydrink

Im *Shaker* mit Eiswürfeln schütteln, in
Longdrinkglas auf Eiswürfel abgießen.
Mit Tonic Water auffüllen. Eine Erd-
beere an den Glasrand stecken.

Mike Collins

5 cl Irish Whiskey
3 cl Zitronensaft
2 cl Zuckersirup
kaltes Soda-
wasser
Zitrone,
Cocktailkirschen

süßsaurer Nachmittagsdrink

Im *Shaker* mit Eiswürfeln schütteln, in
Becherglas auf Eiswürfel abgießen. Mit
Sodawasser auffüllen. Halbe Zitronen-
scheibe, Cocktailkirschen dazugeben.

Irish Mink

sahniger After-Dinner-Drink

Im *Shaker* mit Eiswürfeln schütteln und in eine Champagnertulpe abgießen. Mit Kakaopulver bestreuen.

4 cl Irish Whiskey
1 cl Curaçao Triple Sec
3 cl Crème de Cacao braun
6 cl Sahne
Kakaopulver

Morning Dew

mild-herber Drink zur Happy-Hour

Im *Shaker* mit Eiswürfeln schütteln und in einen Tumbler auf Eiswürfel abgießen. Orangenschale und Cocktailkirschen dazugeben.

4 cl Irish Whiskey
2 cl Curaçao Blue
6 cl Maracujanektar
1 Spritzer Angostura
einige Tropfen Zitronensaft
Orange, Cocktailkirschen

Irish Coffee

der Urvater aller Kaffeedrinks

Ein Stielglas mit heißem Wasser erwärmen. Whiskey, Zucker und Kaffee in das Glas geben und verrühren. Die Sahne als Haube darauf setzen.

4 cl Irish Whiskey
1 TL brauner Zucker
1 Tasse heißer Kaffee
leicht geschlagene Sahne

American Whiskey

*D*er erste in den USA hergestellte Kornschnaps war aus Roggen, und aus diesem entwickelte sich der Rye Whiskey und später die amerikanische Whiskeykultur. Unter den europäischen Einwanderern fanden sich alle Berufe und somit auch Männer,

die des Destillierens kundig waren. Besonders Schotten, Niederländer und Deutsche (Jacob Böhm = Jim Beam) begannen im frühen 18. Jahrhundert, hauptsächlich in den Staaten Pennsylvania, Maryland und Virginia und später in Kentucky, mit der Whiskeyherstellung. Der früher so populäre Rye Whiskey fristet heute allerdings ein Mauerblümchendasein, und sein Marktanteil liegt unter einem Prozent. Vom heute bekanntesten amerikanischen Whiskey, dem Bourbon, unterscheidet er sich dadurch, dass beim Rye mindestens 51 Prozent des verwendeten Getreide-

Das Zentrum der amerikanischen Whiskeyproduktion liegt in Kentucky, das für seinen Bourbon Whiskey berühmt ist.

anteils Roggen sein muss. Beim Bourbon sind 51 Prozent Mais vorgeschrieben, der Anteil kann aber bis zu 80 Prozent betragen; der Rest besteht aus gemälzter Gerste und Roggen, zum Teil auch aus Weizen. Neben dem Rye und dem Bourbon sind der Tennessee und der Blended American Whiskey die wichtigsten Sorten. Herausragendes Qualitätsmerkmal ist dabei die Unterscheidung zwischen »Straight«, »Blended Straight« und »Blended American«. »Straight« bedeutet unverschnitten. »Blended Straights« haben einen Straight-Bourbon- oder Straight-Rye-Anteil von mindestens 51 Prozent. Beim Rest handelt es sich um Neutralsprit aus Getreide. »American Blended« müssen mindestens 20 Prozent Straight Whiskey enthalten, der Rest ist auch hier Neutralsprit aus Getreide. Der im Staat Tennessee hergestellte Tennessee Whiskey (Jack Daniel's, George Dickel) gilt als eigenständig und unterscheidet sich vom Bourbon durch ein spezielles Filtrierverfahren, bei dem der frische Whiskey

Dem von den Franzosen nach einem Herrschergeschlecht benannten Bourbon Country verdankt der Bourbon Whiskey seinen Namen.

durch eine meterdicke Ahorn-Holzkohleschicht gefiltert wird. Dieses »Charcoal-Mellowing«-Verfahren verhilft dem Tennessee Whiskey zu seiner außergewöhnlichen Qualität. Seit 1941 ist der Tennessee Whiskey übrigens eine von der Steuerbehörde anerkannte Whiskeysorte. Bourbon, Rye und Blended American Whiskey unterliegen keinen regionalen Beschränkungen. Neben Kentucky, Tennessee und Pennsylvania stellen auch Virginia, Ohio und Illinois Whiskey her. Die wichtigsten gesetzlichen Vorschriften regeln den Mais- bzw. Roggenanteil (51 Prozent) sowie die Mindestlagerzeit: Sie beträgt bei Bourbon und Rye zwei Jahre, eine Lagerzeit unter vier Jahren muss bei diesen auf dem Etikett angegeben werden. Somit sind Whiskeys ohne Altersangabe mindestens vier Jahre alt. Die meisten Marken werden allerdings vier bis sechs Jahre gelagert, Spitzenmarken auch sechs bis acht Jahre; Lagerzeiten von zehn Jahren und mehr sind eher selten. Seit einiger Zeit gibt es auch Single Barrel (Einzelfassabfül-

Auch durch die alte Schreibweise mit »e« grenzt sich der amerikanische Whiskey vom Scotch und vom Canadian Whisky ab.

lungen) und Small Batch Bourbon. Dieser Bourbon ist eine Zusammenstellung aus besonders gut entwickelten Fässern. Beide kommen nur in relativ kleinen Mengen in den Handel. Die US-Straight-Whiskeys werden in einer dem schottischen Pot-Still-Verfahren ähnlichen Methode destilliert. Der oft auf den Etiketten angegebene Hinweis auf das »Sour Mash«-Verfahren besagt, dass nicht nur Hefe, sondern auch Rückstände aus einem vorangegangenen Brennvorgang der frischen Maische zugesetzt wurden, um die Gärung einzuleiten. Die »Sweet Mash«-Methode, mit jeweils frischer Hefe, findet dagegen keine Anwendung mehr. Die Alterung vollzieht sich beim Bourbon in innen angekohlten Eichenfässern, die jedoch nur einmal eingesetzt werden dürfen. Obwohl sich der amerikanische Whiskey in der Regel mit »e« schreibt, gibt es auch amerikanische Marken (z. B. Dickel, Maker's Mark), die sich ohne »e« schreiben. Der Mindestalkoholgehalt beim amerikanischen Whiskey beträgt 40% vol.

Im Gegensatz zu den schottischen Einzelfassabfüllungen werden die US-amerikanischen gefiltert und auf Trinkstärke herabgesetzt.

Bekannte Marken

Bulleit Tom Bulleit, ein Ururenkel des Gründers, erweckte 1987 die Marke wieder zum Leben. Ihren Ursprung hatte sie in Augustus Bulleit, der ihn um 1830 in Lawrenceburg, im damaligen Grenzland Kentucky, herstellte. Siedler und Pioniere schätzten Bulleit's Bourbon als Proviant auf dem Weg nach Westen. Daher auch die Bezeichnung »Frontier Whiskey« auf der Flasche. Seit 1999 gibt es Bulleit auch in Deutschland. Bulleit gilt als »runder« Whiskey ohne Ecken und Kanten. Bulleit wird mit 45% vol angeboten.

Mit dem Tod von Augustus Bulleit bei einem Überfall auf einen Whiskeytransport endete 1860 die erste Erfolgsgeschichte des Bulleit.

Blanton's Der erste Single-Barrel Bourbon Whiskey der neueren Zeit war Blanton's. Mit ihm begann 1984 eine neue Bourbonära. Er empfahl sich zum Purgenuss und als Konkurrenz zu schottischen Single Malt Whiskys, zu hochwertigen Cognacs und vielen anderen exklusiven Digestifspirituosen. Für diesen bis heute erfolgreichsten Single-Barrel werden nur die besten und ausgereiftesten Fässer verwendet. Auf jedem Etikett wird penibel Fass- und

Flaschennummer, Lagerhaus, Ricknummer (Schober), Abfülldatum und Alkoholgehalt vermerkt. Blanton's hat mittlerweile zahlreiche Auszeichnungen erhalten und wird als Whiskey mit vollem Körper und bestechender Balance gerühmt. Benannt ist die Marke nach Albert Blanton, der von 1897 bis 1953 (sic) in der Destillerie tätig war. Er rettete als Brennmeister die Geheimnisse seiner Zunft über die bitteren Jahre der Prohibition hinweg und gab sie an seine Nachfolger weiter. Blanton's wird in mehreren Qualitäten und Alkoholstärken angeboten. Auch die Flaschenform ist außergewöhnlich. Die runde, oben und unten achteckige Flasche wird mit Siegelwachs verschlossen, und ein Pferd mit Reiter krönt den Verschluss. Blanton's gibt es als »Special Reserve« (40% vol), »The Original« (46% vol), »Silver Edition« (49% vol), »Gold Edition« (51,5% vol) und Blanton's »Straight from the Barrel« mit je nach Fass 65–70% vol.

Zur besseren Unterscheidung der Blanton's-Whiskeys, haben die Etiketten aller fünf Abfüllungen verschiedenfarbige Etiketten.

Elijah Craig Die Marke trägt den Namen eines Baptistenpredigers, der auch als Brenner tätig gewesen sein soll und häufig als »Erfinder« des Bourbons genannt wird. Es wird aber auch behauptet, dass dies eine Legende ist, die Ende des 19. Jahrhunderts entstand, um die bigotten Alkoholgegner damit zu ärgern, dass ausgerechnet ein Mann der Kirche für die Entstehung des bekämpften Teufelszeugs verantwortlich war. Wie dem auch sei, Elijah Craig ist ein ganz besonderer Bourbon, der nach alter Tradition von der Heaven Hill Distillery in Bardstown/Kentucky hergestellt wird. Stefan Gabányi beschreibt ihn in seinem »Schumanns Whisk(e)y Lexikon« als Paradebeispiel eines Bourbons: üppig, rund und angenehm süß. Elijah Craig »Old Kentucky Straight Bourbon Whiskey« reift 12 Jahre und hat 47% vol.

Four Roses Four Roses, eine der großen alten Whiskeymarken in den USA, gibt es seit 1888. Er wird in den USA in mehreren Varianten hergestellt und ist als Kentucky Straight Bourbon nur außerhalb der USA erhältlich. In Europa und Japan zählt er zu den meistverkauften Marken. Alkoholgehalt 40% vol.

Weitere für den Export hergestellte Four-Roses-Whiskeys heißen »Fine Old Bourbon«, »Super Premium Bourbon« und »Single Barrel Reserve«.

George Dickel Der »kleinere« Tennessee Whiskey (neben dem Riesen Jack Daniel's) ist in Cascade Hollow/Tullahoma ansässig. Die Cascade Distillery wurde 1877 gegründet, und 1888 stieg der deutsche Whiskeygroßhändler Georg Dickel in die Firma ein. Als 1908 – weitaus früher als im Rest der Nation (1920–1933) – die Prohibition in Tennessee beschlossen wurde, verlegte man die Produktion nach Kentucky. Nach dem Ende des Alkoholverbots wurde Cascade vom Spirituosenkonzern Schenley gekauft, und 1958 erbaute man die heutige Destillerie. Schenley fiel 1987 an die United Distillers, den Vorläufer der heutigen Diageo. Die Marken von Dickel heißen

Dickel wird zur Zeit nicht nach Deutschland importiert und ist in Europa schwer zu finden. Wenn doch: dann sofort zugreifen! »Old No. 8« und »Old No. 12« und seit 1994 gibt es den 10jährigen »Small Batch – Special Barrel Reserve«. George Dickel heißt der frühere Cascade-Whisky übrigens erst seit 1964 und bei Dickel schreibt man Whisky ohne »e«.

Jack Daniel's Mit über 90 Millionen jährlich verkauften Flaschen ist Jack Daniel's Tennessee Whiskey die weitaus größte Spirituoseneinzelmarke der USA. Die Marke geht zurück auf Jack Daniel (1846–1911), der schon im Alter von 13 Jahren als Brenner arbeitete. 1866 gründete er seine eigene Brennerei und ließ diese – als erster Destillateur – offiziell registrieren. Seit 1895 wird Jack Daniel's in den typischen eckigen Flaschen angeboten. 1906 überließ er seinem Neffen Lem Motlow das Unternehmen. Als Tennessee 1908 (zwölf Jahre vor dem Rest der USA) die Prohibition beschloss, wich man nach St. Louis aus, legte aber 1920 auch diese Destillerie still. Nach 1933 behielten manche Countys in Tennessee das Verbot jedoch bei (und sind bis heute »trocken«). Lem Motlow erhielt fünf Jahre später die neue Brenngenehmigung mit der Auflage, keinen Tropfen Whiskey im trockenen Teil von Tennessee auszuschenken oder zu verkaufen. 1947 übernahmen seine Söhne das Unternehmen, und diese verkauften es 1956 an die Brown-Forman-Gruppe unter der Bedingung, dass Unternehmensentschei-

Besucht man Jack Daniel's, erlebt man eine Überraschung: Keine Verkostung und nichts zu trinken – dafür reichlich Souvenirs.

dungen weiterhin von den Nachfahren der Motlow-Familie getroffen würden. Auf den Etiketten wird auch bis heute Lem Motlow als Inhaber geführt. In Deutschland ist der weltweit bekannte Jack Daniel's »Old No. 7« (in den USA gibt es noch den einfacheren »Old No. 7 – Green Label«). Außerdem wird der »Single Barrel« und der »Gentleman Jack« angeboten.

Jack Daniel's liegt mit 90 Millionen Flaschen gleichauf mit der bisher größten Whiskymarke, dem Johnnie Walker »Red Label«.

Jack Daniel's Single Barrel Bereits im Jahr 1984 wurde der erste »Bourbon Single Barrel« (Einzelfasswhiskey) angeboten (siehe Blanton's), und auch bei Jack Daniel's setzt man seit 1997 auf diese Art der Vermarktung. Single-Barrel-Whiskeys sind das Produkt eines einzigen Fasses. Diese Fässer werden sorgfältig aus bevorzugten Sektoren der Lagerhäuser ausgewählt und nicht mit anderen vermischt. Alkoholgehalt 45% vol.

Jack Daniel's Gentleman Jack Gentleman Jack wurde 1988 der Hauptmarke Jack Daniel's, dem seit 1998 meistverkauften US-Whiskey, zur Seite gestellt. Anders als dieser wird Gentleman Jack vor und nach der Lagerung durch Holzkohle gefiltert. Dies macht den Gentleman Jack deutlich milder und zu einem wahren Gentleman. Alkoholgehalt 40% vol.

Jim Beam Jim Beam ist mit über 60 Millionen jährlich verkauften Flaschen nach Jack Daniel's die zweitgrößte US-Spirituosenmarke und als Bourbon die Nummer eins. Das unter den amerikanischen Whiskeyproduzenten wichtigste Unternehmen geht zurück auf den Deutschen Jacob Böhm. 1795 begann man in Clermont/Kentucky mit dem Whiskeybrennen. Aus Böhm wurde Beam, und 1935 wurde die James B. Beam Distilling Company gegründet. Seit 1942 gibt es die Marke Jim Beam. 1967 schloss man sich mit dem Mischkonzern American Brands (heute Fortune Brands) zusammen, behielt aber die Kontrolle über die eigenen Marken. Unter dem Namen Jim Beam Brands (JBB) ist man außerdem für die gesamte Spirituosenproduktion des Konzerns zuständig. Angeboten werden Jim Beam »Kentucky Straight Bourbon Whiskey« mit 40% vol und der acht Jahre

Jim Beam, weltweit fast ein Synonym für Bourbon Whiskey, ist auch in Deutschland seit jeher die meistverkaufte Marke.

alte Jim Beam »Black« mit 43% vol (siehe auch Jim Beam Small Batch Collection).

Jim Beam Small Batch Collection Der Begriff »Small Batch« wurde 1989 vom Bourbonmulti Jim Beam eingeführt und bezeichnet Bourbonabfüllungen, die aus besonders gut entwickelten Fässern zusammengestellt werden. Da in den hohen Lagergebäuden die Temperaturen in jeder Etage anders sind, reifen die Whiskeys unterschiedlich. Darunter wählt der Brennmeister die am besten entwickelten Fässer aus und mischt diese, um einen Whiskey mit gleich bleibendem Charakter zu erhalten. Als Erster wurde »Booker's« als Single Barrel auf den Markt gebracht. Dieser Einzelfasswhiskey wird bis heute als Single-Barrel ungemischt und ungefiltert direkt aus dem Fass abgefüllt und mit 60-63% vol angeboten. Die drei Nachfolgemarken waren dann Small Batch Whiskeys: »Baker's«, 7 Jahre alt (53% vol); »Basil Hayden's«, 8 Jahre alt (40% vol), und »Knob Creek«, 9 Jahre alt (50% vol).

Eine Verkostung hier wird zwar etwas teuer, verschafft aber einen Einblick in die vielfältige Welt der Bourbon Whiskeys.

Maker's Mark Ein Bourbon mit Kultstatus. Maker's-Mark-Whisky (Schreibweise ohne »e«) kommt aus der kleinen Star Hill Distillery in Happy Hallow/Loretto/Kentucky. Sie ist die kleinste Destillerie des Landes und produziert nur rund 40 Fässer pro Tag. Die heutige Destillerie war schon lange außer Betrieb, als William Samuels sie 1953 erwarb. Er war ein Nachkomme von Robert Samuels, der bereits um 1780 in Kentucky Whiskey brannte. 1959 wurde Maker's Mark erstmals angeboten. Er wird als der mildeste Bourbon gerühmt. Dies wird dem Umstand zugeschrieben, dass man der Getreidemischung Weizen anstelle von Roggen zusetzt. Maker's Mark reift sechs Jahre und wird dann mit 45% vol in seine markanten Flaschen abgefüllt. Der Name bezieht sich auf die Meistersiegel, die auf Silber- oder Zinngeschirr eingestanzt werden. Bei Maker's Mark zeigt das Siegel auf dem Etikett einen Stern – für Star Hill Distillery, den Buchstaben S – für den Namen Samuels und die römische Ziffer IV –

Außergewöhnlich aufwändig und nobel werden bei Maker's Mark die Flaschen von Hand verkorkt und dann in heißes Wachs getaucht.

für die vierte Generation im (jüngeren) Brennerei-geschäft.

Old Crow ist eine der ältesten Whiskeymarken der USA und geht auf den Schotten Dr. James Crow zurück, der mit wissenschaftlichen Methoden die Whiskeyherstellung perfektionierte. Old-Crow Bourbon kommt seit 1987 aus dem Hause Beam.

Old Grand-Dad Der »alte Großvater« und Namensgeber dieser Marke war Basil Hayden, der schon im 18. Jahrhundert in Kentucky Whiskey brannte. Seine Nachkommen erbauten 1882 eine Destillerie, aus der erstmals ein Old-Grand-Dad-Bourbon kam. 1940 wurde eine Brennerei in Frankfort/Kentucky auf den Namen Old Grand-Dad getauft, und dort wurde die Marke produziert, bis sie 1987 zu Jim Beam kam. Bei Beam wird der Old Grand-Dad seither nach der alten Formel und mit der alten Hefekultur hergestellt (43% vol).

Weitere Old Grand-Dad Kentucky Straight Whiskeys sind der »Bottled-in-Bond« (50% vol) und der »114 Barrel Proof« (57% vol).

Wild Turkey Austin Nichols war eine Handelsgesellschaft, die ihre Marke Wild Turkey seit 1942 im

Auftrag herstellen ließ. 1971 erwarb man die alte D. L. Moore Distillery bei Lawrenceburg (heute Boulevard Distillery) und produzierte selbst. Die Wild-Turkey-Whiskeys werden in allen Versionen als klassisch, komplex, vielseitig und üppig gelobt und als Weltklassewhiskeys geschätzt. Die auch in Deutschland angebotenen Abfüllungen: der Klassiker Wild Turkey »8 Years Old«; Wild Turkey »Straight Rye«; »12 Years Old« (alle 50,5% vol) und Wild Turkey »Rare Breed« – eine Komposition von 6, 8 und 12 Jahre altem Whiskey mit 54,1% vol.

Woodford Der Kentucky Straight Bourbon Woodford Reserve kommt aus der zu Brown-Forman (Jack Daniel's) gehörenden Early Times Distillery. Dort, in Louisville, entstehen die berühmten Marken Early Times und Old Forester. Ausgesuchte Fässer werden zu der kleinen Destillerie Labrot & Graham in Versailles im Woodford County gebracht und nach einer Reifezeit von sechs Jahren abgefüllt. Woodford »Reserve« wurde 1996 vorgestellt, hat 45,2% vol.

Der wieder erweckte Woodford war 1996 ein neuer Stern am Bourbonhimmel und hat sich in kurzer Zeit auf dem Markt etabliert.

Whisky Sour

5 cl Bourbon Whiskey
3 cl Zitronensaft
2 cl Zuckersirup
Orange
Cocktailkirsche

der klassische Sour

Alle Zutaten im *Shaker* mit Eiswürfeln gut schütteln und in ein Sourglas abgießen. Einen Spieß mit einer halben Orangenscheibe und einer Cocktailkirsche über den Glasrand legen.

Old Fashioned

1 Stück Würfelzucker
2 Spritzer Angostura
5 cl Bourbon Whiskey
Orange
Zitrone
Cocktailkirschen

Urvater aller Cocktails

In einen Tumbler den Würfelzucker geben. Den Zucker mit Angostura tränken und etwas klares Wasser dazugeben. Zucker und Wasser vermischen und das Glas mit Eiswürfeln füllen. Den Whiskey dazugießen und gut umrühren. Eine halbe Orangenscheibe und eine Zitronenscheibe dazugeben, außerdem ein paar Cocktailkirschen hinzufügen.

Horse's Neck

herrlicher Sommer-Nachmittagsdrink

In ein Longdrinkglas einige Eiswürfel und die Zitronenschalenspirale geben. Whiskey und Angostura dazugießen und mit eisgekühltem Ginger Ale auffüllen.

6 cl Bourbon Whiskey

2 Spritzer Angostura

kaltes Ginger Ale

Zitronenschalenspirale

Mint Julep

erfrischender, starker Kentucky-Drink

In ein hohes Longdrinkglas Minzeblätter, Zucker und etwas klares Wasser geben. Mit einem Holzstößel die Minzeblätter zerdrücken. Das Glas zur Hälfte mit crushed ice füllen und umrühren. Den Whiskey dazugießen, das Glas mit crushed ice füllen und nochmals umrühren. Nasse Minzezweige mit Puderzucker bestäuben und zwei Trinkhalme dazugeben.

10 cl Bourbon Whiskey

1 Barlöffel Streuzucker

etwa 10 Minzeblätter

Puderzucker

Trinkhalme

Canadian Whisky

*D*ie Geschichte der Whiskyproduktion begann in
Kanada wesentlich später als in den Vereinigten
Staaten. Zwei der bis heute führenden Whiskygigan-
ten – Hiram Walker und Seagram – hatten großen
Anteil an der Erfolgsstory des Canadian Whisky.

Hiram Walker begann 1864 mit dem Whiskybrennen. Seine Marke »Canadian Club« wurde als eine der ersten in Flaschen abgefüllt und fand in den USA großen Zuspruch. Das zweite Unternehmen war Seagram mit dem 1916 eingeführten »Seagram's V. O.«. Die Prohibition in den USA trieb das Wachstum der kanadischen Destillerien voran, und für den Canadian Whisky begann der Aufstieg zur »Whiskyweltmacht«. Nach Aufhebung der Prohibition waren die meisten US-Destillerien geschlossen und keine Lagerbestände mehr vorhanden. Diese Lücke füllten die Kanadier mit riesigen Reserven. Als Grund für die große Beliebtheit des Canadian gilt seine Leichtigkeit und Sauberkeit. Canadian Whisky ist immer ein Blend aus einer geringen Menge Straight Whisky und sehr reinem Getreidealkohol oder Neutralsprit. Jeder Blend enthält bis zu 20 verschiedene Whiskys aus unterschiedlichen Grundtypen. Als Getreidesorten werden Roggen sowie Mais und Gerste roh und/oder gemälzt verwendet. Bei der

In der Zeit der Prohibition (1920–1933) versorgten die Kanadier – natürlich illegal – den amerikanischen Markt mit Whisky.

Destillation wendet man untereinander kombinierbare Methoden an und stellt die Blends entweder aus den jungen Whiskys zusammen oder lässt die Brände einzeln reifen und mischt die fertigen Whiskys. Die Lagerung erfolgt in alten Bourbon- oder in frischen oder bereits verwendeten Eichenholzfässern. Die Mindestlagerzeit beträgt drei Jahre, meist sind die Canadian Whiskys jedoch vier bis sechs Jahre alt. Der Mindestalkoholgehalt beträgt 40% vol.

Bekannte Marken

Canadian Club Canadian Club von Hiram Walker wurde 1884 eingeführt und ist nach dem Crown Royal mit rund 30 Millionen jährlich verkauften Flaschen die Nummer zwei unter den Canadian Whiskys. Diese große alte Marke prägte den sauberen, leichten Stil des Canadian Whiskys und begründete dessen Weltruhm. Bei der Standardversion Canadian Club »Barrel Blended« findet, wie auch beim De-Luxe-Canadian-Club »Classic« das Blending vor der Fass-

Aus dem Land des Ahornblatts stammt der mildeste Whisky. Er genießt weltweit hohes Ansehen und stellt die Basis vieler Drinks.

lagerung statt. Beide haben einen Alkoholgehalt von 40% vol und sind sechs bzw. zwölf Jahre alt.

Crown Royal Im Jahr 1939 wurde anlässlich des Besuches des englischen Königs George VI. in Kanada der Crown Royal von Seagram vorgestellt. Crown Royal schrieb und schreibt eine unglaubliche Erfolgsgeschichte und ist mit über 50 Millionen jährlich verkauften Flaschen der mit weitem Abstand erfolgreichste kanadische Whisky. Crown Royal ist ein Blend aus fein abgestimmten Spitzenwhiskys – keiner jünger als zehn Jahre alt – und wird in einer kronenähnlichen Flasche, verpackt in einem blauen Samtbeutel, angeboten. Alkoholgehalt 40% vol.

Eine kronenähnliche Flasche und ein königsblauer Samtbeutel sind die äußerlichen Attribute des Marktführers Crown Royal.

Old Canada Die Destillerie der kanadischen Firma Corby hat ihren Sitz in Montreal. Sie wurde 1857 von Henry Corby gegründet und gehört seit den 1930er Jahren zu Hiram Walker (Canadian Club). Die Marke »McGuinness Old Canada« ist ein klassischer, leichter und milder Canadian Whisky mit 40% vol. Aufsehen erregte Corby Ende der 90er

Jahre mit der Reihe »Canadian Whisky Guild«. In dieser bot man drei sehr unterschiedliche »Small Batch«-Whiskys an. Die drei Marken – »Gooderham & Worts«, »Lot No. 40« und »Pike Creek« – wurden unter Bezug auf alte Destillerien benannt. In Deutschland sind sie derzeit schwer erhältlich.

Seagram Bis zu seiner Auflösung im Jahr 2000 zählte der kanadische Spirituosenkonzern zu den größten der Welt. Gegründet 1857, erreichte Sea-

Von Seagram, dem nach dem Zweiten Weltkrieg größten Spirituosenkonzern der Welt, blieb nur der Name bei einigen großen Marken.

gram seine größten Erfolge nach der Übernahme durch Sam Bronfman im Jahr 1928. Sein Nachfolger Edgar Bronfman stieg in das Film- und Musikgeschäft ein und verkaufte dafür seine etwa 200 international bekannten Spirituosen- und Getränkemarken und zahlreiche Beteiligungen (darunter die Canadian Whisky Seagram's V.O. und Crown Royal) für 35 Milliarden US-Dollar. Dieser Verkauf wirbelte die weltweite Spirituosenindustrie gehörig durcheinander. Eine der großen auf dem deutschen Markt verbliebenen kanadischen Marken ist der Crown Royal.

Captain Collins

süßsaurer Nachmittagsdrink

Im *Shaker* mit Eis schütteln, in großes Becherglas auf Eiswürfel abgießen. Mit Sodawasser auffüllen. Halbe Zitronenscheibe, Cocktailkirsche dazugeben.

5 cl Canadian Whisky
3 cl Zitronensaft
2 cl Zuckersirup
kaltes Soda-wasser
Zitrone, Cocktailkirsche

Manhattan

weltbekannter Before-Dinner-Drink

Im *Rührglas* mit Eiswürfeln gut verrühren und in ein vorgekühltes Cocktailglas abgießen. Eine Cocktailkirsche dazugeben.

4 cl Canadian Whisky
2 cl Vermouth Rosso
2 Spritzer Angostura
Cocktailkirsche

Ward Eight

ein milder Sour für den Nachmittag

Im *Shaker* mit Eiswürfeln schütteln und in ein Sourglas abgießen. Eine Zitronenscheibe dazugeben.

5 cl Canadian Whisky
2 cl Zitronensaft
2 cl Orangensaft
I cl Grenadine
Zitrone

Wodka

*D*as russische Nationalgetränk Wodka (russisch = Wässerchen) hat seine Wurzeln in Polen, wo das Wort ursprünglich verschiedene als Heilmittel geltende Wässer bezeichnete. Den genauen Zeitpunkt der ersten alkoholischen Destillation kennt

man nicht. Sicher ist aber, dass die polnischen Brennereien im 17. Jahrhundert so florierten, dass ihr
Holzbedarf einen empfindlichen Mangel an Brenn-
holz für die Bevölkerung in den Städten
verursachte. Früher wurde Wodka außerhalb von Russland und Polen kaum getrunken. Erst nach dem Ersten Weltkrieg
begannen russische Emigranten mit einer noch relativ kleinen Wodkaproduktion außerhalb ihrer alten
Heimat. Herstellung und Vertrieb beschränkten sich
in Deutschland anfangs hauptsächlich auf Berlin. Das
Wodkazeitalter begann für die westliche Welt erst

**Der alte Dauerstreit
zwischen Russland und
Polen, welches Land
den Wodka erfunden
hat, wird immer unent-
schieden bleiben.**

in den letzten 30 Jahren. Die EU-Bestimmungen besagen, dass Wodka aus Alkohol und/oder Korndestillat nach besonderen Verfahren und/oder mit geringen Zusätzen herzustellen ist, die die charakteristischen Merkmale des Wodkas zur Geltung bringen müssen, vor allem die Weichheit des Geschmacks. Mit den besonderen Verfahren sind die Techniken der Filterung gemeint, meist kommt die Holzkohlefilterung zum Einsatz. Als Rohstoff wird fast ausschließlich Getreide – meist Weizen – verwendet und nur selten Kartoffeln. Die Auswahl der Rohstoffe hat allerdings wenig Bedeutung, da sich beim mehrmaligen Brennen und Rektifizieren

In der westlichen Welt setzte sich Wodka vor allem ab den 1960er Jahren durch. In den USA verdrängte er vielfach sogar den Gin.

(= mehrfach aufeinander folgende Destillation) fast alle Geschmacksstoffe verlieren. Bei der Wodkaherstellung will man, anders als bei vielen Spirituosen, ein reines, weiches, neutral schmeckendes Produkt erzielen. Im letzten Arbeitsgang vor dem Abfüllen wird der Wodka mit Wasser auf Trinkstärke herabgesetzt. Seit 1989 ist ein Mindestalkoholgehalt von 37,5% vol vorgeschrieben, nicht selten ist der Wodka aber auch wesentlich stärker. Wodka wird außer in den Ländern mit langer Wodkatradition wie Polen und Russland auch in Skandinavien, Finnland, Großbritannien, Frankreich, Deutschland, Kanada und – in großem Umfang – in den USA produziert. Außer den wasserhellen, neutralen Wodkas gibt es auch aromatisierte Sorten. Ein Klassiker ist der Zubrowka oder Zubrovka. Dieser wird mit einem an der Grenze von Ostpolen mit Weißrussland und der Ukraine wachsendem Gras aromatisiert. Dieses von dem dort lebenden Wisent, einer in Polen »Zubr« genannten Büffelart, gern gefressene Mariengras ist kumarinhaltig und wird in Polen als Grashalm (siehe Grasovka) und in Russland als Auszug zugegeben. Dies verleiht dem Wodka ein Waldmeisteraroma und einen leicht grünlichen Farbton. Seit den 1990er Jahren werden aromatisierte Wodkas wie Citron, Peppar, Kurant (Johannisbeer) oder Vanille angeboten.

Das kumarinhaltige Büffelgras verleiht dem Wodka ein waldmeisterähnliches Aroma und die hellgelbe bis bräunliche Farbe.

Bekannte Marken

Absolut Die schwedische Wodkamarke Absolut ist seit 1879 bekannt. Genau 100 Jahre später begann aufgrund einer äußerst erfolgreichen Werbekampagne der in diesem Ausmaß nie für möglich gehaltene kometenhafte Aufstieg einer Spirituosenmarke. Heute ist Absolut, mit über 100 Millionen jährlich verkauften Flaschen, nach Smirnoff die zweitgrößte Wodkamarke der westlichen Welt und die drittgrößte Spirituosenmarke überhaupt. Absolut wird ausschließlich aus Weizen hergestellt. In Deutschland kommt er mit 40% vol, auf den internationalen Märkten auch mit 50% vol Alkohol in den Handel. Neben dem klassischen, klaren Absolut gibt es noch die aromatisierten Sorten »Citron«, »Peppar«, »Kurant« (Johannisbeer), »Mandrin«, »Vanilia« und »Raspberri« (Himbeere). Im Jahr 2004 wurde der Super-Premium-Wodka »Level« (40% vol) eingeführt. Er wird in einer etwas schlankeren Absolut-Flasche angeboten.

Von weit unter einer Million Flaschen stieg der Jahresabsatz von Absolut seit 1979 auf über 100 Millionen Flaschen im Jahr 2004.

Alpha Noble Ein neuer Stern am Wodkahimmel ist der Alpha Noble. Im Osten Frankreichs, in Fougerolles am südlichen Rand der Vogesen, wird der Alpha Noble hergestellt. Französischer Weizen und das Wasser aus den Bergen der Vogesen sind die Basis für diesen UltraPremium-Wodka. Alpha Noble entsteht in einem sechsfachen Destillationsprozess, wobei der sechste Destillationsvorgang sein »Finish« in einer Pot Still (Kupferbrennblase) durchläuft. Nach der mit den modernsten Methoden vorgenommenen Filterung präsentiert sich der Alpha Noble weich, sauber und klar in speziell für ihn gestylten Flaschen (Alkoholgehalt 40% vol).

Der französische Alpha-Noble-Wodka ist die neueste in Deutschland angebotene Wodkamarke. Er wurde erst Ende 2005 eingeführt.

Danzka Dieser dänische Vodka wurde um 1880 entwickelt und gehört seit 1994 zu den Danish Distillers (Aalborg). Der erfolgreiche Wodka wird in einer einzigartigen Aluminiumflasche angeboten.

Finlandia Finlandia ist die größte und bekannteste Wodkamarke Finnlands und mit über 20 Millionen jährlich verkauften Flaschen eine der größten

Wodkamarken der westlichen Welt. Finlandia gibt es seit 1979 und wird mit 40% vol angeboten.

Gorbatschow Gorbatschow ist der führende Wodka und zugleich die meistverkaufte »weiße« Spirituose in Deutschland. Die Firma wurde bereits 1921 von russischen Emigranten in Berlin gegründet und ist seit 1960 im Besitz von Henkell & Söhnlein. Der klassische Gorbatschow hat 37,5% vol, es gibt ihn aber auch mit 50% vol. Neu seit dem Oktober 2003 ist der Gorbatschow »Platinum 44«. Dieser PremiumWodka wird in einem äußerst aufwändigen Verfahren hergestellt und mit 44% vol angeboten.

Grasovka Dem polnischen Grasovka »Bison BrandVodka« (40% vol) wird ein Halm eines in Ostpolen wachsenden Steppengrases (Mariengras/Büffelgras) zugegeben und der Wodka damit aromatisiert. Die in Polen freilebenden Büffel (Bisons/Wisente = polnisch: Zubr) lieben dieses Gras, und daher bürgerte sich die Bezeichnung »Zubrovka« ein. Das kumarinhaltige Gras verleiht dem Zubrovka/Grasovka

Unter den vielen aromatisierten Wodkasorten Polens ist Grasovka der einzige, der internationale Bekanntheit genießt.

einen milden Waldmeistergeschmack und den leichten Farbton.

Grey Goose In der im Südwesten Frankreichs gelegenen Region Charente, dem Herkunftsgebiet des Cognacs, werden die Getreidesorten für den Grey-Goose-Wodka angebaut. Aus Weizen, Gerste und Roggen wird daraus in einem fünfstufigen Destillationsprozess ein Wodka von beeindruckender Feinheit gewonnen. Mineralreiches Quellwasser aus den kalkhaltigen Böden der Charente verleiht ihm zusätzlich Weichheit. Seit seiner Einführung Mitte der 1990er Jahre hat sich Grey Goose im Premiumbereich der Wodkas zu einer der führenden Marken entwickelt, und zahlreiche Auszeichnungen belegen und begleiten seither die eindrucksvolle Entwicklung dieser außergewöhnlichen Wodkamarke. Den

Bereits 1998 verlieh das »Beverage Tasting Institut« in Chicago dem Grey Goose mit 98 Punkten die Höchstnote bei einer Wodkaverkostung.

international agierenden Spirituosenmultis blieb dieser Erfolg auch nicht verborgen, und 2005 wurde Grey Goose von Bacardi International übernommen. Alkoholgehalt 40% vol.

Krepkaya (Strong) Krepkaya (russisch für stark) hat 56% vol, und das ist »strong«. Der hohe Alkoholgehalt verhindert ein Einfrieren bei tiefen Temperaturen.

Moskovskaya Moskovskaya heißt »Moskauer Wodka«. Er wird seit 1965 nach Deutschland exportiert und ist bei uns die bekannteste russische Wodkamarke. Unter den weltweit größten Spirituosenmarken ist der Moskovskaya, nach dem ebenfalls russischen Stolichnaya, mit jährlich fast 400 Millionen Flaschen die zweitgrößte Spirituosenmarke der Welt. Eine weitere Moskovskaya-Marke, der Premium-Wodka »Cristall«, wird von der Cristall-Brennerei, der größten Moskaus, hergestellt. Beide 40% vol.

Der russische Wodka Moskovskaya mit seinem grünen Etikett ist in Deutschland die führende russische Wodkamarke.

Skyy Die Skyy Spirits Inc. in San Francisco/USA ist Hersteller von Skyy-Wodka. Diese junge, seit 1994 produzierte amerikanische Wodkamarke wird seit 1999 auch in Deutschland angeboten. Skyy-Wodka wird aus amerikanischem Getreide durch vierfache Destillation und eine dreifache Stufenfiltrierung hergestellt. Der in bemerkenswerte blaue Flaschen abgefüllte Skyy-Wodka wird von Campari International weltweit außerhalb der USA vertrieben.

Smirnoff Smirnoff, die größte Wodkamarke der westlichen Welt (240 Millionen Flaschen im Jahr 2004) belegt zusammen mit Bacardi auch den ersten Platz unter den meistverkauften Spirituosen (ohne die russischen Wodkas). Smirnoff hat seinen Ursprung 1818 in St. Petersburg. Das Unternehmen stellte nach der russischen Revolution die Produktion ein, und Rezeptur und Namensrechte landeten nach vielen Umwegen 1939 bei Heublein in Hartford/ Connecticut (USA). Heute ist Smirnoff ein Teil des englischen Spirituosenmultis Diageo. Smirnoff wird nach den gleichen Verfahren (außer in Hartford) in vielen Ländern hergestellt und in 130 Ländern auf fünf Kontinenten verkauft. Neu sind die »Flavoured« Wodkas der Reihe »Smirnoff Twist«: Dies sind Smirnoff-Wodkas, die mit Vanilla, Orange, Raspberry (Himbeere) oder Citrus aromatisiert sind. »Twist«

Im Vor-Wodka-Zeitalter wollte niemand diese Marke haben. Diejenigen, die sie dann hatten, schufen daraus ein Spirituosenimperium.

deshalb, weil diese Sorten in Flaschen mit »gedreh-ter Taille« abgefüllt sind. Alkoholgehalt aller Sorten 37,5% vol.

Stolichnaya Stolichnaya, der »Wodka aus der Hauptstadt«, ist der international bekannteste rus-sische Wodka und mit etwa 650 Millionen jährlich verkauften Flaschen die mit weitem Abstand größte Spirituosenmarke. Stolichnaya gibt es seit den 1950er Jahren, und seit den 1960er Jahren wird er auch exportiert. Hergestellt wird Sto-lichnaya in allen zehn zu Sojusplodoim-port gehörenden Brennereien. Aufgrund einer dezenten Zuckerung schmeckt er sehr mild. Alkoholgehalt 40% vol.

Ob die Zahlen genau stimmen, weiß nie-mand, aber selbst wenn nicht, ist Stolichnaya mit Abstand die größte Spirituosenmarke.

Svensk In Schweden durfte bis Ende 1995 nie-mand außerhalb des Staatsmonopols Spirituosen erzeugen, einführen oder verkaufen. Nach einer entsprechenden Gesetzesänderung konnte somit Svensk erst Anfang 1996 aus der Taufe gehoben werden. In Motola am Vätternsee – Schwedens tiefs-ten und reinstem See – waren die Väter der schwedischen Spirituosenindustrie vor deren Schließung durch das Monopolgesetz im Jahre 1917 zu Hause. Mit der Gründung von Svensk ging die erste private Brennerei Schwedens seit dieser Zeit in Betrieb. Die unterschiedlichen Svensk-Wodkas werden seit 2005 auch in Deutschland angeboten, des Weiteren gibt es einen Svensk-Gin (siehe Gin). Svensk-Wodkas sind aus besten Zutaten, reinstem Wasser und mit neuester Technik destilliert und eroberten sich innerhalb weniger Jahre einen festen Platz unter den internationalen Premium-Marken. Svensk-Wodka gibt es außer in seiner Urform auch mit natürlichen Aromen, dies in den Sorten »Wild Strawberry«, »Lemon«, »Apple« und »Vanilla«, alle 40% vol.

Svensk Vodka ist nach nur zehn Jahren auf allen internationalen Märkten vertreten und wird in Deutschland seit 2005 angeboten.

Vikingfjord »The Glacial Vodka of Norway« ist der meistverkaufte norwegische Premium-Wodka. Für den sechsfach destillierten Vikingfjord wird zur Herabsetzung auf Trinkstärke reines Gletscherwasser des Jostedaals-Gletschers verwendet. Alkoholgehalt 40% vol.

Wyborowa Wyborowa ist mit Abstand die bekannteste Wodkamarke Polens und eine der größten Marken überhaupt. Produzent und verantwortlich für die Qualität ist Polmos. Diese Nachfolgeorganisation des Monopols untersteht zwar noch dem Staat, ist jedoch vollkommen neu gegliedert und heute in etwa 25 selbstständige Firmen aufgeteilt. Diese erwerben von etwa 500 kleinen Brennereien den Rohalkohol und verarbeiten ihn bis zur Flaschenabfüllung. Für den Export-Wyborowa werden ausschließlich Destillate aus den berühmten Brennereien Zielona Góra (Grünberg) und Posen verwendet. Dieser Wyborowa wird ausschließlich aus Roggen gebrannt. Wyborowa (»der Auserwählte« – von Wybor = der Wähler) gibt es seit den 1920er Jahren, und in den 1970er Jahren wurde er auch in Westeuropa bekannt. Neu ist der seit 2005 auch in Deutschland angebotene Wyborowa »Single Estate«. Basierend auf einer einzigartigen Rezeptur, wird der »Single Estate« nur in einer einzigen Destillerie hergestellt.

Der »Single Estate« wurde 2004 vom »Chicago Beverage Testing Institute« mit dem Prädikat »außergewöhnlich« ausgezeichnet.

Bloody Mary

5 cl Wodka

1 cl Zitronensaft

Pfeffer, Selleriesalz

2 Spritzer Tabasco

3 Spritzer Worcestershiresauce

12 cl Tomatensaft

Zitrone oder Stangensellerie

weltbekannter Katerkiller

In großes Becherglas Eiswürfel, Gewürze und Wodka geben. Mit Tomatensaft aufgießen, umrühren. Zitronenscheibe an Glasrand stecken (oder ein Stück Stangensellerie dazugeben).

Bull Shot

5 cl Wodka

einige Tropfen Zitronensaft

Pfeffer, Selleriesalz

1 Spritzer Tabasco

2 Spritzer Worcestershiresauce

12 cl Consommé

Zitrone

harter, aber nahrhafter Katerkiller

In großes Becherglas Eiswürfel, Gewürze und Wodka geben. Mit Consommé aufgießen und umrühren. Zitronenscheibe an Glasrand stecken.

Screw Driver

einfache, aber weltbekannte Mischung

In Longdrinkglas auf Eis geben, verrühren, halbe Orangenscheibe dazugeben.

5 cl Wodka

12 cl Orangensaft

Orange

Wodka Sour

5 cl Wodka
3 cl Zitronensaft
2 cl Zuckersirup
Orange
Cocktailkirsche

Shortdrink für die Cocktailstunde

Im *Shaker* mit Eiswürfeln schütteln, in ein Sourglas abgießen. Spieß mit halber Orangenscheibe und einer Cocktailkirsche über den Glasrand legen.

Wodka Martini

5 cl Wodka
I cl Vermouth
Dry
Olive oder
Zitrone

starker, herber Before-Dinner-Drink

Im *Rührglas* mit Eiswürfeln verrühren, in ein vorgekühltes Cocktailglas abgießen. Eine grüne Olive mit Stein dazugeben (oder mit einer Zitronenschale abspritzen).

Cosmopolitan

6 cl Wodka
3 cl Curaçao
Triple Sec
3 cl Cranberry-
nektar
I 1/2 cl frischer
Limettensaft

der »Sex in the City«-Drink

Im *Shaker* mit Eiswürfeln schütteln und in eine Cocktailschale abgießen.

Harvey Wallbanger

fruchtig-aromatischer Sommerdrink

In Longdrinkglas auf Eiswürfel geben und verrühren. Galliano darüber gießen, Orangenscheibe dazugeben.

4 cl Wodka
12 cl Orangensaft
1 cl Galliano
Orange

Moscow Mule

erfrischender Sommerdrink

Kupferkrug oder ein großes Longdrinkglas mit Eiswürfeln füllen. Geviertelte Limettenstücke darüber auspressen und dazugeben. Wodka dazugießen und mit Ginger Ale auffüllen.

1 Limette
6 cl Wodka
20 cl kaltes Ginger Ale
(im Original: Ginger Beer)

Blue Lagoon

erfrischender Sommerdrink

In Longdrinkglas auf Eiswürfel geben, mit Sprite auffüllen. Mit Zitronenscheibe und Cocktailkirsche garnieren.

4 cl Wodka
2 cl Curaçao Blue
1 cl Zitronensaft
kaltes Sprite
Zitrone, Cocktailkirsche

Springtime Cooler

6 cl Grasovka Wodka
2 cl Curaçao Blue
6 cl Orangen-, 3 cl Zitronensaft
I cl Zuckersirup
Karambole, Cocktailkirsche

aromatischer Drink zur Happy-Hour

Im *Shaker* mit Eis schütteln, in Longdrinkglas auf Eiswürfel gießen. Mit Karambolestern und Kirsche garnieren.

Wodka Collins

5 cl Wodka
3 cl Zitronensaft
2 cl Zuckersirup
kaltes Soda-wasser
Zitrone, Cocktailkirsche

süßsaurer Nachmittagsdrink

Im *Shaker* mit Eiswürfeln schütteln, in großes Becherglas auf Eiswürfel abgießen. Mit Sodawasser auffüllen. Zitronenscheibe und Kirsche dazugeben.

Chi-Chi

6 cl Wodka
10 cl Ananassaft
2 cl Sahne
2–4 cl Cream of Coconut
Ananas, Cocktailkirsche

Piña-Colada-Variante mit Wodka

Im *Elektromixer* mit crushed ice durchmixen. In Longdrinkglas auf crushed ice abgießen. Ananasstück mit Cocktailkirsche an den Glasrand stecken.

Long Island Ice Tea

der Modedrink

In Longdrinkglas auf Eiswürfel geben. Mit beliebig viel Cola aufgießen. Eine halbe Zitronenscheibe dazugeben.

2 cl **Wodka**
2 cl **Gin**
2 cl **weißer Rum**
2 cl **Tequila**
2 cl **Curaçao Triple Sec**
2 cl **Zitronen-,**
2 cl **Orangensaft**
kaltes **Cola**

Swimming Pool

blaue Piña-Colada-Variante für den Pool

Im *Elektromixer* mit crushed ice mixen. In Longdrinkglas auf crushed ice abgießen. Ananasstück mit Cocktailkirsche an den Glasrand stecken.

4 cl **Wodka**
2 cl **Curaçao Blue**
2 cl **Sahne**
2 cl **Cream of Coconut**
10 cl **Ananassaft**
Ananas,
Cocktailkirsche

Caipirovka

Caipirinha-Variante zur Cocktail-Hour

In großen Tumbler Limettenviertel mit Holzstößel ausdrücken. Wodka und Zucker dazugeben, umrühren. Glas mit crushed ice füllen, nochmals umrühren.

1–2 **Limetten**
6 cl **Wodka (auch Wodka Citron)**
1–2 cl **Rohrzuckersirup oder weißer/brauner Rohrzucker**

Drinkgruppen

Aperitifs sind Getränke, die man vor dem Essen genießt. Sie sollten von der Menge her nicht zu reichlich bemessen sein, damit sie den Magen nicht belasten. Bei den Aperitifs unterscheidet man vier Gruppen: die weinhaltigen Aperitifs, die anishaltigen Spirituosen, die Bitters und die Mischungen (Before-Dinner-Drinks). Zu den weinhaltigen Aperitifs zählen die Vermouths, die trockenen Südweine und der trockene Champagner oder trockene Sekt.

Cocktails Die Cocktails gehören zu den Shortdrinks, die wiederum nach den Before- und After-Dinner-Drinks unterschieden werden. Ideale Before-Dinner-Drinks sind alle »trockenen« Mischungen, d. h. solche, die keine oder wenig süße Zutaten enthalten. Drinks, die mit Sirup oder Likören bereitet werden, sind meist After-Dinner-Drinks. Natürlich gibt es einige Cocktails, die man vor und nach dem Essen trinken kann.

Longdrinks Longdrinks zählen zu den beliebtesten Mixgetränken. In diese Kategorie gehören auch die Highballs bzw. Plain-Drinks. Diese einfachen Mischungen wie Gin Tonic, Wodka Tonic, Rum Cola, Whisk(e)y Ginger Ale, Seven up oder Cola, Brandy und Scotch Soda oder Comfort Ginger sind das Rückgrat im Bargeschäft. So ist z. B. der Gin Tonic der weltweit meistverkaufte Drink. Die Gin-, Wodka-, Rum- und Brandy-Plain-Drinks serviert man mit perfekten Eiswürfeln, einer halben Zitronenscheibe und Stirrer, als Highball mit einer langen Zitronenschale. Auch die Beigetränke müssen von bester Qualität sein. Sie müssen eiskalt sein und in Kleinflaschen zum Drink serviert werden, und niemals sollte man anstelle von Soda Water ein Mineralwasser verwenden.

Als Longdrink bezeichnet man alle im Volumen größeren Drinks, serviert im Longdrinkglas, egal ob gemixt (etwa 20 cl) oder als Spirituose mit Filler.

Sours sind relativ konzentrierte Getränke. Die Verbindung der jeweiligen Spirituose mit Zitronensaft und Zucker ergibt einen aparten Geschmack. Von der Menge her sind die Sours weder Short- noch Longdrinks, sie gelten als ideales Getränk für »zwischendurch«. Sours serviert man in kleinen, leicht bauchigen Sektgläsern. Man kann sie aber auch im kleinen Tumbler »on the rocks« anrichten.

Fizzes zählen zu den beliebtesten und bekanntesten, einfach herzustellenden Bargetränken. Wichtig dabei ist, dass man die Zutaten kräftig schüttelt. Auf das im Shaker verbliebene Eis gibt man einen Schuss Sodawasser und füllt damit den Fizz auf. Fizzes serviert man in mittelgroßen Gläsern ohne Stiel.

Die Hauptbestandteile der Fizzes sind Zitronensaft, Zucker, eine Spirituose und Sodawasser. Am bekanntesten ist der »Gin Fizz«.

Flips sind bekömmliche und magenfreundliche Getränke, die man zum zweiten Frühstück wie zum Fünfuhrtee servieren kann. Sie werden meist mit Eigelb, Zucker und Sahne zubereitet und in leicht bauchigen Sektgläsern serviert. Flips schüttelt man kräftig mit großen Eiswürfeln – aber nur kurz, um ein Verwässern zu verhindern. Über den fertigen Flip reibt man etwas Muskatnuss.

Fancy Drinks sind, wie der Name schon sagt, Phantasiegetränke. Sie gehören in keine bestimmte Kategorie. Jeder Drink wird entsprechend den Rezeptangaben anders zubereitet.

Alkoholfreie Drinks Die alkoholfreien Mixgetränke werden hauptsächlich aus Fruchtsäften und Sirupen gemixt. Doch auch Milch, Sahne, Speiseeis und Fruchtpürees werden verwendet. In der Regel mixt man Longdrinks, und aufgrund der Sortenvielfalt bei den Sirupen und Fruchtsäften ist jede Kreation von süß bis säuerlich machbar.

Mit einem Entsafter lassen sich aus frischen Früchten ohne weitere Zutaten gesunde und vitaminreiche Drinks mixen.

Hot Drinks Die Bezeichnung steht als Oberbegriff für heiße Getränke, deren bekanntester Vertreter der Irish Coffee ist. Vielerlei Spirituosen und Liköre eignen sich hervorragend zum Genuss in Verbindung mit Kaffee, zum Teil auch mit Tee, Schokolade oder heißem Wasser. Im weitesten Sinne zählt auch erhitzter Wein, wie etwa Glühwein, dazu.

Mixpraxis

*I*n der Umgangssprache heißen alle Mixgetränke Cocktails. Eigentlich ist das eine falsche Bezeichnung, denn für den Fachmann sind die Cocktails nur eine der 30 Untergruppen bei den Mixdrinks.

Mixgetränke werden auf vier Arten zubereitet: durch Schütteln im Shaker, Rühren im Mixglas, Anrichten im Trinkglas oder mit dem Elektromixer.

Beim Schütteln füllt man den Shaker etwa zur Hälfte mit Eiswürfeln und stellt sich die erforderlichen Zutaten und Gläser in Griffnähe. Bevor die Zutaten in den Shaker kommen, gießt man angesammeltes Eiswasser aus dem Shaker ab. Dann wird der geschlossene Shaker in waagerechter Haltung geschüttelt und das fertige Getränk durch ein Barsieb in Gläser abgeseiht. Das Eis bleibt im Shaker zurück. Wird ein Drink auf Eiswürfeln angerichtet, dann verwendet man immer frisches Eis.

Beim Rühren werden Eis und Zutaten in ein Rührglas gegeben und mit einem Barlöffel schnell und kräftig, in einer Spirale von oben nach unten, verrührt. Durch ein Sieb wird der Drink abgeseiht.

Für das »Anrichten im Glas« gibt es keine festen Regeln, es ist je nach Drink verschieden.

Bei der Zubereitung im Elektromixer gelten die gleichen Regeln wie beim Schütteln. Die Anwendung des Elektromixers sollte sich auf die Herstellung von Mixgetränken mit Sahne, Milch, Speiseeis oder Creams beschränken.

Wenn Zweifel bestehen, ob ein Drink geschüttelt oder gerührt wird, sollte man sich an folgende Faustregel halten: Geschüttelt werden sämtliche Mischungen, die Säfte enthalten. Gerührt werden alle Mischungen ohne Säfte, also solche, die aus Spirituosen und Likören oder Sirupen bestehen.

Kohlensäurehaltige Getränke wie Sekt, Tonic Water, Cola usw. niemals mitschütteln oder mitrühren. Sie werden nur zum Auffüllen verwendet.

Bargeräte

Mixen ist weitaus einfacher, als man denkt, und der Aufwand an Geräten hält sich in Grenzen. Shaker, Rührglas und Barsieb sind das unbedingte Muss. Viele der weiteren Gerätschaften sind meist im Haushalt vorhanden oder lassen sich zumindest provisorisch ersetzen.

Shaker

Drei Modelle von Shakern sind auf dem Markt: der zweiteilige aus Silber, der dreiteilige aus Edelstahl mit im Mittelteil eingebautem Sieb und der Boston-Shaker, der aus einem kleineren Glasteil und einem größeren Edelstahlteil besteht.

Beim zwei- oder dreiteiligen Metallshaker wird das (größere) Unterteil gefüllt und das Oberteil nach innen eingesetzt. Nach dem Shaken wird aus dem Unterteil abgegossen. Beim Boston-Shaker wird das (kleinere) Unterteil aus Glas gefüllt. Dies kann bis zum oberen Rand geschehen, da das (größere) Metallteil übergestülpt wird. Nach dem Shaken wird aus dem Metallteil abgegossen.

Rührglas

Zum Mixen von gerührten Drinks braucht man ein solches dickwandiges Glas mit Ausgießschnabel. Darin werden Mixgetränke mit klaren Zutaten zubereitet, die auch einen klaren Drink ergeben. Man verwendet das Rührglas nicht zur Zubereitung von Drinks mit Säften, Sahne etc.

Barsieb (Strainer)

Das Spiralsieb – es passt sich jeder Glas-/Shakergröße an – dient zum Zurückhalten des Eises nach dem Shaken/Rühren.

Elektromixer

Für den Profi gibt es robuste Elektromixer mit starkem Motor. Für den Hobbymixer sind die heute in jeder Küche anzutreffenden Modelle ausreichend. Der Elektromixer kann zum Pürieren von Früchten, zum Sahneschlagen und beim Mixen von Drinks eingesetzt werden, die Creams, Sahne, Eier oder Milch enthalten. Auch zur Zubereitung von Drinks mit crushed ice oder bei größeren Mengen ist der Elektromixer vorteilhaft.

Blender

Als Blender bezeichnet man in der Fachsprache einen elektrischen Mixer, der über einen nach unten gerichteten Metallstab mit Quirl verfügt. Dieser vermischt in dem von unten eingehängten Metallbecher die Zutaten. Er erfüllt die gleichen Aufgaben wie der Elektromixer, eignet sich jedoch nicht zum Pürieren von Früchten und zum Mixen von mehreren Drinks.

Barlöffel

Bei der Zubereitung von gerührten Drinks braucht man diesen langstieligen Löffel zum Vermischen der Getränke im Rührglas.

Barmesser

Als Barmesser bewährt hat sich ein mittelgroßes Sägemesser mit zwei Spitzen zum Schneiden und Aufspießen von Fruchtstücken. Es wird im Handel als Tomatenmesser angeboten.

Schneidebrett

Zum Schneiden von Früchten verwendet man am besten ein größeres Kunststoffbrett.

Messbecher

Für den Gebrauch an der Bar gibt es Modelle aus Metall, deren größerer Teil 4 cl und deren kleinerer 2 cl fasst. Einsteiger und Hobbymixer können aber auch einfache Schnapsgläser mit 4-cl- und 2-cl-Eichung benützen.

Eisschaufel oder Eiszange

Zum Herausnehmen von Eiswürfeln aus dem Eiskübel eignen sich am besten kleine Edelstahl-
schaufeln mit Löchern, die das
Ablaufen von Eiswasser zulassen.

Holzstößel

Einen Holzstößel benötigt man zum Ausdrücken
von Limettenachteln oder Minze im Glas.

Barzange

Zum Lockern von fest-
sitzenden Sekt- und Champa-
gnerkorken kann eine Barzange sehr
hilfreich sein, für den Anfang ist dieses Gerät jedoch
nicht unbedingt nötig.

Eiseimer

Im Eiseimer oder Eiskübel aus Glas, Metall oder
Kunststoff wird das zum Mixen benötigte Eis gut
gekühlt aufbewahrt.

Stirrer (Rührstab)

Der Stirrer dient zum Vermischen der Flüssigkeiten im Gästeglas.

Trinkhalme

Sie sollten bunt, lang und dick sein. Zu lange werden mit der Schere zurechtgeschnitten.

Korkenzieher

Gut eignen sich Hebelkorkenzieher mit breiter Spirale und Schneidemesser zum Abschneiden des Stanniols am Flaschenhals.

Flaschenöffner

Ein Flaschenöffner zum Öffnen von Kapselverschlüssen ist im Haushalt meist vorhanden.

Cocktailspieße

Kleine Spieße aus Kunststoff oder Holz zum Aufspießen von Kirschen, Oliven und vielem anderen braucht man zum Garnieren.

Gläser-
kollektion

D ie hier abgebildeten Gläser reichen aus, um alle Cocktails und Mixgetränke dieses Buches ansprechend und fachlich richtig servieren zu können. Formschöne Gläser werten allerdings – wie es ja auch bei Wein oder Champagner der Fall ist – jedes Mixgetränk auf. »Das Auge trinkt mit« – diese Devise sollte man besonders bei den klassischen Cocktails und bei Drinks ohne Garnituren beachten. Natürlich bergen dünne Gläser ein erhöhtes Bruchrisiko, sie präsentieren aber auch dadurch, dass sie sofort beschlagen, jeden Drink erfrischend und appetitlich. Gläser, die durch cremige Drinks stark verschmutzt werden, sollten aber wegen der aufwändigeren Reinigung stabiler sein.

*Cocktail-
glas*

*Cocktail-
schale*

*Sourglas/
Stielglas*

*Sherry-
Copita*

Weinglas

Tumbler

*kleines
Becherglas*

*großes
Becherglas*

*Long-
drinkglas*

Sektkelch

*Champagner-
tulpe*

*Irish-
Coffee-Glas/
Stielglas*

*Punchglas
(hitze-
beständig)*

Praktische Tipps

Eis

Viel zum Gelingen eines Drinks trägt das Eis bei. Es muss geschmacklich neutral sein, die richtige Größe haben, und – so abwegig es klingt – es darf nicht zu kalt sein. Die Berufsbarmixer haben Eiswürfel aus dem Eiswürfelbereiter zur Verfügung, deren Kältegrad um die 0 °C liegt. Beim Mixen mit diesen Eiswürfeln entsteht ein anderer Kälteeffekt als mit Eiswürfeln, die aus der Tiefkühltruhe stammen und meist um −15 °C aufweisen. Eiswürfel mit geringer Kälte lösen sich beim Mixen natürlich schneller auf. Dadurch geben sie viel mehr Flüssigkeit ab, und diese ist zum Gelingen mancher Drinks wichtig. So paradox es klingt: Je kälter die Eiswürfel sind, desto geringer ist ihr Kühleffekt. Das fehlende Schmelz-wasser kann dann nicht zur Kühlung beitragen, und während des Schüttelns oder Rührens nimmt der Drink nicht genügend Kälte vom Eis an. Drinks mit »kalten« Eiswürfeln müssen deshalb länger geschüt-telt werden. Am besten nimmt man die Eiswürfel-schalen einige Zeit vor ihrer Verwendung aus dem Tiefkühler und lässt sie antauen. Sie verlieren da-durch an Kälte und lassen sich dann besser ver-arbeiten.

Zerstoßenes Eis (crushed ice)

Dazu gibt man Eiswürfel auf ein Küchentuch und fal-tet es zu einem Beutel zusammen. Diesen legt man auf einen festen Untergrund und schlägt mit einem Fleischklopfer oder Holz-hammer darauf. Die kleinen Eisstücke gibt man mit einem Löffel in das Glas oder nimmt sie direkt mit dem Glas aus dem Tuch auf. Das restliche zerstoßene Eis füllt man in Gläser und stellt diese bis zum Gebrauch ins Gefrierfach.

Zerstoßenes Eis sollte man nur solchen Drinks beigeben, denen das vermehrte Schmelz-wasser geschmacklich nicht schadet.

Gekühlte Gläser

Mixdrinks in Cocktailschalen oder kleinen Stielgläsern kann man zusätzlich kühlen, indem man sie in »gefrosteten« Gläsern serviert. Dazu stellt man die Gläser einige Stunden vor Gebrauch ins Tiefkühlfach oder füllt sie vor dem Mixen mit zerstoßenem Eis. Manche Cocktailschalen lassen sich auch durch Frappieren (Ausschwenken mit Eiswürfeln) kühlen.

Zucker- und Salzrand

Farbige Zuckerränder erhält man, indem man das Glas in Curaçao Blue (blau), Grenadine (rot), oder Maracujasirup (gelb) eintaucht.

Um einen Zucker- oder Salzrand herzustellen, wird das Fruchtfleisch eines Zitronenviertels leicht eingeschnitten. Darin dreht man den Glasrand mit der Öffnung nach unten und tupft ihn dann in eine Schale mit Zucker oder Salz. Durch leichtes Klopfen am Glasrand entfernt man nicht anhaftende Anteile.

Aromatisieren

Manche Drinks werden mit einem Spritzer einer aromastarken Zutat, wie Angostura oder Orangen-

Bitter, zusätzlich aromatisiert. Bestimmte Drinks kann man auch durch Abspritzen mit einer Orangen- oder Zitronenschale aromatisieren: Dazu schneidet man aus einer Orange bzw. Zitrone ein zwei Euro großes Stück der Schale ab und drückt dieses über dem Drink kurz zusammen, so dass die ätherischen Öle in den Drink gespritzt werden. Je nach Rezept gibt man das Schalenstück dem Getränk dann bei.

Garnituren

Grundsätzlich verwendet man frische, essbare Früchte. Sie sollten mit der Geschmacksrichtung der jeweiligen Drinks harmonieren und im Verhältnis zum Volumen des Drinks stehen, d. h. den Drink nicht überladen. Für die Garnierung schneidet man die Früchte oder Fruchtstücke ein, steckt sie an den Glasrand, gibt sie direkt in den Drink (z. B. Kirschen oder halbe Zitronenscheiben) oder legt sie aufgespießt über den Glasrand.

Cocktailkirschen gibt man direkt ins Glas, steckt sie auf Fruchtspieße oder spießt sie an Fruchtstücke, die am Glasrand stecken.

Abmessen

Äußerst wichtig beim Mixen ist das Abmessen der Zutaten. Der Handel bietet Messbecher aus Metall mit 2-cl- und 4-cl-Eichung an. Man kann aber auch Schnapsgläser mit der gleichen Eichung verwenden. Grundsätzlich beginnt man in der Reihenfolge Sirup, Säfte oder Sahne, also mit den kostengünstigeren Anteilen. Diese kann man noch nach Augenmaß eingießen, die zuletzt zugegebenen Liköre und Spirituosen sollte man aber unbedingt abmessen. Kohlensäurehaltige Limonade oder Sekt zum Auffüllen werden direkt in den Drink gegeben, da der Umweg über das Messglas einen Kohlensäureverlust bringt.

Eigenkreationen

Das Erfinden eines neuen Rezepts ist gar nicht so

Wer neue Drinks erfindet, sollte sich Notizen machen. Sonst lässt sich eine gelungene Kreation womöglich nicht mehr nachvollziehen.

schwer. Wichtig ist, dass die Zutaten zueinander passen. Beginnend mit dem Sirup oder Saft gießt man mit einem Messglas die Zutaten in den Shaker/das Rührglas, rührt nach jeder Zugabe um und probiert.

Damit hat man die Möglichkeit zum Ausgleichen. Erst wenn alle Bestandteile zugegeben sind und der Drink schmeckt, gibt man das Eis dazu und schüttelt oder rührt wie sonst auch. Durch die Kühlung und das Schmelzwasser verbessert sich in der Regel jeder Drink enorm.

Das Barsieb

Alle Drinks, die im Shaker oder Rührglas zubereitet werden, gießt man durch das Barsieb in die Gläser ab. Das zur Zubereitung benutzte Eis bleibt immer zurück. Werden Drinks auf Eiswürfeln angerichtet, so verwendet man immer frisches Eis.

Trinkhalme

Allen geschüttelten Longdrinks und alkoholfreien Drinks werden Trinkhalme zugegeben. Champagnercocktails und die klassischen Cocktails in der Cocktailschale serviert man in der Regel ohne Trinkhalme. Zu Drinks mit crushed ice gibt man immer Trinkhalme.

Auf Eiswürfel oder auf crushed ice servierten Drinks sollte man Trinkhalme beigeben, damit das Eis den Genuss beim Trinken nicht stört.

Mixgetränke von A bis Z